GRUNDLAGEN UND PRAXIS DES ARBEITSRECHTS

Band 17

Arbeitnehmer oder freier Mitarbeiter?

Ein arbeits-, steuer- und sozialversicherungsrechtlicher
Leitfaden durch das Recht der Beschäftigungsverhältnisse

von

Dr. Michael Niebler
Oberregierungsrat im Bayerischen Staatsministerium
für Arbeit und Soziales

Horst Meier
Justitiar beim AOK-Landesverband Niedersachsen

Anja Dubber
Regierungsrätin beim Finanzamt Fürstenfeldbruck

ERICH SCHMIDT VERLAG

Die Deutsche Bibliothek – CIP-Einheitsaufnahme

Niebler, Michael:
Arbeitnehmer oder freier Mitarbeiter? : Ein arbeits-, steuer-
und sozialversicherungsrechtlicher Leitfaden durch das Recht
der Beschäftigungsverhältnisse / von Michael Niebler ; Horst
Meier ; Anja Dubber. – Berlin : Erich Schmidt, 1994
  (Grundlagen und Praxis des Arbeitsrechts ; Bd. 17)
  ISBN 3-503-03477-3
NE: Meier, Horst:; Dubber, Anja:; GT

ISBN 3 503 03477 3

Dieses Buch ist auf säurefreiem Papier gedruckt
und entspricht den Frankfurter Forderungen zur Verwendung
alterungsbeständiger Papiere für die Buchherstellung.

Gesamtherstellung: Regensberg, Münster

Vorwort

Bereits seit Jahren ist eine zunehmende Tendenz zu flexibleren Arbeitsformen erkennbar. Immer mehr Menschen streben nach einer Erwerbstätigkeit, bei der sie möglichst wenig in Hierarchien und vorgegebene Ordnungen eingebunden sind. Auch in den Unternehmen ist seit längerem das – nun durch die schwierige Wirtschaftslage verstärkte – Bemühen erkennbar, das (Stamm-)Personal möglichst gering zu halten, und Aufgaben – angefangen bei Reinigungs- und Schreibarbeiten bis zur Erarbeitung grundlegender Konzepte zur Unternehmensstrategie – auf externe Stellen zu übertragen. Auch um Verwaltungsaufwand und Lohnnebenkosten zu senken, werden in zunehmendem Maße Aufträge an freie Mitarbeiter vergeben.

Mit dem vorliegenden Werk wird der Versuch unternommen, die Vorzüge und die Nachteile der freien Mitarbeit für beide Vertragspartner aus arbeits-, sozialversicherungs- und steuerrechtlicher Sicht darzulegen.

Wesentliche Bestimmungen des Arbeits-, Sozial- und Steuerrechts sind zwingender Natur, können also nicht vertraglich abbedungen werden. Derjenige, der als freier Mitarbeiter zu bestimmten Leistungen verpflichtet ist, unterliegt als Selbständiger nicht diesen für ein Arbeitsverhältnis zwingenden Bestimmungen. Deshalb ist eine klare Abgrenzung zwischen Arbeitnehmer einerseits und freiem Mitarbeiter andererseits gefordert. In der Praxis allerdings ist die Beurteilung, ob eine rechtlich zulässige Vertragsgestaltung oder eine unzulässige Umgehung zwingenden Rechts vorliegt, oftmals ein Balanceakt, der damit enden kann, daß das Rechtsverhältnis, das die Vertragsparteien als freie Mitarbeiter bewertet wissen wollten, als ein Arbeitsverhältnis mit allen Konsequenzen zu behandeln ist.

Deshalb wird in diesem Buch ein Schwerpunkt auf die ohnehin nicht pauschal zu bestimmende Abgrenzung zwischen freier Mitarbeit und abhängiger Tätigkeit gelegt.

Die gleiche Bedeutung wurde aber auch den Fragen zugemessen, was in arbeitsrechtlicher, sozialversicherungsrechtlicher und steuerrechtlicher Hinsicht gilt, wenn tatsächlich ein „freies Mitarbeiter-Verhältnis" begründet wurde, und was zu beachten ist, wenn entgegen der Absicht der Vertragspartner ein Arbeitsverhältnis zwischen ihnen zustandegekommen ist.

Das vorliegende Werk erhebt keinen Anspruch auf eine erschöpfende Behandlung der angesprochenen Themen. Ziel des Buches ist es, denjenigen, der mit einem freien Mitarbeiter zusammenarbeiten möchte, wie auch denjenigen, der als freier Mitarbeiter tätig werden will, über grundsätzliche Fragen, Probleme und Risiken dieser Beschäftigungsart zu informieren.

Die hier gegebenen Informationen können kein Ersatz dafür sein, vor Abschluß eines „freien Mitarbeiter-Vertrags" die Auskunft eines sachkundigen Rechtsanwalts einzuholen, da es gerade bei dieser Beschäftigungsart in sehr starkem Maße auf die Umstände des konkreten Falles ankommt, und es letztlich von großer Bedeutung ist, ob sich zwei Personen rechtlich als selbständige Unternehmer oder als Arbeitgeber und Arbeitnehmer gegenüberstehen.

München, Braunschweig, im November 1993   Die Verfasser

Inhaltsverzeichnis

	Seite	Rand-nummer

		Seite	Rand- nummer

Abkürzungsverzeichnis

a.a.O.	. . .	am angegebenen Ort
Abs.	. . .	Absatz
AfA	. . .	Absetzung für Abnutzung
AFG	. . .	Arbeitsförderungsgesetz
AN	. . .	Amtliche Nachrichten für Reichsversicherung
Anm.	. . .	Anmerkung
AO	. . .	Abgabenordnung
AOK	. . .	Allgemeine Ortskrankenkasse
AP	. . .	Nachschlagewerk des Bundesarbeitsgerichts – Arbeitsrechtliche Praxis
ArbG	. . .	Arbeitsgericht
ArbGG	. . .	Arbeitsgerichtsgesetz
ArbPlSchG	. . .	Arbeitsplatzschutzgesetz
Art.	. . .	Artikel
AuR	. . .	Arbeit und Recht (Zeitschrift)
AV	. . .	Die Angestelltenversicherung (Zeitschrift)
AVG	. . .	Angestelltenversicherunggesetz
BA	. . .	Bundesanstalt für Arbeit
BAG	. . .	Bundesarbeitsgericht
BAGE	. . .	Amtliche Entscheidungssammlung des Bundesarbeitsgerichts
BAT	. . .	Bundes-Angestelltentarif
BB	. . .	Betriebsberater (Zeitschrift)
BBiG	. . .	Berufsbildungsgesetz
Bd.	. . .	Band
BErzGG	. . .	Bundeserziehungsgeldgesetz
BeschFG	. . .	Beschäftigungsförderungsgesetz
BetrVG	. . .	Betriebsverfassungsgesetz
BfA	. . .	Bundesversicherungsanstalt für Angestellte
BFH	. . .	Bundesfinanzhof
BGB	. . .	Bürgerliches Gesetzbuch
BGH	. . .	Bundesgerichtshof
BKK	. . .	Betriebskrankenkasse
BP	. . .	Betriebsprüfung
BRAO	. . .	Bundesrechtsanwaltsordnung

BSG	. . .	Bundessozialgericht
BSGE	. . .	Amtliche Entscheidungssammlung des Bundessozialgerichts
BStBl.	. . .	Bundessteuerblatt
BT-Drs.	. . .	Bundestagsdrucksache
BUrlG	. . .	Bundesurlaubsgesetz
BÜVO	. . .	Beitragsüberwachungsverordnung
BVerfG	. . .	Bundesverfassungsgericht
BVerfGE	. . .	Amtliche Entscheidungssammlung des Bundesverfassungsgerichts
bzw.	. . .	beziehungsweise
DB	. . .	Der Betrieb (Zeitschrift)
2. DEVO	. . .	2. Datenerfassungsverordnung
DfG	. . .	Dienst für Gesellschaftspolitik (Zeitschrift)
d.h.	. . .	das heißt
DOK	. . .	Die Ortskrankenkasse (Zeitschrift)
DÜVO	. . .	Datenübermittlungsverordnung
EEK	. . .	Entscheidungssammlung zur Entgeltfortzahlung
Einf.	. . .	Einführung
Einl.	. . .	Einleitung
EStG	. . .	Einkommensteuergesetz
EStR	. . .	Einkommensteuerrichtlinien
etc.	. . .	et cetera
EuGH	. . .	Europäischer Gerichtshof
EWGV	. . .	EWG-Vertrag
EzA	. . .	Entscheidungssammlung zum Arbeitsrecht
FeiertLohnG	. . .	Gesetz zur Regelung der Lohnzahlung an Feiertagen
f	. . .	folgende
ff	. . .	fortfolgende
FGO	. . .	Finanzgerichtsordnung
gem.	. . .	gemäß
GewO	. . .	Gewerbeordnung
GewStG	. . .	Gewerbesteuergesetz
GewSt	. . .	Gewerbesteuer
GewStR	. . .	Gewerbesteuerrichtlinien
GG	. . .	Grundgesetz
ggf.	. . .	gegebenenfalls
GKV	. . .	gesetzliche Krankenversicherung

GRG	. . .	Gesundheitsreformgesetz
GS	. . .	Großer Senat
HAG	. . .	Heimarbeitsgesetz
HFR	. . .	Höchstrichterliche Finanzrechtsprechung
HGB	. . .	Handelsgesetzbuch
i.d.R.	. . .	in der Regel
IKK	. . .	Innungskrankenkasse
i.S.d.	. . .	im Sinne der/des
JAE	. . .	Jahresarbeitsentgelt
JArbSchG	. . .	Jugendarbeitsschutzgesetz
KK	. . .	Kasseler Kommentar
KnVNG	. . .	Knappschaftsversichrungs-Neuregelungsgesetz
KO	. . .	Konkursordnung
KSchG	. . .	Kündigungsschutzgesetz
KSVG	. . .	Künstlersozialversicherungsgesetz
LAG	. . .	Landesarbeitsgericht
LFZG	. . .	Lohnfortzahlungsgesetz
LG	. . .	Landgericht
lit.	. . .	Litera
LKK	. . .	Landwirtschaftliche Krankenkasse
LStDV	. . .	Lohnsteuerdurchführungsverordnung
LStR	. . .	Lohnsteuerrichtlinien
LVA	. . .	Landesversichrungsanstalt
LVAen	. . .	Landesversicherungsanstalten
MDR	. . .	Monatsschrift für deutsches Recht (Zeitschrift)
MuschG	. . .	Mutterschutzgesetz
m.w.N.	. . .	mit weiteren Nachweisen
MWSt	. . .	Mehrwertsteuer
NJW	. . .	Neue Juristische Wochenschrift (Zeitschrift)
Nr.	. . .	Nummer
NZA	. . .	Neue Zeitschrift für Arbeits- und Sozialrecht
NZS	. . .	Neue Zeitschrift für Sozialrecht
o.g.	. . .	oben genannt
OLG	. . .	Oberlandgericht
PKV	. . .	Private Krankenversicherung
RdA	. . .	Recht der Arbeit (Zeitschrift)
Rdn.	. . .	Randnummer
RG	. . .	Reichsgericht
RGZ	. . .	Amtliche Entscheidungssammlung des Reichsgerichts

RKG	. . .	Reichsknappschaftsgesetz
RV	. . .	Rentenversicherung
RVA	. . .	Reichsversicherungsamt
RVO	. . .	Reichsversicherungsordnung
S.	. . .	Seite
SAE	. . .	Sammlung arbeitsrechtlicher Entscheidungen
SozR	. . .	Sozialrecht, Entscheidungssammlung, herausgegeben von Richtern des Bundessozialgerichts
SchwbG	. . .	Schwerbehindertengesetz
SGB	. . .	Sozialgesetzbuch
SGB I	. . .	Sozialgesetzbuch, Erstes Buch – Allgemeiner Teil
SGB IV	. . .	Sozialgesetzbuch, Viertes Buch – Gemeinsame Vorschriften für die Sozialversicherung
SGB VI	. . .	Sozialgesetzbuch, Sechstes Buch – Gesetzliche Rentenversicherung
SGB X	. . .	Sozialgesetzbuch, Zehntes Buch – Verwaltungsverfahren
SGG	. . .	Sozialgerichtsgesetz
sog.	. . .	sogenannt/e/en/er
StGB	. . .	Strafgesetzbuch
StVG	. . .	Straßenverkehrsgesetz
TVG	. . .	Tarifvertragsgesetz
u.a.	. . .	unter anderem
USK	. . .	Urteilssammlung für die gesetzliche Krankenversicherung
USt	. . .	Umsatzsteuer
UStDV	. . .	Umsatzsteuerdurchführungsverordnung
UStG	. . .	Umsatzsteuergesetz
UStR	. . .	Umsatzsteuerrichtlinien
u.U.	. . .	unter Umständen
v.	. . .	vor
VDR	. . .	Verband der Rentenversicherungsträger
VersR	. . .	Versicherungsrecht (Zeitschrift)
WzS	. . .	Wege zur Sozialversicherung (Zeitschrift)
z.B.	. . .	zum Beispiel
Ziff.	. . .	Ziffer
ZPO	. . .	Zivilprozeßordnung
z.T.	. . .	zum Teil
z.Z.	. . .	zur Zeit

1. Einführung

Der weitaus größte Teil aller Erwerbstätigen geht seiner Arbeit nach, um 1
für sich und ggf. seine Familie den Lebensunterhalt zu verdienen. Von
etwa 29,1 Millionen Erwerbstätigen im Jahr 1992 in den alten Ländern
der Bundesrepublik Deutschland waren rd. 24 Millionen als Arbeitnehmer und etwa 3 Millionen unternehmerisch tätig. Wegen der existentiellen
Bedeutung der Erwerbstätigkeit hat das individuelle und kollektive
Arbeitsrecht in den vergangenen mehr als 100 Jahren das Arbeitsverhältnis, also das Rechtsverhältnis zwischen Arbeitgeber und Arbeitnehmer,
mit einer Vielzahl sozial-motivierter, meist unabdingbarer Schutzvorschriften zugunsten des Arbeitnehmers ausgestattet.

Im Gegensatz dazu blieben die Rechtsverhältnisse von **Selbständigen** zu 2
ihren Geschäftspartnern **ohne besonderen sozialen Schutz.** Die gesetzlichen Bestimmungen beschränken sich je nach Vertragsart primär auf den
Austausch der gegenseitigen Hauptleistungen (Arbeit und Bezahlung)
und auf die Fälle, in denen Störungen im Austausch der zugesagten Leistungen auftreten, etwa weil die hergestellte Sache mangelhaft ist, oder
der Auftraggeber Handlungen unterläßt, die nötig sind, damit der Selbständige die versprochenen Arbeiten ausführen kann. Das Risiko, nicht
genügend Aufträge zu bekommen und deshalb zu wenig zu verdienen,
trägt allein der selbständig Tätige. Soweit er sich zur Erledigung seiner
Aufträge nicht Hilfspersonen bedient, bleibt er auch dann ohne Einkommen, wenn er, aus welchen Gründen auch immer, nicht arbeitet, sei es
weil er unverschuldet krank wird, sei es weil er Urlaub macht oder weil
die Arbeit wegen eines gesetzlichen Feiertages ausfällt. In all diesen Fällen muß sich ein Arbeitnehmer nicht um sein Einkommen sorgen, da der
Arbeitgeber zur Fortzahlung des Lohnes bzw. Gehalts verpflichtet ist,
ohne seinerseits eine Gegenleistung erhalten zu haben.

Wird ein Geschäftspartner eines Selbständigen zahlungsunfähig und wird 3
über sein Vermögen der Konkurs eröffnet, so bleibt dem Selbständigen in
der Regel nicht mehr als die Hoffnung, wenigstens einen Bruchteil seiner
Forderungen aus der Konkursmasse zu bekommen. Da „normale" Geld-
forderungen von Geschäftspartnern innerhalb der ohnehin nachrangig zu
begleichenden Konkursforderungen den letzten Rang einnehmen, werden

diese Forderungen in den meisten Fällen nicht oder nur zu einem sehr geringen Anteil beglichen. Rückständige Entgeltforderungen von Arbeitnehmern genießen im Vergleich dazu eine wesentlich bessere Position. Sie nehmen für das letzte Jahr vor der Konkurseröffnung innerhalb der in sechs Ranggruppen unterteilten Konkursforderungen die erste Stelle ein. Noch besser sind die rückständigen Entgeltforderungen für die letzten 6 Monate vor der Konkurseröffnung abgesichert, da sie noch vor den Konkursforderungen beglichen werden.sollte sich auch diese Absicherung als zu gering erweisen, so können Arbeitnehmer, die bei Konkurseröffnung noch ausstehende Entgeltforderungen hatten, für die Dauer der letzten drei vor der Konkurseröffnung liegenden Monate vom Arbeitsamt Konkursausfallgeld erhalten. Selbst bei einer noch so geringen Konkursmasse ist Arbeitnehmern eines in Konkurs geratenen Arbeitgebers jedenfalls das Arbeitseinkommen der letzten drei Monate gesichert.

4 Aus der Sicht des Arbeitsrechts, das ja allgemein als Sonderrecht der Arbeitnehmer definiert wird, genießt der **Arbeitnehmer** gegenüber seinem „Geschäftspartner", dem Arbeitgeber, einen **besonderen Schutz.** Dieser Schutz knüpft (grundsätzlich) gerade an die Eigenschaft als Arbeitnehmer an (durch ausdrückliche Bestimmung kann er sich auch auf arbeitnehmerähnliche Personen, insbesondere auf in Heimarbeit Tätige erstrecken, vgl. Rdn. 988 ff).

5 Da nun der freie Mitarbeiter gerade kein Arbeitnehmer ist, steht er außerhalb des Arbeitsrechts und somit außerhalb des arbeitsrechtlichen Schutzes. Für denjenigen, der einen anderen als freien Mitarbeiter beschäftigt, ist dies von Vorteil. Er braucht z.B. bei Krankheit des freien Mitarbeiters keine Lohnfortzahlung zu leisten oder den Betriebsrat anzuhören, wenn er sich von einem freien Mitarbeiter trennen will. Andererseits ist ein freier Mitarbeiter im Vergleich zu einem Arbeitnehmer gegenüber dem Auftraggeber bzw. Arbeitgeber ungebundener, unabhängiger, er ist „freier". Diese an sich begrüßenswerte Freiheit hat allerdings ihren Preis, nämlich den Verlust des arbeitsrechtlichen Schutzes, dessen Tragweite oftmals erst erfaßt wird, wenn er gebraucht würde, aber nicht besteht, z.B. wenn bei unverschuldeter Krankheit „kein Geld mehr fließt".

6 Selbstverständlich spielt bei der Entscheidung, welche Art von Erwerbstätigkeit ausgeübt bzw. angeboten werden soll, nicht nur die Frage nach dem Schutz des Arbeitsrechts eine Rolle, sondern auch andere Faktoren wie etwa die Höhe des Einkommens bzw. der Ausgaben, die nötig sind,

um dieses Einkommen zu erzielen.Und hier können sowohl steuerrechtliche wie auch sozialversicherungsrechtliche Aspekte gute Gründe für die eine oder andere Beschäftigungsform bzw. Art der Erwerbstätigkeit liefern.

In sozialversicherungsrechtlicher Hinsicht sind die Interessen des Dienstberechtigten und des Dienstverpflichteten in vielen Fällen konträr,können aber auch gleichgerichtet sein. Derjenige, der einen freien Mitarbeiter für sich verpflichtet, wählt diese Form der Zusammenarbeit regelmäßig, um in seinem Betrieb die Lohnnebenkosten niedrig zu halten. Denn für einen freien Mitarbeiter braucht er keine Sozialversicherungsbeiträge abzuführen,anders als bei einem Arbeitsverhältnis, weil dieses ein grundsätzlich **versicherungspflichtiges Beschäftigungsverhältnis** darstellt. Liegt darum ein solches Beschäftigungsverhältnis vor, so ist er Arbeitgeber verpflichtet, Sozialversicherungsbeiträge zu zahlen, insbesondere auch den Arbeitnehmeranteil abzuführen. Ferner treffen ihn in diesem Zusammenhang bestehende Meldepflichten. Hat der Dienstberechtigte es deshalb vorgezogen, einen freien Mitarbeiter zu verpflichten, so wird er sich bewußt sein, daß er im Gegenzug auf eine Weisungsbefugnis und andere Einwirkungsmöglichkeiten im Sinne einer persönlichen Abhängigkeit des Dienstverpflichteten verzichtet; und er wird dies in Kauf nehmen, soll sich aus der tatsächlichen Durchführung des Vertrages ergeben, daß doch ein Arbeitsverhältnis vorliegt. **7**

Auch aus der Sicht des Dienstverpflichteten kann es verlockend sein, sich durch die Wahl einer freien Mitarbeit die Sozialabgaben in Höhe des Arbeitnehmeranteils zu ersparen, was sein Netto-Einkommen erhöht. Dem steht jedoch ein gänzlicher Verzicht auf den sozialen Schutz gegenüber, den ein Arbeitsverhältnis bietet: **8**

Gesetzliche Kranken- und Rentenversicherung sowie Arbeitslosenversicherung. Der Dienstverpflichtete geht ein hohes Risiko ein oder wird bemüht sein, eine entsprechend erhöhte Vergütung mit dem Dienstberechtigten zu vereinbaren oder – wie auch immer – zu erzielen, damit er finanziell in der Lage ist, sich privat abzusichern. Der Dienstverpflichtete wird abwägen müssen, ob ihm die gewonnene persönliche Unabhängigkeit dies wert ist, wenn er nicht eine völlige wirtschaftliche Unabhängigkeit genießt, was nur sehr selten der Fall sein dürfte. **9**

Aus steuerlicher Sicht bietet die freie Mitarbeit grundsätzlich Vorteile für den Beschäftigen und den Auftraggeber. **10**

11 Ein steuerlicher Vorteil des freien Mitarbeiters ist die Möglichkeit zum Vorsteuerabzug im Rahmen der Umsatzsteuer.

12 Als Nachteil der Selbständigkeit kann der Verwaltungsaufwand empfunden werden. So hat der Selbständige je nach dem Bücher zu führen und einen Jahresabschluß vorzulegen oder zumindest seine Einnahmen und Ausgaben aufzuzeichnen. Er hat weiter eine Einkommensteuer-, eine Umsatzsteuer- und u.U. eine Gewerbesteuererklärung abzugeben.

13 Für den Arbeit- bzw. Auftraggeber stellt sich die freie Mitarbeit ausschließlich vorteilhaft dar. Bei einem Arbeitnehmer ist der Arbeitgeber verpflichtet, die aus der Tabelle abzulesende Lohnsteuer einzubehalten und an das Finanzamt abzuführen. Dem Arbeitgeber entstehen dadurch erhebliche Verwaltungskosten, denn für die Berechnung der Steuer, die fristgerechten Lohnsteueranmeldungen sowie das Führen eines Lohnkontos für jeden einzelnen Arbeitnehmer benötigt er qualifiziertes Personal.

14 Zudem unterliegt der Arbeitgeber nach § 42 d Abs. 1 EStG einem Haftungsrisiko für die ordnungsgemäße Lohnsteuerabführung.

15 Der Arbeitgeber wird daher die Beschäftigung eines freien Mitarbeiters bevorzugen. Dieser ist selbst für die Versteuerung seines Einkommens verantwortlich.

16 Die Motivation, die jemand zur Ausübung einer Tätigkeit als freier Mitarbeiter bewegt, bzw. die Motivation, aus der jemand Arbeiten von freien Mitarbeitern erledigen läßt, kann sehr unterschiedlich sein. Beide Seiten, insbesondere aber der freie Mitarbeiter, sollten sich die verschiedenen Vor- und Nachteile dieser Art von Beschäftigung bewußt machen und genau gegeneinander abwägen. Dabei ist vor allem der freie Mitarbeiter gut beraten, wenn er nicht nur die relativ schnell spürbaren Vorteile, z.B. steuerliche Möglichkeiten sieht, sondern auch die mittelfristigen Aspekte, z.B. Schutz des Arbeitsrechts, und die langfristig angelegten Komponenten, z.B. Rentenversicherung, in seine Überlegungen einbezieht. Eine Tätigkeit als freier Mitarbeiter wird von Arbeitnehmern oftmals als ein beruflicher Aufstieg und von Leuten, die neu in das Erwerbsleben treten, gerne als ein großartiger Einstieg empfunden. Je nach der konkreten Situation dieser Personen mag deren Einschätzung der freien Mitarbeit ihre Berechtigung haben. Es sollte aber jeder, der sich für die freie Mitarbeit entscheidet, prüfen, ob es nicht möglich und vielleicht auch besser wäre, die angebotene Arbeit, wenn möglich, als Arbeitnehmer auszuüben.

Insgesamt betrachtet gilt auch für die freie Mitarbeit: Wo Licht ist, ist **17** auch Schatten, und kein Schatten ohne Licht.

2. Die freie Mitarbeit

2.1 Arbeitsrecht

2.1.1 Vertragsfreiheit und Arbeitsrecht

18 Im Bereich des Privatrechts, zu dem auch das Arbeitsrecht zählt, gilt grundsätzlich das **Prinzip der Vertragsfreiheit.** Derjenige, der einen Vertrag abschließen will, ist in seiner Entscheidung frei,

- ob er überhaupt einen Vertrag abschließen möchte,

- mit wem er einen Vertrag eingeht,

- welchen Inhalt der Vertrag erhalten soll und

- in welcher Form der Vertrag abgefaßt wird.

19 Diese grundsätzliche Vertragsfreiheit erfährt aber gerade beim Arbeitsvertrag eine Vielzahl von **Einschränkungen.** Zwar ist der Arbeitgeber weitestgehend frei, ob er überhaupt einen Vertrag schließt und falls ja, in welcher Form dies geschehen soll (eine bestimmte Form ist für den Arbeitsvertrag grundsätzlich nicht vorgeschrieben, eine schriftliche Fixierung seines Inhalts ist jedoch empfehlenswert), aber bereits bei der Überlegung, mit wem er einen Arbeitsvertrag schließen will, ist seine Entscheidungsfreiheit nicht unbegrenzt. So darf er z.B. grundsätzlich einem männlichen Stellenbewerber nicht wegen dessen Geschlechts gegenüber einer weiblichen Bewerberin den Vorzug geben. Macht er es doch, so ist der Arbeitsvertrag mit dem Mann zwar wirksam, aber der Arbeitgeber muß mit Schadenersatzansprüchen der abgelehnten Bewerberin rechnen. Auch aus dem Betriebsverfassungsrecht ergeben sich Einschränkungen für die Freiheit des Arbeitgebers, mit beliebigen Personen einen Arbeitsvertrag zu schließen. Zwar kann ihm nicht ein bestimmter Arbeitnehmer aufgezwungen werden, jedoch kann der Betriebsrat unter bestimmten Voraussetzungen die Einstellung einer Person verhindern (vgl. § 99 BetrVG ff). Für den Arbeitnehmer dagegen besteht die rechtliche Freiheit, mit wem er einen Arbeitsvertrag eingehen möchte, in vollem Umfang.

Solange es sich um keine sittenwidrigen oder gesetzlich verbotenen Tätig- 20
keiten handelt (§§ 134, 138 BGB), kann grundsätzlich alles zum Inhalt
eines Arbeitsvertrages gemacht werden. Die angesprochenen Einschränkungen der Vertragsfreiheit beziehen sich nicht so sehr auf die Art der
Tätigkeit, sondern vielmehr auf die Bedingungen im weitesten Sinne,
unter denen die Arbeit zu verrichten ist. Diese Einschränkungen der Vertragsfreiheit finden ihre Grundlage in Gesetzen, in Tarifverträgen oder in
Betriebsvereinbarungen. Aber auch der arbeitsrechtliche Gleichbehandlungsgrundsatz vermag die Freiheit des Arbeitgebers einzuengen.

So ist z.B. der Arbeitgeber kraft Gesetzes verpflichtet, dem Arbeitnehmer 21
im Falle einer unverschuldeten, krankheitsbedingten Arbeitsunfähigkeit das
Arbeitsentgelt weiterzuzahlen. Sind beide Arbeitsvertragsparteien tarifgebunden, so sind sie an die Regelungen des für sie maßgeblichen Tarifvertrages, z.B. über die Höhe des Arbeitsentgelts, insofern gebunden als kein
geringeres Entgelt wirksam vereinbart werden kann. Aber auch vom Inhalt
einer bestehenden Betriebsvereinbarung, z.B. über die Lage der täglichen
Arbeitszeit, kann nicht ohne weiteres abgewichen werden. Selbst wenn die
Arbeitsvertragsparteien ausdrücklich vereinbaren, daß derartige Regelungen
für das Arbeitsverhältnis nicht maßgeblich sein sollen, und die von beiden
Seiten getroffene, abweichende Ausgestaltung des Vertrages für den Arbeit-
nehmer ungünstiger ist als die bestehende allgemeine Regelung, z.B. der
Arbeitgeber soll bei unverschuldeter krankheitsbedingter Arbeitsunfähigkeit
des Arbeitnehmers nicht zur Entgeltfortzahlung verpflichtet sein, so sind
derartige Vertragsabsprachen unwirksam. Selbst wenn etwa die Pflicht zur
Entgeltfortzahlung im Krankheitsfall abbedungen wurde, so kann der
Arbeitnehmer, wenn er krank wird und deshalb nicht arbeiten kann, vom
Arbeitgeber dennoch die Weiterzahlung des Arbeitsengelts verlangen und
ggf. vor dem Arbeitsgericht einklagen. Die Klage hätte gute Erfolgsaussichten.

Die Vertragsfreiheit ermöglicht es aber auch, einen Vertrag so zu schlie- 22
ßen, daß kein Arbeitsverhältnis zwischen den Parteien begründet wird.
Ist kein Arbeitsverhältnis gegeben, so können die arbeitsrechtlichen Regelungen nicht zum Tragen kommen, die ja an das Vorliegen eines Arbeitsverhältnisses anknüpfen.

Die Unterscheidung zwischen selbständig Tätigen und Arbeitnehmern ist 23
u.a. gerade deshalb so wichtig, weil, von einigen Ausnahmen zugunsten
der arbeitnehmerähnlichen Personen und der Heimarbeiter abgesehen,

das **gesamte Arbeitsrecht nur für** den Bereich der sog. **abhängigen Arbeit** gilt. Nicht immer, wenn eine Person für eine andere Arbeiten erledigt, geschieht dies auf der Grundlage eines Arbeitsvertrages. Wenn z.B. ein Rechtsanwalt einen Autofahrer, der einen Kfz-Unfall hatte, rechtlich vertritt, also für ihn arbeitet, so liegt in aller Regel kein Arbeitsverhältnis, kein Fall einer abhängigen Arbeit vor, nach dem der Autofahrer Arbeitgeber und der Rechtsanwalt dessen Arbeitnehmer ist. Liegt kein Arbeitsverhältnis vor, so wird ein Selbständiger für einen Auftraggeber regelmäßig auf der Grundlage eines Dienstvertrages, Werkvertrages, Werklieferungsvertrages oder eines anderen Vertragstypus tätig.

2.1.2   *Arbeitsvertrag und Dienstvertrag*

2.1.2.1   Das Verhältnis von Arbeitsvertrag und Dienstvertrag

24   Der Arbeitsvertrag gilt in Rechtsprechung und Literatur als ein besonderer Fall des Dienstvertrages, durch den gem. § 611 Abs. 1 BGB ganz allgemein „derjenige, welcher Dienste zusagt, zur Leistung der versprochenen Dienste, der andere Teil zur Gewährung der vereinbarten Vergütung verpflichtet" wird. Da der Arbeitsvertrag ein Unterfall des Dienstvertrages ist, gelten für beide Vertragsarten die Vorschriften der §§ 611 BGB ff sowie grundsätzlich auch die allgemeinen Vorschriften des BGB zum Vertragsrecht (mit gewissen Einschränkungen für den Arbeitsvertrag, z.B. keine rückwirkende Wirkung einer Anfechtung). Umgekehrt aber gelten die besonderen bei der Durchführung eines Arbeitsvertrages zu beachtenden Vorschriften des Arbeitsrechts nicht auch selbstverständlich für die Durchführung eines Dienstvertrages.

2.1.2.2   Das Arbeitsrecht, das Sonderrecht der Arbeitnehmer

25   Die Vorschriften und Regelungen des Arbeitsrechts gelten (grundsätzlich) nur für das durch einen Arbeitsvertrag begründete Rechtsverhältnis, das Arbeitsverhältnis. Das **Arbeitsrecht** gilt als das **Sonderrecht der Arbeitnehmer** (Palandt, Einf. v. § 611 1 c). Unter Arbeitsrecht wird die Summe der Rechtsregeln verstanden, die sich auf die in abhängiger Tätigkeit geleistete Arbeit beziehen. Deshalb ist das Arbeitsrecht nicht für das Rechtsverhältnis maßgeblich, das zwischen einem Selbständigen und seinem Auftraggeber besteht.

2.1.2.3 Die freie Mitarbeit – „Flucht aus dem Arbeitsrecht"

Da nun die Anwendbarkeit arbeitsrechtlicher Vorschriften vom Vorliegen   26
eines Arbeitsverhältnisses abhängt, und das Arbeitsrecht dem Arbeitgeber
eine Vielzahl von Verpflichtungen auferlegt, z.B. Entgeltfortzahlung im
Krankheitsfall oder bei Arbeitsausfall in Folge eines gesetzlichen Feiertages, Gewährung eines bezahlten Erholungsurlaubs, Arbeitsplatzgarantie
bei Inanspruchnahme von Erziehungsurlaub, Abführung und teilweises
Tragen von Sozialversicherungsbeiträgen, ist das Bestreben eines Dienstberechtigten verständlich, mit jemandem zusammenzuarbeiten, d.h.
jemandem mit Arbeiten zu betrauen, ohne aber ein Arbeitsverhältnis mit
ihm zu begründen. Gerade wenn eine „Zusammenarbeit" auf eine unbestimmte Zeit erfolgen soll, wie es im Arbeitsleben ja überwiegend der Fall
ist, kann es für den Dienstberechtigten durchaus lukrativ und vorteilhaft
sein, kein Arbeitsverhältnis, sondern ein **freies Dienstverhältnis** der
Tätigkeit des Dienstverpflichteten zugrundezulegen. Derjenige, der als
freier Mitarbeiter für einen anderen arbeitet, ist dann nicht abhängig, sondern selbständig tätig. Er ist nicht Arbeitnehmer, sondern Selbständiger,
und die Vorschriften des Arbeitsrechts sind auf das Rechtsverhältnis zwischen ihm und seinem Auftraggeber nicht anwendbar. Derjenige, der
einen „freien Mitarbeiter" beschäftigt, ist den Regelungen des Arbeitsrechts – und aus seiner Sicht dessen Belastung und Einschränkungen –
entflohen. Konkret bedeutet dies u.a. insbesondere:

– Bei einer Beendigung der Zusammenarbeit durch den Dienstberechtig-   27
  ten genießt der freie Mitarbeiter keinen Kündigungsschutz.

– Macht der freie Mitarbeiter „Urlaub", so ist der Dienstberechtigte nicht   28
  zur Gewährung von Urlaubsentgelt verpflichtet.

– Wird der freie Mitarbeiter unverschuldet krank und kann er deshalb   29
  nicht arbeiten, so erhält er für die Dauer der Arbeitsunfähigkeit (maximal 6 Wochen) keine Entgeltfortzahlung.

– Kann wegen eines gesetzlichen Feiertages nicht gearbeitet werden, muß   30
  der Dienstberechtigte für diesen Tag nicht den Arbeitsverdienst zahlen,
  den der freie Mitarbeiter ohne den Arbeitsausfall erhalten hätte.

31 – Ist der freie Mitarbeiter für eine kurze Zeit aus dringenden persönlichen Gründen, z.B. Sterbefall in der Familie, an der Arbeit gehindert, so erhält er keine Vergütung.

32 – Möchte ein freier Mitarbeiter bzw. eine freie Mitarbeiterin wegen der Betreuung eines kleinen Kindes eine gewisse Zeit keiner Erwerbstätigkeit nachgehen (Erziehungsurlaub), so hat er bzw. sie keinen Anspruch gegen den Dienstberechtigten nach dieser Unterbrechung wieder Aufträge zu erhalten.

33 – Wird ein Kind des freien Mitarbeiters bzw. der freien Mitarbeiterin krank und muß es betreut werden, so hat der freie Mitarbeiter bzw. die freie Mitarbeiterin keinen Anspruch gegen den Dienstberechtigten auf bezahlte Arbeitsfreistellung.

34 – Der freie Mitarbeiter wird grundsätzlich nicht vom Betriebsrat repräsentiert, d.h. der Betriebsrat ist nicht für die betrieblichen Belange des freien Mitarbeiters zuständig.

2.1.2.4 Der grundsätzlich zwingende Charakter des Arbeitsrechts

35 Da nun die entsprechenden arbeitsrechtlichen Vorschriften **Schutzvorschriften** zugunsten der Arbeitnehmer sind, können sie grundsätzlich nicht ohne weiteres vertraglich abbedungen werden. Diese **Unabdingbarkeit** bedeutet nicht nur, daß vertragliche Abreden, wonach die jeweiligen Vorschriften nicht gelten sollen, diese gewünschte rechtliche Wirkung nicht entfalten können. Der zwingende Charakter der Arbeitnehmerschutzvorschriften bedeutet auch, daß sog. Umgehungsgeschäfte, also vertragliche Gestaltungsformen, die schon die Voraussetzungen für die Anwendbarkeit der Schutzvorschriften umgehen wollen, diese Rechtsfolge ebenfalls nicht herbeiführen können. Der Abschluß eines freien Mitarbeitervertrages kann einen Mißbrauch der Vertragsfreiheit darstellen, wenn keine sachlichen Gründe dafür vorliegen, sondern nur der Sozialschutz des Arbeitsrechts, insbesondere der Kündigungsschutz, umgangen werden sollte. In einem solchen Fall muß sich der Dienstberechtigte so behandeln lassen, als habe er einen Arbeitsvertrag abgeschlossen (BAG, 14.2.1974, 838). Aber selbst, wenn die Vertragspartner keine Umgehungs-

absichten haben, kann es sogar sein, daß trotz des „gutgläubigen"
Abschlusses eines Vertrages über eine freie Mitarbeit dennoch ein
Arbeitsverhältnis mit all seinen Konsequenzen begründet wird.

2.1.3   Die Abgrenzung von Arbeitnehmer und freier Mitarbeiter

2.1.3.1   Keine eindeutige, allgemeingültige Bestimmung der Begriffe
freier Mitarbeiter und Arbeitnehmer

Eine genaue, allgemeingültige Bestimmung des Begriffs freier Mitarbeiter   **36**
gibt es nicht. In den arbeitsrechtlichen Vorschriften kann dieser Ausdruck
nicht zu finden sein, da das Arbeitsrecht für den freien Mitarbeiter gerade
nicht gilt und dessen Rechtsverhältnisse nicht regelt. In den Vorschriften
der übrigen Rechtsmaterien, mit denen der freie Mitarbeiter „in Berüh-
rung kommt", z.B. das allgemeine Dienstvertragsrecht oder das Werkvertragsrecht, wird dieser Begriff ebenfalls nicht erwähnt, da der freie Mitarbeiter eben als Selbständiger tätig wird und so von der allgemeinen
Beschreibung wie etwa „der zur Dienstleistung Verpflichtete" (vgl. § 613
BGB) oder „der Unternehmer" (vgl. § 631 Abs. 1 BGB) erfaßt wird.

Aber auch für den Begriff Arbeitnehmer gibt es keine Legaldefinition.   **37**
Obwohl das Bürgerliche Gesetzbuch die Ausdrücke Arbeitnehmer und
Arbeitgeber verwendet und den Begriff Arbeitsverhältnis als Umschrei-
bung für die Gesamtheit der durch den Arbeitsvertrag zwischen Arbeitgeber und Arbeitnehmer begründeten Rechtsbeziehung kennt (vgl. § 611 a
BGB), gibt es weder eine gesetzliche Definition dieser Begriffe noch wird
in § 611 Abs. 1 BGB zwischen abhängiger und selbständiger Dienstleistung unterschieden.

Es besteht allgemein nur insofern Einigkeit, daß der Arbeitnehmer   **38**
fremdbestimmte, abhängige Arbeit erbringt, während der freie Mitarbeiter, der Selbständige, einer selbstbestimmten Tätigkeit nachgeht. Aber
auch für die Begriffe „Abhängigkeit" oder „Unselbständigkeit" fehlt es an
einer verbindlichen Definition. Ob eine Person als Arbeitnehmer oder als
Selbständiger anzusehen ist, kann nur anhand von Indizien ermittelt werden.

Wenn es heißt, freie Mitarbeit liege dann vor, „wenn die Vertragsparteien   **39**
einen freien Dienst- oder Werkvertrag abschließen, ohne dabei ein

2. Die freie Mitarbeit

Arbeitsverhältnis zu begründen" (Tremml/Karger, S.16), so zeigt dies, wie schwierig die Abgrenzung eines Arbeitsverhältnisses von dem Dienstverhältnis eines freien Mitarbeiters ist. Es zeigt auch, daß es geboten ist, diese Abgrenzung vom Arbeitsverhältnis aus vorzunehmen.

40 Für die Rechtsprechung, deren Auffassung für die betriebliche Praxis ja letztlich maßgeblich ist, ist derjenige Arbeitnehmer, der aufgrund eines privatrechtlichen Vertrages oder eines diesem gleichgestellten Rechtsverhältnisses im Dienst eines anderen zur Arbeit verpflichtet ist. Für den Begriff des Arbeitnehmers müssen also drei Voraussetzungen erfüllt sein (vgl. Schaub § 8):

41 – Der Arbeitnehmer muß zur Leistung von Arbeit verpflichtet sein. Unter Arbeit ist dabei jede Betätigung oder jedes Verhalten zu verstehen, das zur Befriedigung eines Bedürfnisses dient und im Wirtschaftsleben als „Arbeit" qualifiziert wird.

42 Dieses Begriffsmerkmal des Arbeitnehmers ist für dessen Abgrenzung zum Selbständigen allerdings wenig hilfreich, da ja auch der Selbständige „Arbeit" erbringt.

43 – Die Verpflichtung zur Arbeit muß sich aus einem privatrechtlichen Vertrag oder aus einem gleichgestellten Rechtsverhältnis ergeben.

44 Auch dieses Merkmal ist für die Abgrenzung Arbeitnehmer – freier Mitarbeiter nicht sehr dienlich, weil letzterer in der Regel auch aufgrund eines privatrechtlichen Vertrages, z.B. Dienstvertrag oder Werkvertrag, tätig wird.

45 Dieses Abgrenzungskriterium dient primär dazu, den Arbeitnehmer von weiteren Personengruppen zu unterscheiden, die ebenfalls abhängige Arbeit leisten, aber dennoch nicht dem Arbeitsrecht unterstehen. So erbringt z.B. eine Rotkreuzschwester ihre Arbeitsleistung in der Regel nicht aufgrund eines Arbeitsvertrages, sondern aufgrund ihrer vereinsrechtlichen Mitgliedschaft in der Schwesternschaft (LAG Hamm, 19.3.1985, BB 1986, 391). Die familiäre Mitarbeit beruht meist ebenfalls nicht auf einem Vertrag, sondern auf den Regeln des Familienrechts (selbstverständlich kann aber auch zwischen Familienmitgliedern ein Arbeitsvertrag geschlossen werden). Der Beamte erbringt zwar nichtselbständige Arbeit, jedoch geschieht dies nicht aufgrund eines Arbeitsvertra-

ges, sondern im Rahmen eines öffentlich-rechtlichen Dienst- und Treue-
verhältnisses, das den eigenen Regeln des öffentlichen Rechts folgt (vgl.
Battis, NJW 1985, 714 ff).

– Die Arbeit muß im Dienste eines anderen erbracht werden. „Im Dien-   **46**
ste eines anderen" bedeutet, daß der Arbeitnehmer im Gegensatz zum
Selbständigen, also auch im Gegensatz zum freien Mitarbeiter seine
Arbeit weisungsgebunden – oder mit anderen Worten – in persönlicher Abhängigkeit zum Arbeitgeber erbringt. Dieses Merkmal der persönlichen Abhängigkeit ist, wie Schaub (Schaub § 8 II 3 c) zutreffend
formuliert, „ein relatives", denn schließlich birgt jede Dienstleistung für
einen anderen, sei es als Arbeitnehmer oder als Selbständiger, ein gewis-
ses Maß an Abhängigkeit in sich.

2.1.3.2 Die entscheidende Bedeutung des Grades der persönlichen Abhängigkeit

Aber genau dieses Maß von Abhängigkeit ist entscheidend dafür, ob   **47**
jemand als Arbeitnehmer oder als Selbständiger, als freier Mitarbeiter, für
einen anderen arbeitet. Der **Grad der persönlichen Abhängigkeit**
bestimmt darüber, ob zwischen Dienstberechtigtem und Dienstverpflichtetem ein Arbeitsverhältnis oder das Rechtsverhältnis eines freien Mitarbeiters besteht.

Nach der ständigen Rechtsprechung des Bundesarbeitsgerichts „unter-   **48**
scheidet sich ein Arbeitsverhältnis von dem Rechtsverhältnis eines freien
Mitarbeiters (Dienstvertrag) durch den Grad der persönlichen Abhängigkeit, in der sich der zur Dienstleistung Verpflichtete jeweils befindet"
(BAG, 7.2.1990, EzA Nr. 31 zu § 611 BGB Arbeitnehmerbegriff; jüngst
erneut: BAG, 29.1.1992 – 7 ABR 25/91) Auch für die Rechtsprechung
ist wesentliches Kriterium für die Unterscheidung Arbeitnehmer – freier
Mitarbeiter der Grad der sog. persönlichen Abhängigkeit des Dienstverpflichteten vom Dienstberechtigten.

Doch was ist nun unter „persönlicher Abhängigkeit", was ist unter   **49**
„abhängiger Arbeit" zu verstehen? Bei der schier unüberschaubaren Vielzahl von Berufen ist es wohl nicht möglich, ein allgemeingültiges Kriterium für „abhängige Arbeit" zu finden. Will man die Putzfrau, den Arbeiter am Fließband, den Lkw-Fahrer, den Computerspezialisten, den Justi-

tiar oder den Chefarzt, das Mannequin oder den Künstler an ein und der selben Latte messen? Schon diese sehr geringe Auswahl von Berufen deutet an, daß sich kein Kriterium finden läßt, das schlechthin für oder gegen den Tatbestand der abhängigen Arbeit spricht (Hilger, RdA 1989, S. 1 ff 2).

50 Das Vorliegen eines Arbeitsverhältnisses kann nicht anhand einer allgemein gültigen Definition festgestellt werden, sondern nur typologisch unter Berücksichtigung aller Merkmale des jeweils konkreten Einzelfalls. So wie es aus der Vielzahl der möglichen Abgrenzungskriterien kein Einzelmerkmal gibt, das für die Annahme der Arbeitserbringung in persönlicher Abhängigkeit zwingend vorliegen muß, so wenig gibt es ein Merkmal für abhängige Arbeit, das nicht gelegentlich auch bei einem freien Mitarbeiter zu finden ist.

Bei der Abgrenzung von freier Mitarbeit und abhängiger Beschäftigung sind stets die das jeweilige Rechtsverhältnis prägenden **charakteristischen Merkmale gegeneinander** so **abzuwägen**, wie sie sich aus dem Inhalt der **vertraglichen Absprachen** und aus der **tatsächlichen Durchführung** und Gestaltung der Vertragsbeziehung ergeben. Dabei ist ein Beschäftigter dann nicht mehr als freier Mitarbeiter einzustufen, wenn die überwiegenden Merkmale ein Gesamtbild ergeben, das nach der Verkehrsanschauung ein Arbeitsverhältnis kennzeichnet (Berger-Delhey/Alfmeier, NZA 1991, 257).

2.1.4 Die verschiedenen Abgrenzungsmerkmale im einzelnen

51 Für das Vorliegen einer Arbeitnehmereigenschaft und damit gegen die Klassifizierung eines Dienstverpflichteten als freier Mitarbeiter sprechen die im folgenden genannten Merkmale. Es ist aber nochmals ausdrücklich darauf hinzuweisen, daß **keinem Merkmal** und auch keiner bestimmten Kombination von Merkmalen eine für alle möglichen Fälle **verbindliche Aussagekraft** über den rechtlichen Status eines Dienstverpflichteten zukommt. Das Vorliegen eines Arbeitsverhältnisses kann nicht durch eine allgemeingültige Definition, sondern nur typologisch unter Berücksichtigung aller Merkmale des konkreten Einzelfalls bestimmt werden (BSG, 12.12.1990, EzA Nr. 40 zu § 611 BGB Arbeitnehmerbegriff). Stets muß also eine **Gesamtschau** vorgenommen und dabei die tatsächliche Durchführung des Vertragsverhältnisses mit einbezogen werden.

2.1.4.1 Die Weisungsgebundenheit

Ein wesentliches Merkmal für das Vorliegen eines abhängigen Beschäfti- **52**
gungsverhältnisses ist die persönliche Abhängigkeit. Hierfür wiederum ist
maßgebliches Kriterium ob der Dienstnehmer, wie es das Bundessozialgericht formuliert, „im wesentlichen frei seine Tätigkeit gestalten und seine
Arbeitszeit bestimmen kann oder ob er einem Zeit, Dauer, Ort und Art
der Ausführung umfassenden Weisungsrecht unterliegt (BSG,29.3.1962,
BSGE 16, 284 ff).

Je mehr ein Dienstverpflichteter hinsichtlich seiner Arbeit den Weisungen **53**
des Dienstberechtigten unterliegt, desto mehr spricht dies für seine
Arbeitnehmerstellung. Wem gesagt wird, wie er was wo wann machen
muß, ist in aller Regel Arbeitnehmer. Wer dagegen im wesentlichen seine
Tätigkeit frei gestalten und auch seine Arbeitszeit frei bestimmen kann,
ist möglicherweise kein Arbeitnehmer, sondern freier Mitarbeiter.

Obwohl § 84 Abs. 1 Satz 2 HGB unmittelbar nur die Abgrenzung des **54**
selbständigen Handelsvertreters und abhängig beschäftigtem Handelsgehilfen regelt, sieht das Bundesarbeitsgericht in dieser Vorschrift ein typi-
sches Abgrenzungsmerkmal zwischen selbständiger und abhängiger
Arbeit. Nach § 84 Abs. 1 Satz 2 HGB ist derjenige selbständig, der im
wesentlichen seine Tätigkeit frei gestalten und seine Arbeitszeit frei
bestimmen kann. **Arbeitnehmer** ist also derjenige, der seine Dienstleistung **im Rahmen einer** vom Dienstberechtigten bestimmten **Arbeitsor-**
ganisation erbringt. Nach Ansicht des Bundesarbeitsgerichts enthält die
Vorschrift des § 84 Abs. 1 Satz 2 HGB eine über ihren unmittelbaren
Anwendungsbereich hinausgehende,allgemeine gesetzgeberische Wertung,
die bei der Abgrenzung des Dienstvertrages zum Arbeitsvertrag zu beachten ist, zumal § 84 Abs. 1 Satz 2 HBG die einzige Norm ist, die dafür
Kriterien enthält. Die Eingliederung in die fremde Arbeitsorganisation
sieht das BAG insbesondere darin, daß ein Beschäftigter hinsichtlich Zeit,
Dauer und Ort der Ausführung der versprochenen Dienste einem umfas-
senden Weisungsrecht des Dienstberechtigten unterliegt (BAG, 7.2.1990,
EzA Nr. 31 zu § 611 Arbeitnehmerbegriff m.w.N.).

Die Handhabung des Abgrenzungskriteriums der Weisungsgebundenheit **55**
wird um so schwieriger, je anspruchsvoller die zu erledigende Arbeit ist.
So werden etwa einem in einem Arbeitsverhältnis stehenden, angestellten
Rechtsanwalt oder Steuerfachmann wohl die zu bearbeitenden Fälle vor-

gegeben, die fachliche Bearbeitung und Problemlösung liegt aber in aller Regel in ihren Händen. Auch die Arbeit eines angestellten Chefarztes wird weniger von fachlichen Weisungen seines Arbeitgebers als vielmehr von den Regeln und Notwendigkeiten der Medizin bestimmt. Dennoch kann die Dienstleistung eines solchen, in seiner Arbeit weitgehend freien Arbeitnehmers fremdbestimmt, also abhängig sein, „wenn sie ihr Gepräge von der Ordnung des Betriebes oder der Gemeinschaft erhält, in deren Dienst die Arbeit verrichtet wird" (BSG, 29.3.1962, BSGE 16, 289 ff, 294).

56 Insgesamt läßt sich sagen, daß eine starke fachliche Weisungsgebundenheit zwar für den Status eines Arbeitnehmers spricht, aber umgekehrt aus einer geringen fachlichen Weisungsgebundenheit nicht unbedingt auf den Status eines freien Mitarbeiters geschlossen werden kann. Gerade bei Spezialisten und Führungskräften kann die fachliche Weisungsgebundenheit sehr stark eingeschränkt sein (Hunold, S. 25).

57 Die fachliche Weisungsgebundenheit des Arbeitnehmers ist die Kehrseite des **Direktionsrechts** des Arbeitgebers. Dieses erlaubt dem Arbeitgeber, soweit keine gesetzlichen, tarifvertraglichen, betriebsvereinbarungsrechtlichen oder vertraglichen Bestimmungen bestehen, die Arbeitsbedingungen, insbesondere Art, Zeit und Ort der Arbeitsleistung und auch das Verhalten im Betrieb, zu bestimmen. Soweit das Direktionsrecht des Arbeitgebers reicht, ist der Arbeitnehmer verpflichtet, den Weisungen Folge zu leisten. Da nun das Direktionsrecht durch ausdrückliche Bestimmungen im Arbeitsvertrag eingeengt wird, kann durch eine ausführliche Ausgestaltung des Vertrages das Merkmal der fachlichen Weisungsgebundenheit weitgehend beschränkt werden. Je mehr der Dienstberechtigte den Inhalt der Arbeitsleistung verändern bzw. konkretisieren und dem Dienstverpflichteten neue Aufgaben übertragen kann, desto mehr spricht dies für ein Arbeitsverhältnis. Dagegen spricht es nach Ansicht des Bundesarbeitsgerichtes für ein freies Mitarbeiterverhältnis, wenn die zu erbringenden Dienste nicht nur rahmenmäßig umschrieben, sondern vertraglich festgelegt werden. Der Dienstverpflichtete stellt dann nicht lediglich seine Arbeitskraft zur Verfügung, sondern schuldet eine bestimmte Dienstleistung (BAG, 30.10.1991, 742).

58 So entschied das Bundesarbeitsgericht, daß eine Lehrkraft einer Bildungseinrichtung dann nicht in einem Arbeitsverhältnis, sondern in einem freien Mitarbeiterverhältnis steht, wenn der Inhalt der Dienstleistung und

die Arbeitszeiten im einzelnen vertraglich geregelt und damit dem Weisungsrecht des Arbeitgebers entzogen wurden. Die Bindungen einen Rahmenlehrplan sei unerheblich. Nur wenn der Arbeitgeber methodisch-didaktische Anweisungen zur Gestaltung des Unterrichts gibt, könnte dies zu einer persönlichen Abhängigkeit des Dienstverpflichteten und damit zum Vorliegen eines Arbeitsverhältnisses führen. In dem entschiedenen Fall war der Stundenplan der Lehrkraft in den Vertrag mit einbezogen worden, und der Arbeitgeber gab keine methodisch-didaktischen Weisungen für den Unterricht (BAG, 30.10.1991, DB 1992, 742).

Neben der fachlichen Weisungsgebundenheit ist die **Bindung an feste Arbeitszeiten** ein weiteres Indiz für abhängige Arbeit. Kann der Dienstberechtigte vorschreiben, wann der Dienstverpflichtete seine Arbeit zu erledigen hat, so spricht dies sehr für das Vorliegen eines Arbeitsverhältnisses (BAG, 9.9.1981, SAE 1981, 271), während umgekehrt die Möglichkeit, seine Arbeit frei einzuteilen, stark auf das Vorliegen eines freien Mitarbeiterverhältnisses hindeutet. Gegen die Möglichkeit einer selbständigen Einteilung der Arbeitzeit spricht nicht, daß dem Dienstverpflichteten Termine gesetzt sind, zu denen er die Arbeit erledigt haben muß. Dies gilt insbesondere dann, wenn die Fristen dabei so bemessen sind, daß er innerhalb des gesetzten Zeitraums einen Spielraum hat, seine Arbeitszeit nach seinen Vorstellungen festzulegen (Berger-Delhey/Alfmeier, NZA 1991, 257 ff). Anders kann es dann sein, wenn die Termine so kurzfristig bestimmt werden, daß die eingeräumte Zeit gerade ausreicht, den Auftrag zu erledigen, und der Dienstverpflichtete somit keine Dispositionsmöglichkeit hinsichtlich der freien Einteilung seiner Arbeitszeit hat (BAG, 7.5.1980, EzA Nr. 22 zu § 611 BGB Arbeitnehmerbegriff). **59**

Das Kriterium der Bindung an feste Arbeitszeiten sollte aber gerade im Hinblick darauf, daß eine Tendenz hin zu flexiblen Arbeitszeitmodellen und eine ansteigende Bereitschaft der Arbeitgeber besteht, Mitarbeitern die Möglichkeit zu geben, Arbeiten auch zu Hause zu erledigen, nicht zu hoch eingestuft werden. Denn je mehr die Arbeitszeit flexibilisiert wird, je mehr Arbeiten außer Haus erledigt werden, desto schwieriger wird es, der Bindung an eine bestimmte Arbeitszeit eine Aussage über den rechtlichen Status des Dienstverpflichteten zu entnehmen. **60**

Anhand eines anschaulichen Beispiels schildert Hilger (RdA 1989, 1 ff, 3) diese Problematik und bietet auch eine plausible Lösungshilfe an: **61**

62 „Ein Unternehmen mit viel fremdsprachiger Korrespondenz engagiert eine sprachenkundige Hausfrau, die jeden Nachmittag von 14 bis 16 Uhr die anfallenden Übersetzungsarbeiten erledigt. Kommt die Dame zu vorgegebenen Zeiten in den Betrieb, hätten wir keine Zweifel, ihre Tätigkeit als abhängige Arbeit in Teilzeit zu werten. Aber wie, wenn die Schriftstücke ihr zur Bearbeitung mit nach Hause gegeben werden, entweder weil Familiengründe ihre Anwesenheit zu Haus verlangen, oder weil der Betrieb keinen Raum zur Verfügung hat, in dem sie ungestört konzentriert arbeiten kann? Sollte die Übersetzerin nur wegen dieser räumlichen Verlagerung und der damit verbundenen „Zeitsouveränität" plötzlich den Arbeitnehmer-Status verlieren? Das kann schwerlich rechtens sein." Hilger würde danach entscheiden, „ob die Übersetzungsarbeiten einigermaßen regelmäßig anfallen und ob feste Ablieferungstermine vorgegeben sind. Ist dies der Fall, kann man von einer „Einbindung in die betriebliche Organisation" sprechen, die neuerdings häufiger anstelle der früher üblichen „Eingliederung" als Indiz für den Arbeitnehmer-Status genannt wird (...). Das Gegenstück wäre die nur gelegentlich anfallende Übersetzungsaufgabe, die ad hoc vereinbart wird, bei der man eher an einen selbständigen Werkvertrag denken wird."

63 Ein weiteres Indiz für das Vorliegen einer Arbeitnehmerstellung liegt im Rahmen des Merkmals Weisungsgebundenheit in der **Bindung an einen** vom Arbeitgeber **bestimmten Arbeitsplatz** bzw. **Arbeitsort**. Muß der Dienstberechtigte seine Arbeitsleistung an einem bestimmten Ort erfüllen, so spricht dies für das Vorliegen eines Arbeitsverhältnisses. Das Bundesarbeitsgericht (BAG, 21.3.1985, DB 1985, 1744) unterstreicht ausdrücklich, daß der Arbeitgeber einem Arbeitnehmer im Regelfall einen „funktionsfähigen Arbeitsplatz" zur Verfügung stellt. Muß allerdings die Arbeit aus Sachgründen an einem bestimmten Ort erfüllt werden, so spricht dies nicht unbedingt für das Vorliegen eines Arbeitsverhältnisses. Kann eine bestimmte Tätigkeit, wie z.B. die Berichterstattung über eine Veranstaltung, nur an einem bestimmten Ort erbracht werden, so kann man daraus noch nicht auf eine persönliche Abhängigkeit in Folge örtlicher Weisungsgebundenheit schließen (Berger-Delhey/Alfmeier, NZA 1991, 258; BAG, AP Nr. 45 zu § 611 BGB – Abhängigkeit). Kann aber der Dienstverpflichtete seine Arbeitsstätte frei wählen, so ist dies ein Indiz für seinen Status als freier Mitarbeiter.

64 Besitzt der Dienstverpflichtete eine eigene Betriebsstätte, so ist dies stets ein gewichtiges Indiz für dessen Selbständigkeit (Hunold, S. 30).

2.1.4.2 Kontrolle durch den Dienstberechtigten

Im engen Zusammenhang mit den Indizien der Bindung an feste Arbeits-   **65**
zeiten und an einen bestimmten Arbeitsort steht die Möglichkeit bzw. die
Berechtigung des Auftraggebers, die **Anwesenheit** des Dienstverpflichteten am Arbeitsort zu **kontrollieren**. Gerade wenn die zugesagte Arbeit
außerhalb des Betriebs erbracht wird, läßt sich in der Kontrollmöglichkeit
des Dienstberechtigten ein weiteres Argument für das Vorliegen eines
Arbeitsverhältnisses finden, da eine Kontrolle nur dann sinnvoll ist, wenn
der Überprüfte zur Zeit der Kontrolle am Ort der Kontrolle seine Arbeit
verrichten muß. Gerade die Ungebundenheit in diesen Punkten deutet
stark auf eine freie Mitarbeit hin. Unter Kontrolle ist dabei nicht die
Kontrolle der Qualität der geleisteten Arbeit zu verstehen, die etwa beim
Werkvertrag selbstverständlich ist, sondern die Kontrolle bezieht sich auf
die Anwesenheit am Arbeitsplatz. Ist der Beauftragte etwa verpflichtet,
zu bestimmten Zeiten über Telefon oder andere Telekommunikationsmit-
tel für Rückfragen, Weisungen oder zusätzliche Aufträge zur Verfügung
zu stehen, wird dies zusammen mit der Kontrollmöglichkeit des Auftraggebers für die Arbeitnehmereigenschaft des Dienstverpflichteten sprechen
(vgl. Hilger, RdA 1989 1 ff, 4).

2.1.4.3 Eingliederung in den Betriebsablauf

Je weniger das Direktionsrecht des Arbeitgebers in Form von Weisungen,   **66**
betreffen sie nun die Art der Arbeitsverrichtung oder Zeit und Ort der
Arbeitsleistung, in Erscheinung tritt, je freier der Dienstverpflichtete bei
der Gestaltung seiner Arbeit ist, umso größeres Gewicht kommt dem
Merkmal der Eingliederung in einen übergeordneten „Organismus" für
die Abgrenzung zwischen abhängig geleisteter Arbeit und selbständig ver-
richteter Dienste zu. Nach dem Verständnis des Bundessozialgerichts ver-
feinert sich dann die Weisungsgebundenheit des Arbeitnehmers zur
„funktionsgerechten, dienenden Teilhabe am Arbeitsprozeß" (BSG,
1.12.1977, BB 1978, 966).

Ist also ein Dienstverpflichteter, der nur in sehr geringem Umfang oder   **67**
überhaupt nicht weisungsgebunden ist, in fachlicher Hinsicht etwa ein
Arzt, in den Betrieb des Arbeitgebers, z.B. ein Krankenhaus, eingegliedert, so kann er trotz seiner geringen oder fehlenden Weisungsgebundenheit Arbeitnehmer sein (BAG, 15.3.1978, DB 1978, 1035). Die Eingliede-

rung des Dienstverpflichteten in den Betrieb des Dienstberechtigten ist, gerade wegen seiner u.U. bestehenden räumlichen und zeitlichen Freiheit, nicht nur räumlich zu verstehen. Es ist vielmehr auch auf die Eingliederung in die betriebliche Organisation, in den Betriebsablauf abzustellen. So kann etwa eine Tele-Arbeiterin, die ausschließlich zu Hause arbeitet, wegen ihrer Einordnung in die betriebliche Organisation Arbeitnehmerin sein. Eine betriebliche Eingliederung kann z.B. vorliegen durch das Angewiesensein auf den technischen Apparat des Auftraggebers (BAG, 3.5.1989, BB 1990, 779) oder durch die Notwendigkeit, mit anderen Mitarbeitern des Betriebs ständig eng zusammenzuarbeiten (BAG, 9.3.1977, DB 1977, 2460).

2.1.4.4 Umfang der Inanspruchnahme

68   Der Umfang, in dem ein Dienstverpflichteter für den Dienstberechtigten arbeitet, ist zwar kein zwingendes Kriterium für die Beantwortung der Frage, ob der dienstverpflichtete Arbeitnehmer oder freier Mitarbeiter ist. Er kann aber ein Indiz für den Grad der persönlichen Abhängigkeit sein. Nimmt die vertraglich vereinbarte Arbeit die Arbeitskraft des Dienstverpflichteten ganz oder weitestgehend in Anspruch, insbesondere so, daß er vernünftigerweise keine Zeit für weitere Beschäftigungsverhältnisse hat, so spricht dies für eine Stellung als Arbeitnehmer. Ist der Dienstverpflichtete dagegen berechtigt, für mehrere Auftraggeber zu arbeiten oder uneingeschränkt Nebentätigkeiten auszuüben, so kann dies auf einen freien Dienstvertrag hinweisen (Schaub § 36 I 4 c).

69   Allerdings ist hier darauf hinzuweisen, daß Teilzeitarbeitskräfte in aller Regel Arbeitnehmer sind, da sie abhängige Arbeit leisten (vgl. Rdn. 774 ff). Deshalb sollte aus einer die Arbeitskraft des Dienstverpflichteten nicht voll ausschöpfenden Inanspruchnahme durch den Dienstberechtigten weniger auf die Eigenschaft als freier Mitarbeiter geschlossen werden. Vielmehr deutet umgekehrt eine volle Inanspruchnahme auf das Vorliegen eines Arbeitsverhältnisses hin.

2.1.4.5 Berechtigung, Hilfspersonen zur Erfüllung des Vertrages einzusetzen

70   Ist der Dienstverpflichtete berechtigt, sich anderer Personen zu bedienen, um den Vertrag mit dem Dienstberechtigten zu erfüllen, so spricht dies

für seine Stellung als Selbständiger. Ein Arbeitnehmer ist grundsätzlich
nicht berechtigt, die geschuldete Arbeit von einem Dritten erledigen zu
lassen.

Nach § 613 Satz 1 BGB hat der Dienstverpflichtete die Dienste zwar im | 71
Zweifel in Person zu leisten, jedoch stellt diese Vorschrift lediglich eine
Auslegungsregel dar und ist somit abdingbar. Die Abbedingung kann ausdrücklich oder stillschweigend erfolgen. Beim „freien" Dienstverhältnis
wird man, je nach der Art des Geschäfts und den entsprechenden Gepflo-
genheiten, dann von einem stillschweigenden Ausschuß des § 613 Satz 1
BGB ausgehen können, wenn es sich nicht um Dienste handelt, bei denen
es auf die persönliche Diensterbringung des Dienstverpflichteten
ankommt, z.B. Operation durch den Chefarzt gegen besondere Vergütung (vgl. Münchner Kommentar, § 613 Rdn. 4).

Anders ist es beim Arbeitsverhältnis. Hier ist der **Arbeitnehmer** grund- | 72
sätzlich **verpflichtet, die zugesagte Arbeit selbst zu verrichten.** Er darf
sich grundsätzlich dazu keiner betriebsfremden Personen bedienen (LAG
Düsseldorf, 16.5.1967, NJW 1967, 2177).

Anders ist es, wenn die Diensterbringung durch Dritte vertraglich gestat- | 73
tet ist. Dies kann auch beim Arbeitsverhältnis stillschweigend erfolgen.
Eine solche stillschweigende Vereinbarung kann dann vorliegen, wenn der
Arbeitnehmer die Arbeitsleistung nicht alleine erbringen kann, oder wenn
die Hinzuziehung von Gehilfen oder die Gestellung von Ersatzkräften
üblich ist. Das kann etwa dann der Fall sein, wenn einem Hausmeister
eine Wohnung auch für seine Familie zur Verfügung gestellt wird. In
einem solchen Fall wird die Ehefrau des Hausmeisters z.B. berechtigt
sein, die Heizung zu versorgen (vgl. Schaub, § 45 I 2).

2.1.4.6 Zurverfügungstellen von Arbeitsmitteln

Stellt der Dienstberechtigte die Geräte, die der Dienstverpflichtete zur | 74
Erfüllung des Auftrags benötigt zur Verfügung, so spricht dies, wenn
auch nicht zwingend, für das Bestehen eines Arbeitsverhältnisses. Umgekehrt deutet es auf das Vorliegen eines freien Mitarbeiterverhältnisses hin,
wenn der Dienstverpflichtete die geschuldeten Arbeiten mit eigenem
Arbeitsgerät erledigt.

75 Entsprechendes gilt, wenn zur Vertragserfüllung Material verarbeitet werden muß. Stellt der Auftraggeber das Material, so deutet dies auf ein Arbeitsverhältnis hin. Verarbeitet der Dienstverpflichtete von ihm selbst beschafftes Material, so spricht dies für das Rechtsverhältnis eines freien Mitarbeiters (Hunold, S. 33).

2.1.4.7 Dauer der Beschäftigung

76 Für die Beantwortung der Frage, ob ein Dienstverhältnis ein Arbeitsverhältnis oder ein freies Mitarbeiterverhältnis ist, kann der Dauer der bereits erfolgten Zusammenarbeit eine gewisse Bedeutung zukommen. Allein die längere Dauer einer Beschäftigung zwingt noch nicht dazu, vom Vorliegen eines Arbeitsverhältnisses auszugehen. Wenn allerdings die vertragliche Zusammenarbeit der Parteien über die Abwicklung einzelner Aufträge hinausgeht, und der Dienstverpflichtete ständig wiederkehrende Leistungen schuldet, so liegt eine sog. **Dauerrechtsbeziehung** vor, der in der Regel ein Arbeitsverhältnis zugrunde liegt. In einem vom LAG Köln entschiedenen Fall wurde ein formal als freier Mitarbeiter eingestufter Rundfunksprecher über mehrere Jahre hinweg, von seltenen Unterbrechungen abgesehen, jeweils bei Bedarf zur Arbeit herangezogen. Das Gericht hat die Arbeitnehmereigenschaft des Rundfunksprechers bejaht, da der Rundfunk von der für ihn erkennbaren ständigen Arbeitsbereitschaft Gebrauch gemacht hat und somit ein Arbeitsverhältnis vorlag (LAG Köln, 28.6.1989, BB 1989, 1760).

77 Dieses Indiz für die Abgrenzung Arbeitnehmer – freier Mitarbeiter ist insbesondere deshalb bedeutsam, weil die Dauer auf die Qualität des zwischen Dienstberechtigtem und Dienstverpflichtetem bestehenden Rechtsverhältnisses Einfluß nimmt. Haben die Vertragsparteien den rechtlichen Status des Dienstverpflichteten ursprünglich zutreffend als den eines freien Mitarbeiters ausgestaltet, so kann eine **Änderung** hin zum Status eines Arbeitnehmers eintreten, wenn die Zusammenarbeit längere Jahre ohne größere Unterbrechung erfolgt und der Dienstverpflichtete ständig wiederkehrend die gleichen Dienste schuldet. Wenn ein für einen Dienstberechtigten ständig tätiger „freier Mitarbeiter" die betriebsübliche Arbeitszeit einhält und seine Arbeit an einem betrieblichen Arbeitsplatz verrichtet, so spricht dies dafür, daß dieser Dienstverpflichtete in dem Betrieb des Dienstberechtigten eingeordnet ist und in einem Arbeitsverhältnis zu ihm steht (BAG, Urt. v. 3.10.1975, AP Nr. 17 § 611 BGB Abhängigkeit).

2.1.4.8 Vergleich mit anderen Dienstverpflichteten

Für die Beurteilung des rechtlichen Status eines Dienstverpflichteten kann 78
die Behandlung vergleichbarer „Arbeitskollegen" wichtige Aufschlüsse
geben. Beschäftigt ein Dienstberechtigter sowohl fest angestellte Arbeitnehmer als auch freie Mitarbeiter mit einer vergleichbaren Arbeit, so ist
darauf zu achten, wie er beide Gruppen behandelt. Werden alle mit den-
selben Aufgaben betrauten Beschäftigten in wesentlichen Punkten einheitlich behandelt, so kann dies ein Grund sein, ihren arbeitsrechtlichen Status einheitlich zu beurteilen (BAG, 28.6.1973, AP Nr. 10 zu § 611 BGB
Abhängigkeit). Behandelt ein Dienstberechtigter als freie Mitarbeiter
beschäftigte Dienstverpflichtete ebenso wie fest angestellte Arbeitnehmer,
so kann dies dazu führen, den „freien Mitarbeiter" den Status eines
Arbeitnehmers zuzuerkennen (BAG, Urt. v. 3.10.1975, DB 1976, 392).

Gerade der Vergleich von freien Mitarbeitern und Arbeitnehmern, die 79
weitestgehend die gleiche Arbeit verrichten, belegt, wie wichtig es ist, bei
der Beurteilung des rechtlichen Status eines Dienstverpflichteten die tatsächliche Durchführung des Vertrages zu berücksichtigen.

2.1.4.9 Tragen des Unternehmerrisikos

Typisch für einen Selbständigen, also auch für einen freien Mitarbeiter, 80
ist, daß er das Unternehmerrisiko für sein berufliches Fortkommen trägt.
Er setzt grundsätzlich Kapital ein in der Hoffnung, es zu vermehren, aber
auch mit der Gefahr, es zu verlieren (Berger-Dehlhey/Alfmeier, NZA
1990, 257 ff, 259). Bekommt er keine Aufträge, bleibt er ohne Einkommen. Beschäftigt der Selbständige keine Mitarbeiter, so bleibt er auch
dann ohne Einkünfte aus der selbständigen Tätigkeit, wenn er etwa in
Folge einer Krankheit nicht arbeiten kann. Als „Nicht-Arbeitnehmer"
steht er außerhalb des arbeitsrechtlichen Schutzes und ist auf seine tatsächliche Arbeitsleistung und auf den Erfolg seiner Bemühungen auf dem
Markt angewiesen.

Da es nun aber nicht wenige Fälle geben wird, in denen ein Dienstberech- 81
tigter einen Dienstverpflichteten gerade deshalb als freien Mitarbeiter für
sich arbeiten lassen will, um selbst kein Beschäftigungsrisiko für diese
Person zu tragen (z.B. Lohnfortzahlung, wenn der Arbeitnehmer krank
wird) und bestrebt ist, sein eigenes Unternehmerrisiko zu verringern (z.B.

keine Aufwendungen für Sozialversicherungsbeiträge, leichtes Trennen vom Dienstverpflichteten bei schlechter Auftragslage) und diese **Risiken auf den freien Mitarbeiter abzuwälzen**, ist dieses Abgrenzungsmerkmal „mit Vorsicht zu genießen". Nur weil ein Dienstverpflichteter als freier Mitarbeiter beschäftigt wird, also z.B. keinen Anspruch auf bezahlten Urlaub oder Lohnfortzahlung bei Krankheit hat, sich um seine soziale Absicherung und um die Abführung seiner Steuern selbst kümmern muß, darf allein deshalb seine Arbeitnehmerstellung nicht vereint werden.

82 Bringt z.B. ein Fuhrunternehmer einen seiner angestellten Fahrer dazu, sich (mit Hilfe von Krediten) selbst einen LKW anzuschaffen und als freier Unternehmer für ihn, den Fuhrunternehmer, zu fahren, so trägt der LKW-Fahrer, wenn er sich selbständig macht, das Risiko, seinen LKW und die mit dessen Betrieb verbundenen Kosten bezahlen zu können. Er trägt auch das Risiko nicht fahren zu können, etwa weil er krank, oder der LKW defekt ist. Weiterhin trägt er das Risiko, von seinem früheren Arbeitgeber keinen Auftrag mehr zu bekommen, wenn dessen Geschäfte schlechter gehen. Arbeitet er aber – mit Ausnahme der Tatsachen, daß er Eigentümer des LKW ist und seinem Auftraggeber für die gemachten Fahrten Rechnungen stellt – unter den gleichen Bedingungen wie früher, z.B. Weisungen des Arbeitgebers, Arbeitszeit, so reicht es nicht, allein aus dem Tragen des Unternehmerrisikos auf den Status eines Selbständigen zu schließen.

83 Das Bundessozialgericht will aus dem Bestehen eines unternehmerischen Risikos nur dann einen Hinweis auf das Vorliegen einer selbständigen Tätigkeit entnehmen, wenn diesem Risiko größere Freiheiten in der Gestaltung und Bestimmung des Umfangs beim Einsatz der eigenen Arbeitskraft gegenüberstehen (BSG, 13.7.1978, AP Nr. 29 zu § 611 BGB Abhängigkeit). Diese Wertung des Bundessozialgerichts weist in die richtige Richtung. Sie verweist darauf, daß auf das **Gesamterscheinungsbild** und die **tatsächliche Durchführung der Zusammenarbeit** zwischen Dienstberechtigtem und Dienstverpflichtetem zu achten ist. Es ist aber davor zu warnen, allein wegen vertraglich festgelegten Freiheiten eine Arbeitnehmereigenschaft des Dienstverpflichteten abzulehnen. Wenn etwa im obigen Beispiel der LKW-Fahrer das Recht hat, auch für andere Fuhrunternehmer zu fahren oder einzelne Aufträge seines früheren Arbeitgebers ablehnen darf, so wird es bei der Beurteilung des rechtlichen Status des LKW-Fahrers durchaus darauf ankommen, ob er tatsächlich die Möglichkeit hat, auch von anderen Fuhrunternehmen Fahraufträge zu erhalten oder ob er es sich überhaupt leisten kann, auf Aufträge seines ehemaligen Arbeitgebers zu verzichten.

2.1.4.10 Art und Abrechnung der Vergütung

Aus der Art der Vergütung eines Dienstverpflichteten ergibt sich kein zwingendes Kriterium zur Klärung der Frage, ob er Arbeitnehmer oder freier Mitarbeiter ist. Zwar kann es auf seine Arbeitnehmereigenschaft hindeuten, wenn ein nach Stunden, Wochen oder Monaten bemessenes festes Entgelt bezahlt wird und auch Sondervergütungen gewährt werden, die normalerweise nur Arbeitnehmer erhalten, z.B. betriebliche Beihilfen oder Gratifikationen. Allerdings ist es auch durchaus üblich, die Leistungen eines Selbständigen zeitabschnittsweise, z.B. nach Stunden, zu vergüten. Die Bezahlung eines Festbetrages ist sowohl bei einem Arbeitsverhältnis wie auch bei einem freien Mitarbeiterverhältnis nichts Ungewöhnliches. Die Orientierung des Entgelts am Arbeitserfolg, etwa durch Provisionen oder eine Akkordentlohnung, ist auch bei Arbeitnehmern zu finden (Schaub § 36 I 4 i). **84**

Ein weiteres – wenn auch schwaches – Indiz für den Status eines Selbständigen ist es, wenn die Vergütung erbrachter Leistungen erst nach einer Rechnungstellung, insbesondere mit ausgewiesener Mehrwertsteuer, erfolgt, oder wenn ein Honorar nach einer bestehenden Gebührenordnung (z.B. für Rechtsanwälte oder Ärzte) bemessen wird. **85**

2.1.4.11 Formale Abgrenzungskriterien

Unter formalen Abgrenzungsmerkmalen sind insbesondere die Umstände zu verstehen, die sich aus der äußeren Form des Vertrages herleiten lassen, wie etwa der Verzicht auf die Vorlage einer ärztlichen Arbeitsunfähigkeitsbescheinigung im Krankheitsfall, .der Verzicht auf förmliche Urlaubserteilung, Genehmigung von Nebentätigkeiten oder die steuerliche- und sozialversicherungsrechtliche Behandlung des Dienstverhältnisses (BAG, 9.3.1977, DB 1977, 2459). **86**

Aus dem Fehlen derartiger Regelungen im Dienstvertrag kann grundsätzlich nicht auf das Vorliegen eines bestimmten Rechtsstatus des Dienstverpflichteten geschlossen werden. Für das Rechtsverhältnis eines Selbständi- **87** gen sind solche Regelungen nicht nötig, da er eben „eigenverantwortlich" seiner Erwerbstätigkeit nachgeht. Für einen Arbeitnehmer sind derartige Regelungen auch nicht zwingend notwendig, da sich entsprechende Pflichten des Arbeitgebers bzw. Rechte des Arbeitnehmers aus den Vorschriften und Regeln des Arbeits-, Steuer- und Sozialversicherungsrechts ergeben. Folgt aus den Gesamtumständen, unter denen das Dienstverhältnis tatsächlich durchgeführt wird, daß der Dienstverpflichtete Arbeitnehmer ist, so hat etwa der Passus im Dienstvertrag keine rechtsbegründende Bedeutung, in dem sich der Arbeitgeber zur Entgeltfortzahlung im Krankheitsfall verpflichtet. Bei Vorliegen eines Arbeitsverhältnisses besteht diese Pflicht schon kraft Gesetzes.

88 Wenn aus dem Fehlen solcher formaler Abgrenzungskriterien in der Regel keine Schlußfolgerungen gezogen werden können, so kann dagegen ihr Vorhandensein auf den Willen der Vertragsparteien hindeuten, arbeitsrechtliche Regelungen zu treffen, also das Dienstverhältnis dem Arbeitsrecht zu unterstellen. Da nun das Arbeitsrecht zahlreiche, zu Ungunsten des Arbeitnehmers nicht abdingbare Vorschriften enthält, und es nicht möglich ist, nur einzelne Arbeitnehmerschutzregelungen „gelten" zu lassen, so kann man wohl aus einer vertraglichen Übereinkunft über arbeitsrechtliche Sachverhalte den Schluß ziehen, daß ein Arbeitsverhältnis gewollt ist. Wer aus solchen vertraglichen Einzelregelungen dagegen den Schluß ziehen möchte, daß gerade das Vorhandensein dieser Regelungen dafür spricht, daß eben kein Arbeitsverhältnis begründet werden sollte, der muß sich entgegenhalten lassen, daß die Umgehung zwingender Arbeitnehmerschutzvorschriften allein durch eine entsprechende Vertragsgestaltung nicht erreicht werden kann und das gesamte Rechtsverhältnis als Arbeitsverhältnis zu behandeln ist.

2.1.4.12 Entscheidender Ansatzpunkt: Die tatsächliche Durchführung des Rechtsverhältnisses

89 Schon aus den genannten möglichen Abgrenzungsmerkmalen ergibt sich, daß die Beantwortung der Frage, ob ein zur Dienstleistung vertraglich Verpflichteter Arbeitnehmer mit dem gesamten Schutz des Arbeitsrechts oder freier Mitarbeiter ist, der als Selbständiger grundsätzlich außerhalb des Arbeitsrechts steht, letztlich von der **tatsächlichen Durchführung** des Rechtsverhältnisses zum Dienstberechtigten abhängt. Es kommt also letztlich darauf an, wie sich bei einer **Gesamtschau** die tatsächliche

Durchführung des Rechtsverhältnisses zwischen Dienstberechtigtem und Dienstverpflichtetem darstellt. Den Bezeichnungen, die die Vertragspartner zur Beschreibung ihrer Rechtsstellungen wählen (Arbeitgeber/Arbeitnehmer oder Auftraggeber/freier Mitarbeiter), kommt nur eine sehr untergeordnete Bedeutung zu. Die bloße Bezeichnung des Rechtsverhältnisses als Arbeitsverhältnis oder als „freies Mitarbeiterverhältnis" ist nicht maßgebend (BAG, 28.11.1990, DB 1991, 659).

Soll nun ein „Beschäftigungsvertrag" geschlossen werden, ohne daß ein **90** Arbeitsverhältnis entstehen soll, so ist es nicht damit getan, daß Wort „Arbeitsvertrag" zu vermeiden, sondern die tatsächliche Umsetzung des Vereinbarten darf nicht der Durchführung eines Arbeitsverhältnisses gleichen, da sich der jeweils wirkliche Vertragstyp aus dem wirklichen Geschäftsinhalt ergibt. Der wiederum folgt entweder aus den getroffenen Vereinbarungen oder aus der tatsächlichen Durchführung des Vertrages. Widersprechen sich getroffene Vereinbarung und tatsächliche Durchführung, so ist letztere entscheidend, weil sich aus der praktischen Handhabung Rückschlüsse daraus ziehen lassen, von welchen Rechten und Pflichten die Parteien in Wirklichkeit ausgegangen sind (BAG, 27.2.1991 EzA Nr. 43 zu § 611 BGB Arbeitnehmerbegriff). Weicht also die vertragliche Ausgestaltung des Rechtsverhältnisses von den tatsächlichen Verhältnissen ab, so kommt diesem die ausschlaggebende Bedeutung zu (BSG, Urteil v. 24.10.1978, AP Nr. 30 zu § 611 BGB Abhängigkeit).

2.1.5 Die freie Mitarbeit als Nebentätigkeit

2.1.5.1 Die vom Grundgesetz garantierte Berufsfreiheit

Art. 12 Abs. 1 GG garantiert allen Deutschen das Grundrecht der Berufs- **91** freiheit, das neben der Berufswahl- und der Berufsausübungsfreiheit auch die freie Wahl des Arbeitsplatzes und der Ausbildungsstelle umfaßt (Seifert/Hömig, Grundgesetz Art. 12 Rdn. 1). Das Recht der Berufsfreiheit umfaßt auch das Recht, mehrere Berufe zu wählen und diese auch gleichzeitig nebeneinander auszuüben (BVerfG, Beschluß vom 15.2.1967, BVerfGE 21, 173 ff). Dieses grundgesetzlich gewährleistete Recht, gleichzeitig mehrere Berufe zu haben, beinhaltet insbesondere auch die Möglichkeit, einem Beruf als Hauptberuf und einem oder mehreren anderen als Nebenberuf nachzugehen.

2.1.5.2 Einschränkungen für Selbständige

92 Die Frage, ob ein Selbständiger mehreren Berufen gleichzeitig nachgehen kann oder ob er gewissen Beschränkungen unterliegt, kann nicht einheitlich beantwortet werden.

93 – Ist der Selbständige, der noch einer weiteren Erwerbstätiigkeit, etwa als freier Mitarbeiter, nachgehen möchte, in seiner „Haupttätigkeit" **Gewerbetreibender**, so unterliegt er **grundsätzlich keinen Beschränkungen**. So bestehen etwa keine Bedenken, wenn der Inhaber eines Schreibwarengeschäftes noch eine Buchhandlung betreiben oder Versicherungsabschlüsse vermitteln möchte.

94 – Ist der Selbständige sog. Freiberufler, z.B. Arzt, Apotheker, Rechtsanwalt, Steuerberater, Architekt, deren Tätigkeit nicht als Gewerbe gilt (Baumbach-Duden-Hopt, HGB, § 1 Rdn. 1 c), so können kraft Gesetzes oder kraft berufsständischer Ordnung bestimmte Tätigkeiten mit der Ausübung des freien Berufes unvereinbar sein. So ist z.B. nach § 7 Nr. 8 BRAO die Zulassung zur Rechtsanwaltschaft zu versagen, wenn der Bewerber eine Tätigkeit ausübt, die mit dem Beruf eines Rechtsanwalts oder mit dem Ansehen der Rechtsanwaltschaft nicht vereinbar ist. So ist etwa nach Ansicht des Bundesgerichtshofs die Tätigkeit als Geschäftsführer einer Industrie- und Handelskammer mit der Tätigkeit eines Rechtsanwalts nicht zu vereinbaren (BAG, 4.1.1968, BB 1968, 275).

2.1.5.3 Einschränkungen für Arbeitnehmer

95 Das grundgesetzlich garantierte Recht, gleichzeitig mehreren Erwerbstätigkeiten nachgehen zu können, gilt selbstverständlich auch für Arbeitnehmer. Allein aus dem Bestehen eines Arbeitsverhältnisses folgt grundsätzlich **nicht**, daß der Arbeitnehmer keine weitere Beschäftigung ausüben darf. Mit dem Abschluß des Arbeitsvertrages verpflichtet sich der Arbeitnehmer grundsätzlich nur, für eine bestimmte Zeit die vertraglich umschriebenen Arbeiten zu erbringen. Er verpflichtet sich nicht, dem Arbeitgeber seine gesamte Arbeitskraft zur Verfügung zu stellen. Diese grundsätzliche Freiheit eines Arbeitnehmers, mehrere Erwerbstätigkeiten nebeneinander auszuüben, kann jedoch gewissen Beschränkungen unterliegen. Solche können sich aus arbeitsvertraglichen Nebenpflichten, aus

Vorschriften des Arbeitsschutzrechts, aus Tarifverträgen und aus Betriebsvereinbarungen ergeben. Hat der Arbeitgeber ein berechtigtes Interesse,
daß der Arbeitnehmer keiner weiteren Erwerbstätigkeit nachgeht, so können sie das Recht zur Übernahme einer Nebentätigkeit im Arbeitsvertrag
ausdrücklich ausschließen oder einschränken. Ausführlich zu der gesamten Problematik Sauer/Niebler/Habermann, S. 27 ff.

2.1.5.3.1 Arbeitsvertragliche und tarifvertragliche Beschränkungen

Das Recht eines Arbeitnehmers, einer Nebentätigkeit nachzugehen, kann   **96**
vertraglich ausgeschlossen oder dadurch eingeschränkt werden, daß die
Übernahme einer Nebentätigkeit der Genehmigung durch den Arbeitgeber
bedarf, oder daß nur bestimmte Nebentätigkeiten nicht ausgeübt werden
dürfen. Die Vereinbarung eines vertraglichen **Nebentätigkeitsverbots** bzw.
die vertragliche Einschränkung des Rechts, einer Nebentätigkeit nachzugehen, ist aber nur dann wirksam, wenn der **Arbeitgeber** daran **ein berechtigtes Interesse** hat (BAG, 26.8.1976, DB 1977, 544). Verstößt der Arbeitnehmer gegen ein wirksam vereinbartes Nebentätigkeitsverbot, so kann
dies einen Grund für eine verhaltensbedingte Kündigung darstellen. Vor
Ausspruch einer solchen Kündigung ist eine Abmahnung des Arbeitnehmers erforderlich. Für die Rechtswirksamkeit eines vertraglich vereinbarten
Nebentätigkeitsverbots und für das berechtigte Interesse ist im Streitfall der
Arbeitgeber darlegungs- und beweispflichtig (Schaub § 43 II 2).

Eine Vereinbarung, die dem Arbeitnehmer jede Nebentätigkeit untersagt,   **97**
ist nicht schlechthin unwirksam, sondern sie ist nach Ansicht des Bundesarbeitsgerichts dahingehend auszulegen, daß der Arbeitnehmer nur solche
Nebentätigkeiten nicht ausüben darf, an deren Unterlassung der Arbeitgeber ein berechtigtes Interesse hat (BAG, 26.8.1976, DB 1977, 544).

Grundsätzlich kann das Recht zur Ausübung einer Nebentätigkeit auch   **98**
durch einen Tarifvertrag eingeschränkt werden. Da aber die Regelungs-
macht der Tarifpartner nicht die Freizeit der Arbeitnehmer erfaßt, ist eine
tarifliche Bestimmung, die jede Nebentätigkeit verbietet, rechtlich zumindest bedenklich. Im Interesse der Erhaltung der Arbeitskraft der Arbeitnehmer und zum Schutze des Unternehmens können jedoch Nebenbeschäfti-
gungsverbote in einem angemessenen Umfang aufgestellt, oder die Zulässigkeit einer Nebentätigkeit von der Genehmigung des Arbeitgebers abhängig
gemacht werden (Wiedemann/Stumpf, Tarifvertragsgesetz, Einl. Rdn. 215 f).

2.1.5.3.2 Verletzung von Wettbewerbsbelangen des Arbeitgebers

99 In § 60 Abs. 1 HGB ist für Handlungsgehilfen, also für in einem Handelsgewerbe als Angestellte tätige Arbeitnehmer bestimmt, daß sie „ohne Einwilligung des Prinzipals weder ein Handeslgewerbe betreiben noch in dem Handelszweige des Prinzipals für eigene oder fremde Rechnung Geschäfte machen" dürfen. Ist dem Prinzipal bei der Anstellung des Gehilfen bekannt, daß dieser das Gewerbe betreibt, und wird die Aufgabe des Betriebs nicht ausdrücklich vereinbart, so gilt die Einwilligung zum Betrieb eines Handelsgewerbes nach § 60 Abs. 2 HGB als erteilt.

100 Das Wettbewerbsverbot nach § 60 HGB gilt nur während der Dauer des Bestehens des Arbeitsverhältnisses. Der Arbeitnehmer muß es aber auch dann beachten, wenn der Arbeitgeber eine außerordentliche Kündigung ausspricht, deren Wirksamkeit der Arbeitnehmer bestreitet (BAG, 25.4.1991, NZA 1992, 212). Nach der Beendigung des Arbeitsverhältnisses kann der Arbeitgeber, soweit nichts anderes vereinbart ist, seinen ehemaligen Arbeitnehmer nicht daran hindern, seine legal erlangten beruflichen Kenntnisse und Erfahrungen zu verwerten (BAG, 16.8.1990, NZA 1991, 141).

101 Verletzt der Handlungsgehilfe die Verbote des § 60 HGB, so ist es möglich, daß, je nach den Umständen des Einzelfalles, der Arbeitgeber zum Ausspruch einer fristlosen Kündigung berechtigt ist. Des weiteren kann der Arbeitgeber nach § 61 Abs. 1 HGB Schadenersatz fordern. Er kann aber auch verlangen, „daß der Handlungsgehilfe die für eigene Rechnung gemachten Geschäfte als für Rechnung des Prinzipals eingegangen gelten lasse und die aus den Geschäften für fremde Rechnung bezogene Vergütung herausgebe oder seinen Anspruch auf die Vergütung abtrete". Dem Arbeitgeber steht auch ein Anspruch auf Unterlassen der verbotenen Wettbewerbstätigkeit zu. Für gewerbliche Arbeitnehmer gibt es kein dem § 60 HGB entsprechendes gesetzliches Verbot einer Nebentätigkeit im Geschäftszweig des Arbeitgebers. Ein solches Verbot ergibt sich auch nicht aus der jedem Arbeitsverhältnis immanenten Treuepflicht.

102 Ebensowenig bestehen gesetzliche Wettbewerbsbeschränkungen für die Zeit nach der Beendigung eines Arbeitsverhältnisses. Allerdings kann für die Zeit nach der Beendigung des Arbeitsverhältnisses der Arbeitgeber mit dem Handelsgehilfen ein Wettbewerbsverbot vereinbaren. Eine solche Vereinbarung zwischen Prinzipal und Handlungsgehilfen, bedarf nach

§ 74 HGB der Schriftform und der Aushändigung einer vom Prinzipal unterzeichneten, die vereinbarten Bestimmungen enthaltenden Urkunde an den Gehilfen. Nach § 74 Abs. 2 HGB ist ein derartiges Wettbewerbsverbot „nur verbindlich, wenn sich der Prinzipal verpflichtet, für die Dauer des Verbotes eine Entschädigung zu zahlen, die für jedes Jahr des Verbots mindestens die Hälfte der von dem Handlungsgehilfen zuletzt bezogenen vertragsgemäßen Leistung erreicht". Zu den Umständen, unter deren eine Wettbewerbsverbotsabsprache nicht beachtlich ist, siehe Sauer/Niebler/Habermann, S. 31 ff.

Haben Arbeitgeber und Arbeitnehmer eine wirksame Vereinbarung zur Wettbewerbsenthaltung getroffen, so ergibt sich deren Umfang aus der konkreten Abmachung. Grundsätzlich ist es zulässig, das Verbot einer selbständigen und/oder einer unselbständigen gewerblichen Tätigkeit zu vereinbaren. Ist dem Arbeitnehmer sowohl eine selbständige als auch eine abhängige gewerbliche Tätigkeit untersagt, so sind ihm nach Schaub (§ 58 IV 1) gelegentliche, einzelne Konkurrenzgeschäfte sowie deren Vorbereitung erlaubt, wobei stets die Umstände des konkreten Falls (z.B. Größenordnung des Geschäfts, Gefährdung der Arbeitgeberinteressen) entscheidend sind. **103**

Ein vertragliches Wettbewerbsverbot kann max. für die Dauer von 2 Jahren nach Beendigung des Arbeitsverhältnisses vereinbart werden (§ 74 a Abs. 1 Satz 3 HGB). **104**

Hält sich der Arbeitnehmer nicht an ein wirksam vereinbartes Wettbewerbsverbot, so kann der Arbeitgeber das Unterlassen der Wettbewerbstätigkeit durch einstweilige Verfügung oder Klage geltend machen. Entsteht dem Arbeitgeber durch die verbotene Konkurrenztätigkeit ein Schaden, so steht ihm insofern ein Schadenersatzanspruch zu. Allerdings hat der Arbeitgeber bei einem nur vertraglich vereinbarten Wettbewerbsverbot keinen Anspruch auf Herausgabe des erzielten Gewinns (Baumbach/Duden/Hopt, HGB, § 74 1 D b). Die für das vereinbarte Wettbewerbsverbot mit kaufmännischen Angestellten geltenden Vorschriften des Handelsgesetzbuches (§§ 74 HGB ff) sind auch auf vertragliche Wettbewerbsverbote mit sonstigen Arbeitnehmern entsprechend anwendbar. Das bedeutet, daß für vertragliche Wettbewerbsbeschränkungen der Arbeitgeber stets eine Entschädigung zu leisten hat, und das Wettbewerbsverbot maximal auf die Dauer von 2 Jahren nach Beendigung des Arbeitsverhältnisses erstreckt werden kann. **105**

106   Im übrigen kann man es einem Arbeitnehmer, der sich verändern möchte, weder verwehren noch verdenken, wenn er gewisse Vorkehrungen trifft, um sich entweder in der Branche seines bisherigen Arbeitgebers selbständig zu machen oder wenn er Möglichkeiten erkundet, wie er seine beruflichen Erfahrungen und Kenntnisse in einem anderen Betrieb verwerten kann. Vorbereitungshandlungen, die im Rahmen des gesetzlichen Wettbewerbsverbotes zulässig sind, dürfen wohl auch während der Dauer eines vereinbarten Wettbewerbsverbots vorgenommen werden. Zulässig ist es, seinen Arbeitskollegen die Absicht mitzuteilen, sich selbständig zu machen. Allerdings ist die Grenze des Zulässigen dann überschritten, wenn die Arbeitskollegen abgeworben werden.

2.1.5.3.3 Schwarzarbeit

107   Auch ein freier Mitarbeiter muß, je nach Art seiner Tätigkeit, die allgemeinen gewerberechtlichen bzw. handwerksrechtlichen Vorschriften beachten, will er keine Schwarzarbeit verrichten.

108   Sowohl die Ausführung als auch die Vergabe von Schwarzarbeit stellen nach den Vorschriften des Gesetzes zur Bekämpfung der Schwarzarbeit Ordnungswidrigkeiten dar, die mit Geldbußen bis zu 50.000 DM geahndet werden können.

109   Es leistet derjenige Schwarzarbeit, der durch die Ausführung von Dienst- oder Werkleistungen wirtschaftliche Vorteile in erheblichem Umfange erzielt, „obwohl er

1.   der Mitwirkungspflicht gegenüber einer Dienststelle des Bundesanstalt für Arbeit nach § 60 Abs. 1 Nr. 2 des Ersten Buches Sozialgesetzbuch nicht nachgekommen ist,

2.   der Verpflichtung zur Anzeige vom Beginn des selbständigen Betriebes eines stehenden Gewerbes (§ 14 der Gewerbeordnung) nicht nachgekommen ist oder die erforderliche Reisegewerbekarte (§ 55 der Gewerbeordnung) nicht erworben hat oder

3.   ein Handwerk als stehendes Gewerbe selbständig betreibt, ohne in die Handwerksrolle eingetragen zu sein (§ 1 der Handwerksordnung)".

Diese Regelungen gelten nach § 1 Abs. 3 des Gesetzes zur Bekämpfung 110
der Schwarzarbeit nicht für Dienst- oder Werkleistungen, die auf Gefäl-
ligkeit oder Nachbarschaftshilfe beruhen, sowie für Selbsthilfe i.S.d. § 36
Abs. 2 und 4 des Zweiten Wohnungsbaugesetzes.

Verträge über Schwarzarbeit sind nach § 134 BGB nichtig, da sie gegen das 111
Gesetz zur Bekämpfung der Schwarzarbeit verstoßen (BGH, 23.9.1982,
NJW 1983, 109). Dies bedeutet, daß weder der Auftraggeber noch der
Schwarzarbeiter vom anderen die Einhaltung der zugesagten Verpflichtun-
gen verlangen kann. Da kein rechtswirksamer Vertrag zwischen Auftragge-
ber und Schwarzarbeiter besteht, gelten keine Gewährleistungsvorschriften.

Die Frage, welche arbeitsrechtlichen Konsequenzen die Ausführung von 112
Schwarzarbeit hat, ist gesetzlich nicht beantwortet. In den meisten Fällen
wird der Schwarzarbeiter zu seinem Arbeitgeber in Konkurrenz treten, so
daß die Grundsätze über die Beeinträchtigung von Wettbewerbsbelangen
des Arbeitgebers zum Tragen kommen. Das bedeutet, daß die Ausübung
von Schwarzarbeit, die im Geschäftsbereich des Arbeitgebers liegt, diesem nach einer Abmahnung zum Ausspruch einer ordentlichen, in besonders schweren Fällen wohl auch zu einer außerordentlichen Kündigung
berechtigt. Steht allerdings die Schwarzarbeit in keinem Bezug zum
Arbeitsverhältnis, z.B. wenn eine Verkäuferin einer Parfümerie in
Schwarzarbeit Schreibaufträge verrichtet, und wird infolge der Schwarzarbeit das Arbeitsverhältnis nicht beeinträchtigt, so wird man davon ausgehen können, daß diese Art von Schwarzarbeit den Arbeitgeber nicht zu
einer Kündigung berechtigt, da das Gesetz zur Bekämpfung der Schwarzarbeit nach Ansicht des BGH (31.5.1990, NJW 1990, 2542) in erster Linie
die Wahrung öffentlicher Belange verfolgt, und bei seinem Erlaß arbeits-
marktpolitische Überlegungen im Vordergrund gestanden haben
(Bekämpfung der Arbeitslosigkeit), Steuerausfälle vermieden und Schädi-
gungen der Sozialversicherungsträger unterbunden werden sollten.

2.1.5.3.4 Ausübung einer Nebentätigkeit während des Urlaubs

Nach § 8 BUrlG darf der Arbeitnehmer während des Urlaubs „keine dem 113
Urlaubszweck widerspreche Erwerbstätigkeit leisten". Handelt ein
Arbeitnehmer diesem Verbot zuwider, so begründet dies nach der neu-
eren Rechtsprechung des Bundesarbeitsgerichts weder ein Recht des
Arbeitgebers, die Urlaubsvergütung zu kürzen, noch entfällt damit der

Anspruch des Arbeitnehmers auf die Urlaubsvergütung (BAG, 25.2.1988, DB 1988, 1554). Der Arbeitgeber kann bereits gewährtes Urlaubsentgelt auch nicht zurückfordern, wenn ein Arbeitnehmer urlaubszweckwidrigen Erwerbstätigkeiten im Urlaub nachgegangen ist. Ein Arbeitnehmer, der während seines Urlaubs einer Erwerbstätigkeit nachgeht, verliert dadurch weder seinen Urlaubsanspruch noch seinen Anspruch auf Urlaubsentgelt. Geht ein Arbeitnehmer während des Urlaubs einer dem Urlaubszweck widersprechenden Erwerbstätigkeit nach, so können Ansprüche des Arbeitgebers auf Schadenersatz, auf Unterlassung der Erwerbstätigkeit, sowie die Möglichkeit einer verhaltensbedingten Kündigung (nach Abmahnung) in Betracht kommen. Inwieweit diese rechtlichen Schritte dem Arbeitgeber zur Verfügung stehen, ist nach den Umständen des konkreten Einzelfalles und nach den bereits genannten allgemeinen Kriterien über die Zulässigkeit einer Nebentätigkeit (z.B. unzulässige Wettbewerbstätigkeit) zu beurteilen.

114 Ist tarifvertraglich geregelt, daß Arbeitnehmer, die ohne Erlaubnis während des Urlaubs gegen Entgelt arbeiten, den Anspruch auf die Urlaubsvergütung für die Tage der Erwerbstätigkeit verlieren, so kann sich dies nach der Rechtsprechung des Bundesarbeitsgerichts nur auf den Teil des tariflichen Urlaubs erstrecken, der über den gesetzlichen Urlaub (18 Werktage) hinausgeht.

2.1.5.3.5 Nebentätigkeit bei bestehender Arbeitsunfähigkeit

115 Ist ein Arbeitnehmer infolge Krankheit arbeitsunfähig, so wird er von seiner Arbeitspflicht frei, behält aber für die Dauer von 6 Wochen den Anspruch auf Fortzahlung des Arbeitsentgelts. Ein krankgeschriebener Arbeitnehmer muß sich infolge seiner Treuepflicht so verhalten, daß er möglichst bald wieder gesund wird, und muß alles unterlassen, was seine Genesung verzögern könnte. Geht ein wegen Krankheit arbeitsunfähig geschriebener Arbeitnehmer während der Dauer der Arbeitsunfähigkeit einer anderen Erwerbstätigkeit nach, so spricht vieles dafür, daß er dadurch den Genesungsprozeß beeinträchtigt oder verzögert. Der Arbeitgeber ist dann berechtigt, insoweit die Lohnfortzahlung einzustellen. Darüber hinaus ist der Arbeitgeber auch zum Ausspruch einer ordentlichen Kündigung berechtigt, **ohne** daß es des Nachweises einer tatsächlichen Verzögerung des Heilungsprozesses bedarf. Die den Ausspruch der Kündigung rechtfertigende Vertragspflichtverletzung des Arbeitnehmers liegt bereits in dem heilungs- und gesundheitswidrigen Verhalten selbst, weil dieses im Widerspruch zu der Krankheitsanzeige steht und zugleich einen Vertrauensbruch gegenüber dem Arbeitgeber darstellt. Der Nachweis der tatsächlichen Verzögerung des Heilungsprozesses ist deshalb zur sozialen Rechtfertigung der ordentlichen Kündigung nicht notwendig (LAG Hamm, 28.8.1991, DB 1992, 431).

2.1.6 Grundsätzliches zum „freien" Dienstvertrag, Werkvertrag, Werklieferungsvertrag und Geschäftsbesorgungsvertrag

Wird jemand für einen anderen, ohne dessen Arbeitnehmer zu sein, gegen Bezahlung tätig, so liegt in den meisten Fällen entweder ein Dienstvertrag, ein Werkvertrag, ein Werklieferungsvertrag oder ein Geschäftsbesorgungsvertrag vor. Je nach Art des Geschäfts können auch andere Vertragsarten der Rechtsbeziehung der Parteien zugrunde liegen (z.B. Maklervertrag, Ausbildungsvertrag). **116**

2.1.6.1 Der Dienstvertrag

Unter dem Begriff Dienstvertrag i.S.d. §§ 611 BGB ff versteht man die privatrechtliche, vertragliche Verpflichtung zur Erbringung von Diensten für einen anderen gegen Bezahlung. Wird ein Arbeitsergebnis geschuldet, z.B. Reportage, so liegt in der Regel ein Werkvertrag (vgl. Rdn. 122 ff) vor. Ist der Dienstverpflichtete dem Dienstberechtigten gegenüber weisungsgebunden und/oder in dessen Betriebsorganisation eingegliedert, so liegt ein Arbeitsverhältnis vor. Ist dies nicht der Fall, so kann ein „freies" Dienstverhältnis gegeben sein, das den Regeln der §§ 611 BGB ff unterliegt, soweit diese nicht an das Vorliegen eines Arbeitsverhältnisses anknüpfen, wie etwa §§ 611 a, 611 b, 612 a, 613 a, 616 Abs. 2 und 3, 622 BGB. **117**

Das Dienstverhältnis ist grundsätzlich ein sog. Dauerschuldverhältnis, das, wenn es nicht befristet ist, im Normalfall durch Kündigung beendet wird. Der soziale Schutzzweck des Arbeitsrechts, der bei einem „freien" Dienstverhältnis nicht zum Tragen kommt, wird deutlich an den Vorschriften über die Kündigungsfristen von Arbeitsverhältnissen (vgl. § 622 BGB) und eines Dienstverhältnisses, das „kein Arbeitsverhältnis i.S.d. § 622 ist" (§ 621 BGB). Während die Dauer der Kündigungsfrist für einen Arbeitsvertrag mit der Dauer des Bestehens des Beschäftigungsver- **118** hältnisses anwächst, hängt die Dauer der Kündigungsfrist eines freien Dienstverhältnisses von der Art der Entgeltbemessung ab. So ist die Kündigung eines freien Dienstvertrages nach § 621 BGB zulässig,

– wenn die Vergütung nach Tagen bemessen ist, an jedem Tag für den Ablauf des folgenden Tages;

– wenn die Vergütung nach Wochen bemessen ist, spätestens am 1. Werktag einer Woche für den Ablauf des folgenden Sonnabends;

– wenn die Vergütung nach Monaten bemessen ist, spätestens am 15. eines Monats für den Schluß des Kalendermonats;

– wenn die Vergütung nach Vierteljahren oder längeren Zeitabschnitten bemessen ist, unter Einhaltung einer Kündigungsfrist von 6 Wochen für den Schluß eines Kalendervierteljahres;

– wenn die Vergütung nicht nach Zeitabschnitten bemessen ist, jederzeit;

– bei einem die Erwerbstätigkeit des Verpflichteten vollständig oder hauptsächlich in Anspruch nehmenden Dienstverhältnis ist jedoch eine Kündigungsfrist von 2 Wochen einzuhalten.

119 Das Kündigungsschutzgesetz ist bei einem freien Mitarbeiter nicht anwendbar. Allerdings enthalten die Vorschriften der §§ 611 BGB ff eine Reihe von **Schutzbestimmungen** zu Gunsten des Dienstverpflichteten, die **auch für nicht abhängig Beschäftigte**, d.h. für freie Mitarbeiter gelten können, soweit sie auf der Grundlage eines Dienstvertrages tätig werden.

120 So kann nach § 615 Satz 1 BGB der Dienstberechtigte die Bezahlung der vereinbarten Vergütung verlangen, ohne zur Nachleistung verpflichtet zu sein, wenn der Dienstberechtigte mit der Annahme der Dienste in Verzug ist. Diese Vorschrift ist allerdings **abdingbar**, d.h. der Dienstberechtigte hat im Falle des Annahmeverzugs des Dienstberechtigten keinen Anspruch auf die vereinbarte Vergütung, wenn die Anwendbarkeit des § 615 BGB vertraglich ausgeschlossen wurde (Palandt § 615 1 e).

121 Nach § 616 BGB behält jeder zur Dienstleistung Verpflichtete seinen Anspruch auf die vereinbarte Vergütung auch dann, wenn „er für eine

verhältnismäßig nicht erhebliche Zeit durch einen in seiner Person liegenden Grund ohne sein Verschulden an der Dienstleistung verhindert wird. Er muß sich jedoch den Betrag anrechnen lassen, welcher ihm für die Zeit der Verhinderung aus einer aufgrund gesetzlicher Verpflichtung bestehenden Kranken- oder Unfallversicherung zukommt". Für die Bestimmung, was unter „verhältnismäßig nicht erhebliche Zeit" zu verstehen ist, ist das Verhältnis von Verhinderungszeit zur voraussichtlichen Dauer des Dienstverhältnisses maßgebend. Aber auch bei einem dauernden Dienstverhältnis werden in der Regel nur wenige Tage von § 616 Abs. 1 BGB abgedeckt sein. Bei längerer Dauer besteht kein Anspruch, auch nicht für einen Teil oder für wenige Tage (Palandt § 616 2 a bb). Diese Vorschrift, die derzeit noch Rechtsgrundlage für den Entgeltfortzahlungsanspruch im Krankheitsfall für Angestellte ist, die nicht kaufmännische oder gewerblich-technische Angestellte sind, ist für freie Dienstverträge abdingbar (anders für Verträge mit Angestellten!). Wird also ein freier Mitarbeiter auf der Basis eines Dienstvertrages beschäftigt, so hat er grundsätzlich Anspruch auf Zahlung der vereinbarten Vergütung, auch wenn er nicht gearbeitet hat, falls er „für eine verhältnismäßig nicht erhebliche Zeit durch einen in seiner Person liegenden Grund ohne sein Verschulden" nicht arbeiten konnte. Soll dem auf der Basis eines Dienstvertrages tätigen freien Mitarbeiter dieser Anspruch nicht zustehen, so ist zu empfehlen, die Anwendbarkeit des § 616 BGB im Vertrag ausdrücklich auszuschließen.

2.1.6.2 Der Werkvertrag

Kommen zwei Vertragspartner überein, daß der eine gegen Bezahlung ein **122** bestimmtes Werk herstellen soll, so liegt in der Regel ein sog. Werkvertrag i.S.d. §§ 633 BGB ff vor. Das Gesetz nennt die Vertragspartner „Unternehmer" und „Besteller", ohne damit betriebswirtschaftliche oder wirtschaftsrechtliche Kategorien zu verbinden. Charakteristikum des Werkvertrages ist, daß der Unternehmer die Herstellung des versprochenen Werkes, also einen Arbeitserfolg schuldet. Dabei kann es sich nach § 631 Abs. 2 BGB um zwei Arten von Werken handeln:

– Die Herstellung oder Veränderung einer Sache, z.B. Bau eines Hauses, **123** Reparatur eines Autos;

– ein durch Arbeit oder Dienstleistung herbeizuführender Erfolg (sog. **124** „Tätigkeitswerke", z.B. Transport von Gütern, Erstellen einer Reportage).

125 Die Abgrenzung zwischen Werkvertrag und Dienstvertrag ist nicht immer einfach, da im Grunde beide Vertragsarten eine Arbeitsleistung als Leistungsgegenstand fordern. Die Faustregel, daß immer dann ein Werkvertrag vorliegt, wenn ein bestimmter Erfolg geschuldet wird, d.h. daß der Werkvertrag erfolgsbestimmt, der Dienstvertrag dagegen tätigkeitsbestimmend sei, ist zwar richtig, hilft aber nicht immer eindeutig weiter, wenn der geschuldete Erfolg in einer sich immer wiederholenden Tätigkeit besteht (Zöllner/Loritz, Arbeitsrecht, S. 40). Ist es fraglich, ob ein Dienst- oder Werkvertrag vorliegt, so ist zu prüfen, welches „Leistungspaket" der Verpflichtete zu erbringen hat. Es kommt immer auf die Umstände des konkreten Einzelfalles an.

Beispiele (nach Klunzinger § 49 I 2):

126 – In der Regel handelt es sich bei einem sog. Architektenvertrag um einen Werkvertrag, weil das im Bauplan verkörperte geistige Werk (mangelfreies Gebäude) geschuldet ist. Es soll auch dann ein Werkvertrag vorliegen, wenn dem Architekten nicht das Erstellen des Bauplans, sondern nur sonstige Architektenleistungen oder nur die Bauleitung übertragen sind.

127 – Ist ein sog. „Auskunfteivertrag" auf die Beschaffung bestimmter Informationen gerichtet, liegt ein Werkvertrag vor. Liegt der Schwerpunkt dagegen auf einer ständigen Beratung, wird man einen Dienstvertrag annehmen können.

– Ein Bauvertrag ist typischerweise ein Werkvertrag.

128 – Bei einem Vertrag über die Beförderung von Personen oder Gütern wird man in der Regel einen Werkvertrag annehmen können. Anders kann es dann sein, wenn sich z.B. ein Tourist von einem Taxifahrer ohne konkretes Ziel durch die Stadt fahren läßt, um etwas von ihr zu sehen.

129 – Ein Fertighausvertrag ist dann als Werkvertrag einzustufen, wenn das Haus vom Unternehmer aufgestellt wird. Sollen nur die einzelnen Fertigteile angeliefert werden, handelt es sich um einen Kaufvertrag.

130 – Das Erstellen eines Gutachtens erfolgt in der Regel auf der Basis eines Werkvertrages.

- Einer Steuerberatung liegt regelmäßig ein Geschäftsbesorgungsvertrag   131
  zugrunde, insbesondere wenn der Steuerberater sich aller steuerlichen
  Belange seines Klienten annimmt und diesen ständig berät. Werden nur
  spezielle Einzelleistungen, z.B. Gutachten oder Beratung in einem Einzelfall, zugesagt, so wird Werkvertragsrecht anzuwenden sein.

- Das Aufstellen von EDV-Programmen fällt unter das Werkvertrags-   132
  recht.

- Die von sog. Fachingenieuren bei Bauprojekten aufzustellenden Pläne   133
  über die Vergabe von Elektro-, Sanitär- und Heizungsarbeiten sind
  regelmäßig Gegenstand eines Werkvertrags.

Da der Unternehmer beim Werkvertrag zur Erstellung eines fertigen,   134
mangelfreien Werkes verpflichtet ist, stellt sich die Frage, welche Folgen
es hat, wenn das begonnene Werk zerstört oder beschädigt wird oder
wenn das fertiggestellte Werk fehlerhaft ist. Wird das begonnene Werk
vor der Abnahme durch den Besteller beschädigt oder völlig zerstört, so
bleibt der Unternehmer zur Lieferung eines fehlerfreien (neuen) Werkes
verpflichtet. Er wird allerdings von seiner Herstellungspflicht frei, wenn
er das Werk bereits abgegeben hat bzw. in Fällen,in denen nach der
Beschaffenheit des Werkes eine Abnahme nicht möglich ist, er das Werk
vollendet und der Besteller sich im Zeitpunkt der Beschädigung bzw. des
Untergangs der Sache in Annahmeverzug befunden hat oder auch wenn
das Werk auf Verlangen des Bestellers versendet wurde und der Schaden
auf dem Weg zu ihm eingetreten ist. In diesen Fällen muß der Besteller
die vereinbarte Vergütung zahlen.

Ist das Werk vor der Abnahme infolge eines Mangels des von dem Bestel-   135
ler gelieferten Stoffes, mit dem das Werk hätte erstellt werden sollen, oder
infolge einer von dem Besteller erteilten Anweisung untergegangen, verschlechtert oder unausführbar geworden, ohne daß ein Umstand dabei mitgewirkt hat, den der Unternehmer zu vertreten hat, so kann er einen der
geleisteten Arbeit entsprechenden Teil der Vergütung und Ersatz der in der
Vergütung nicht inbegriffenen Auslagen verlangen (§§ 644, 645 BGB).

Nach § 633 Abs. 1 BGB ist der Unternehmer verpflichtet, das Werk so   136
herzustellen, „daß es die zugesicherten Eigenschaften hat und nicht mit
Fehlern behaftet ist, die den Wert oder die Tauglichkeit zu dem gewöhn-
lichen oder dem nach dem Vertrage vorausgesetzten Gebrauch aufheben

oder mindern". Das Werk ist also mangelhaft, wenn es einen Fehler auf-
weist oder wenn ihm Eigenschaften fehlen, die nach dem Vertrag vorhan-
den sein sollen, und wenn dadurch die Gebrauchstauglichkeit des Werkes
beeinträchtigt wird. Die Fehlerfreiheit und das Vorhandensein der zugesicherten Eigenschaften gehören zum Inhalt der Unternehmerpflichten.

137   Ist das Werk bei der Übergabe mangelhaft, so braucht der Besteller dies
nicht abzunehmen, sondern kann dessen Nachbesserung verlangen. Er hat
Anspruch auf Lieferung eines fehlerfreien Werkes. Nimmt er aber das
Werk vorbehaltlos an, obwohl er dessen Fehlerhaftigkeit kennt, so liegt
darin ein Verzicht auf die ihm zustehenden Gewährleistungsrechte.

138   Der Besteller kann dem Unternehmer bei Mangelhaftigkeit des hergestellten Werkes eine Frist zur Nachbesserung setzen und ankündigen, daß er
nach erfolglosem Verstreichen dieser Frist die Nachbesserung ablehnen
und entweder eine Herabsetzung der Vergütung oder eine Rückgängigmachung des Vertrages verlangen wird. Der Anspruch auf Beseitigung des
Mangels ist dann nach Fristablauf ausgeschlossen.

139   Darüber hinaus kann der Besteller statt der Wandelung oder der Minderung auch Schadenersatz wegen Nichterfüllung verlangen, wenn der Mangel vom Unternehmer, also von ihm persönlich oder auch von einem seiner
Erfüllungsgehilfen, zu vertreten ist. Dieser Schadenersatzanspruch setzt
jedoch voraus, daß der Besteller dem Unternehmer eine Frist zur Mängel-
beseitigung gesetzt hat. Diese Pflicht des Unternehmers, die vorhandenen
Mängel zu beseitigen, beschränkt sich nicht auf den konkreten Mangel der
Sache, sondern auch auf Schäden an anderen Sachen des Bestellers, die im
Zuge der Nachbesserung zwangsläufig entstehen (BGH, 22.3.1979, NJW
1979, 2095). Hat z.B. ein Installateur ein defektes Wasserleitungsrohr ver-
legt, so muß er nicht nur das Rohr reparieren, sondern er muß auch für die
Aufwendungen einstehen, die durch das Suchen nach der defekten Stelle
entstanden sind und die notwendig wurden, um das Rohr zu reparieren,
z.B. Aufschlagen, Verputzen und Tapezieren der Wand.

140   Die hier nicht abschließend und auch nicht detailliert dargestellten Rechte
des Bestellers bei Lieferung einer mangelhaft hergestellten Sache zeigen,
daß es für jemanden, der sich fremder Dienste bedienen will, allein schon
im Hinblick auf eine möglicherweise schlechte Arbeit des anderen durchaus vorteilhaft sein kann, einen Werkvertrag mit diesem abzuschließen.

2.1.6.3 Der Werklieferungsvertrag

Inhalt eines Werklieferungsvertrages ist die Herstellung eines Werkes aus **141** Stoffen des Unternehmers und Übereignung des fertigen Werkes an den Besteller (BGH, 12.12.1968, DB 1969, 346). Mit einem Werkvertrag (vgl. Rdn. 122 ff) hat der Werklieferungsvertrag gemeinsam, daß die Herstellung eines körperlichen Arbeitserfolges für den Besteller geschuldet wird. Er unterscheidet sich vom Werkvertrag dadurch, daß der Unternehmer die Stoffe zur Herstellung des Werkes **selbst zu beschaffen** und das fertige Werk dem Besteller zu übergeben und zu übereignen hat. Im letzteren Punkt gleicht er einem Kauf (Palandt § 651 I a). Im Gegensatz zum Werkvertrag kann sich der Werklieferungsvertrag nur auf körperliche Leistungen beziehen.

§ 651 BGB nennt drei verschiedene Gestaltungsformen eines Werkliefe- **142** rungsvertrages mit der Gemeinsamkeit, daß der Unternehmer den Stoff für die Herstellung des Werkes selbst beschafft. So kann sich ein Werklieferungsvertrag erstrecken auf

- die Herstellung sog. vertretbarer Sachen. Darunter sind nach § 91 BGB **143** bewegliche Sachen zu verstehen, die im Verkehr nach Zahl, Maß oder Gewicht bestimmt zu werden pflegen;

- die Herstellung nicht vertretbarer Sachen, z.B. Maschinen oder Möbel, **144** die eigens für einen bestimmten Raum hergestellt wurden, z.B. Zündholzbriefchen, mit denen für ein bestimmtes Unternehmen geworben wird (BGH, 23.10.1980, DB 1981, 315);

- die Herstellung eines Werkes, das an, aus oder auf den Sachen des **145** Bestellers hergestellt wird, auch wenn es dem Unternehmer überlassen ist, die erforderlichen Zutaten oder Nebensachen selbst zu beschaffen.

Von der Unterscheidung dieser drei Kategorien hängt die rechtliche **146** Behandlung des Werklieferungsvertrages ab.

Bezieht sich der Vertrag auf die Herstellung einer vertretbaren Sache aus **147** Stoffen des Unternehmers, so wird dieser Vertrag grundsätzlich dem **Kaufrecht** unterstellt, auch wenn nicht zu verkennen ist, daß zwischen einem reinen Kaufvertrag und einem Werklieferungsvertrag über vertretbare Sachen Unterschiede bestehen (Münchner Kommentar, § 651 Rdn. 2).

Ist die Herstellung nicht vertretbarer Sachen Gegenstand des Werklieferungsvertrages, so wird er im Grundsatz den **Vorschriften des Werkvertragrechts** unterstellt. Das gleiche gilt, wenn die Herstellung eines Werkes an, aus oder auf Sachen des Bestellers Gegenstand des Vertrages ist und der Unternehmer sich nur zur Beschaffung von Zutaten oder sonstigen Nebensachen verpflichtet hat.

2.1.6.4 Der Geschäftsbesorgungsvertrag

148 Hat ein Dienstvertrag oder ein Werkvertrag eine Geschäftsbesorgung zum Gegenstand, so liegt ein sog. Geschäftsbesorgungsvertrag nach § 675 BGB vor. Besonderheit dieses Vertragstypus ist, daß auf ihn einzelne Vorschriften des Auftragsrechts anwendbar sind, (§§ 663, 665 bis 670, 672 bis § 674 BGB und unter in § 675 BGB genannten Umständen auch die Vorschrift des § 671 Abs. 2 BGB), obwohl es wesensbestimmendes Merkmal eines Auftrages nach §§ 662 BGB ff ist, daß der Beauftragte unentgeltlich für den Auftraggeber handelt, während Dienstvertrag und Werkvertrag Entgeltlichkeit der Leistungserbringung voraussetzen.

149 Unter Geschäftsbesorgung i.S.d. § 675 BGB ist nach überwiegender Ansicht eine selbständige Tätigkeit wirtschaftlicher Art im fremden Interesse zu verstehen (Palandt § 675, 2; Klunzinger, § 50 II). Die Tätigkeit für einen anderen muß bei einem Geschäftsbesorgungsvertrag also Raum für eigenverantwortliche Überlegungen und Entscheidungen des Geschäftsbesorgers lassen und wirtschaftlichen Charakter haben.

150 Aus der entsprechenden Anwendung der Vorschriften des Auftragsrechts ergeben sich, obwohl der Auftrag unentgeltlich zu erfüllen ist, für die Vergütung des Geschäftsbesorgers keine Besonderheiten. Es gilt primär die von den Parteien getroffene Vergütungsvereinbarung. Wurde diesbezüglich nichts geregelt, so kommen, je nachdem, ob der Geschäftsbesorgung ein Dienstvertrag oder ein Werkvertrag zugrunde liegt, die §§ 612 bzw. 632 BGB ff zum Tragen, wonach bei fehlender Entgeltregelung die „übliche Vergütung" als vereinbart gilt. Beruft sich der Geschäftsherr auf die Unentgeltlichkeit der geleisteten Dienste bzw. die unentgeltliche Herstellung des Werkes, so trägt er für das Vorliegen entsprechender Abmachungen die Beweislast, wenn nach den Umständen des Falles die

Dienstleistung nur gegen Bezahlung zu erwarten ist (BGH, MDR 1975, 739).

Im übrigen wird das Geschäftsbesorgungsverhältnis vom Inhalt der getroffenen Abreden bestimmt. Sekundär kommen Spezialvorschriften für besonders gesetzlich geregelte Geschäftsbesorgungsverhältnisse (z.B. Speditionsgeschäfte) zur Anwendung. Findet sich auch dort keine Regelung für die zu lösende Frage, so gelten die entsprechend anwendbaren Auftragsvorschriften, die den Regelungen des Dienstvertragsrechts bzw. Werkvertragsrechts vorgehen. Letztere gelten dann, wenn sich auch in den Bestimmungen über den Auftrag keine Regelungen finden lassen (Palandt § 675 7).   **151**

Beispiele für typische Geschäftsbesorgungsverhältnisse (nach Münchner Kommentar, § 675 Rdn. 6 ff):   **152**

– Bei einem Vertrag mit einem Rechtsanwalt ist zu unterscheiden, ob er überwiegend mit der Beratung in konkreten Rechtsfällen und ggf. mit einer Prozeßvertretung betraut ist, oder ob der Schwerpunkt seiner Tätigkeit auf der Erstellung von Gutachten und Verträgen liegt. In den beiden ersten Fällen liegt ein nach § 675 BGB zu behandelnder Dienstvertrag vor. In den letztgenannten Fällen wird in der Regel ein Werkvertrag gegeben sein, der ebenfalls nach § 675 BGB dem Auftragsrecht unterliegt.   **153**

– Ein Anzeigen- und Anzeigenvermittlungsvertrag ist in der Regel ein Werkvertrag. Der Vertrag zwischen einer Werbeagentur und dem Werbungstreibenden ist als Geschäftsbesorgungsvertrag mit Dienst- und/ oder Werkvertragselementen (z.B. Beratung oder Durchführung einer Werbekampagne) zu werten.   **154**

– Der Vertrag mit einem Steuerberater, wonach dieser regelmäßig die fristgemäße Abgabe von Steuererklärungen, Auskünfte über Steuerfragen und Hinweise auf mögliche Steuervorteile schuldet, ist als ein nach § 675 BGB zu behandelnder Dienstvertrag zu werten. Soll der Steuerberater bestimmte Einzelleistungen erbringen, z.B. Erstattung eines Gutachtens, so kann es sich um einen Werkvertrag handeln.   **155**

2.2 Sozialversicherungsrecht

156 Ausgangspunkt der sozialversicherungsrechtlichen Beurteilung einer jeden Tätigkeit ist die Frage, ob die Tätigkeit selbständig oder unselbständig ausgeübt wird. Von der Beantwortung dieser Frage hängt es ab, ob eine **Versicherungspflicht** besteht oder nicht. Aus sozialrechtlicher Sicht ist es für die freie Mitarbeit kennzeichnend, daß eine Versicherungspflicht aufgrund der Selbständigkeit der ausgeübten Tätigkeit grundsätzlich nicht vorliegt. Nur die Arbeitnehmer als unselbständig Erwerbstätige unterliegen der Versicherungspflicht. Dies entspricht der Zielsetzung sowohl des Arbeits- als auch des Sozialrechts, die abhängig arbeitende Bevölkerung zu schützen.

2.2.1 Beschäftigungsverhältnis als Schlüsselbegriff zur Abgrenzung

157 Gem. § 5 Abs. 1 Nr. 1 SGB V ist in der Krankenversicherung für die Versicherungspflicht der Arbeiter, Angestellten und der zu ihrer Berufsausbildung Beschäftigten Voraussetzung, daß sie gegen Entgelt beschäftigt werden. Gleiches gilt bei der Rentenversicherung, Arbeitslosenversicherung und der gesetzlichen Unfallversicherung, § 1 Abs. 1 Nr. 1 SGB VI, § 168 Abs. 1 Satz 1 AFG und § 539 Abs. 1 Nr. RVO.

158 Alle diese Vorschriften stellen ab auf die Legaldefinition des 7 Abs. 1 SGB IV: „**Beschäftigung** ist die nicht selbständige Arbeit, insbesondere in einem Arbeitsverhältnis". Damit ist der Begriff der entgeltlichen, nicht selbständigen Beschäftigung der Schlüsselbegriff des Sozialversicherungsrechts (BSGE, 27.4.82, 53, 242/244 = BB 1983, 1477, 1478).

159 Er entspricht dem Begriff des Arbeitsverhältnisses aus dem Arbeitsrecht.

160 Damit ist allerdings für die Bestimmung des Status noch nichts gewonnen. Die Abgrenzung zwischen einer abhängigen zur selbständigen Tätigkeit ist im Sozialrecht ebenso problematisch wie im Arbeitsrecht, werden doch praktisch dieselben Kriterien angelegt, wobei sich die Beurteilung hier wie dort nach den tatsächlichen Verhältnissen richtet und die einzelnen Umstände einer **Gesamtbetrachtung** unterzogen werden BSGE 35, S. 20/21 = BB 73, S. 1038). Im einzelnen siehe Rdn. 36 ff.

2.2.2 Sozialversicherungsrechtliche Aspekte für den Dienstberechtigten

Für den Dienstberechtigten liegen die Auswirkungen der Verpflichtung **161** eines freien Mitarbeiters auf der Hand.

2.2.2.1 Keine Meldepflichten

Zum einen ist der Dienstberechtigte nicht verpflichtet, die Beschäftigung **162** eines freien Mitarbeiters irgend jemanden anzuzeigen, anders als bei der Einstellung eines Arbeitnehmers, die er der für die Sozialversicherungs- beiträge zuständigen **Einzugstelle** melden muß, § 28 a SGB IV (s. 3.3.2.1).

2.2.2.2 Keine Beitragspflicht

Ferner ergibt sich folgerichtig, daß der Dienstberechtigte auch nicht zur **163** Zahlung von Sozialversicherungsbeiträgen verpflichtet ist. Schließlich besteht mit der freien Mitarbeit kein sozialversicherungspflichtiges Beschäftigungsverhältnis.

Gerade dies wird die vom Dienstberechtigten regelmäßig angestrebte **164** sozialversicherungsrechtliche Folge sein, wenn er die Zusammenarbeit mit einem freien Mitarbeiter anstrebt: Er braucht weder Kranken- noch Rentenversicherungsbeiträge oder Beiträge zur Arbeitslosenversicherung aufbringen, auch nicht teilweise, mithin überhaupt keinen Gesamtsozial- versicherungsbeitrag i. S. § 28 d SGB IV. „Lohnnebenkosten" fallen zusätzlich zu der Vergütung des freien Mitarbeiters **nicht** an.

Allerdings wird er damit rechnen müssen, daß er die Vergütung entspre- **165** chend erhöhen muß, damit dem freien Mitarbeiter finanziell die Möglich- keit gegeben ist, sich insoweit individuell privat abzusichern. Letztlich ist dies jedoch Gegenstand der freien Vereinbarung unter den Vertragspart- nern.

2.2.3 Sozialversicherungsrechtliche Aspekte für den Dienstverpflichteten

Sozialversicherungsrechtlich wirkt sich das Verhältnis der freien Mitarbeit **166** für den Dienstverpflichteten zunächst grundsätzlich in zweierlei Hinsicht aus: Zum einen spart er die Arbeitnehmeranteile zu den Sozialversicherungsbeiträgen ein, die bei einem Beschäftigungsverhältnis der Arbeitgeber vom Lohn abgezogen und an die Einzugsstelle abgeführt hätte. Dem steht allerdings der volle **Verzicht auf den sozialen Schutz** gegenüber, der dem Arbeitnehmer in einem sozialversicherungspflichtigen Beschäftigungsverhältnis von Gesetzes wegen zugute kommt.

167 Er hat daher ein Interesse daran, sich anderweitig entsprechend abzusichern.

168 Der freie Mitarbeiter, der als junger Selbständiger erst beginnt, sich eine Existenz aufzubauen, muß sich mit vielen beruflichen, finanziellen und organisatorischen Fragen auseinandersetzen. Gleichwohl wird er vernünftigerweise nicht umhin kommen, sich über die finanzielle Absicherung seiner Familie und seiner eigenen Person bei Krankheit, Berufsunfähigkeit oder im Alter grundsätzlich Gedanken zu machen, auch wenn ihm der Gedanke an diese Probleme in der Aufbauphase seiner Existenz zunächst nachrangig erscheinen mag. Die frühzeitige Lösung dieses Problems und die richtige Wahl der zu treffenden Absicherung sind gerade in dieser Anfangsphase von besonderer Bedeutung, zum einen weil man regelmäßig zu diesem Zeitpunkt noch keine nenneswerten Notfallreserven hat bilden können, zum anderen weil die Zukunftsvorsoge – jedenfalls bei der privaten Vorsorge – regelmäßiger um so günstiger ist, je früher man damit anfängt und spätere Korrekturen meist nur unter wirtschaftlichen Einbußen oder unter teilweisem Verzicht auf erlangte Absicherung möglich sind, z. B. wenn man aus der gesetzlichen Rentenversicherung aussteigt, um eine individuelle Altersvorsorge durch den Abschluß einer Lebensversicherung in Gestalt einer „Erlebensfallversicherung" zu erlangen.

169 In dieser Abhandlung können die verschiedenen Möglichkeiten der Vorsorge nur ganz allgemein und sicher auch nicht vollständig dargestellt werden. Daher sollte man im konkreten Einzelfall eine Entscheidung nur nach eingehender fachlicher Beratung treffen.

2.2.3.1 Versicherungsberechtigung zur gesetzlichen Versicherung

170 Unter bestimmten Umständen besteht für den freien Mitarbeiter die Möglichkeit, sich insbesondere in der gesetzlichen Krankenversicherung (GKV) und in der gesetzlichen Rentenversicherung (RV) freiwillig zu versichern,

wie dies anderen Selbständigen auch möglich ist. Denn die Sozialversicherung umfaßt nicht nur Personen, die im Rahmen einer Versicherungspflicht kraft Gesetzes oder Satzung versichert sind, sondern auch Personen, die „auf Grund freiwilligen Beitritts oder freiwilliger Fortsetzung der Versicherung (Versicherungsberechtigung) versichert sind", § 2 Abs. 1 SGB IV. In den einzelnen Versicherungszweigen sind die Voraussetzungen zur Versicherungsberechtigung allerdings sehr unterschiedlich gestaltet.

Gemeinsam ist jedoch allen gesetzlichen Versicherungen, daß sie auf dem **Solidarprinzip** aufbauen: „ Einer für alle, alle für einen!" (Schulin Rd-Nr. 43). Die Beiträge, die die wesentlichen Einnahmen der Versicherung darstellen, sind dabei so zu bemessen, daß sie die Ausgaben des Versicherungsträgers decken, § 21 SGB IV; Gewinn wird nicht erstrebt.
    171

Der dies Prinzip tragende Solidaritätsgedanke findet u. a. seinen Niederschlag im Verfahren der Rentenversicherung: Die ausgezahlten Renten sind nicht etwa durch das Kapital gedeckt, das sich im Laufe der Zeit durch Beitragszahlungen jetziger Rentenempfänger und ihrer Arbeitgeber angesammelt hätte; die ausgezahlten Renten werden vielmehr im sog. „Umlageverfahren" aus den laufenden Einnahmen der Rentenversicherungsträger finanziert, § 153 SGB VI. Der Solidaritätsgedanke findet ferner auch darin seinen Niederschlag, daß z. B. in der GKV die Leistungen für die dort Versicherten zumeist gleich sind, ihre Beiträge aber unterschiedlich hoch sind, entsprechend ihrem jeweiligen beitragspflichtigen Einkommen: Es findet ein Solidarausgleich statt, der seine Rechtfertigung im Sozialstaatsprinzip, Art. 20 Abs. 1 GG, findet (BSG, 29.2.84, BSGE 56, S 191-196).
    172

Damit orientiert sich die Höhe des Versicherungsbeitrags in der Sozialversicherung grundsätzlich nach der individuellen Leistungsfähigkeit, gemessen am Einkommen, anders als etwa in der Privatversicherung, bei der man sich an versicherungsmathematischen Risiken orientiert (Schulin, Rd-Nr. 44; s. auch unten zu Punkt 2.3.3.2).
    173

2.2.3.1.1 Versicherungsberechtigung in der gesetzlichen Krankenversicherung

Die freiwillige Versicherung in der GKV ist nicht generell, sondern nur in den gesetzlichen vorgesehenen Fällen des § 9 Abs. 1 SGB V möglich:
    174

Numerus clausus der Beitrittsrechte. Dabei ist grundsätzlich zu unterscheiden zwischen der erstmaligen freiwilligen Versicherung und der freiwilligen Weiterversicherung. Für den freien Mitarbeiter kommen nach dem Numerus clausus der o. g. Vorschrift die Beitrittsmöglichkeiten gem. § 9 Abs. 1 Nr. 1 und Nr. 4 SGB V in Betracht, d. h. die Versicherungsberechtigung für

175 – Personen, die als Mitglieder aus der Versicherungspflicht ausgeschieden sind und in den letzten fünf Jahren vor dem Ausscheiden mindestens 24 Monate .oder unmittelbar vor dem Ausscheiden ununterbrochen mindestens 12 Monate versichert waren.

176 – Schwerbehinderte i. S. des § 1 SchwbG, wenn sie, ein Elternteil oder ihr Ehegatte in den letzten fünf Jahren vor dem Beitritt mindestens drei Jahre versichert waren. Es sei denn, sie konnten wegen ihrer Behinderung diese Voraussetzung nicht erfüllen.

177 Hier sind also u. a. bestimmte **Vorversicherungszeiten** ausschlaggebend für die Versicherungsberechtigung. Damit kommt für den freien Mitarbeiter nur eine Weiterversicherung in Betracht, wenn er vorher in der gesetzlichen Krankenversicherung versichert gewesen war. Motiv des Gesetzgebers für die Beschränkung der Beitrittsmöglichkeit war, daß es im Hinblick auf das Solidaritätsprinzip nicht gerechtfertigt sei, allen von der Versicherungspflicht nicht erfaßten Personen den Beitritt zu einem Zeitpunkt zu ermöglichen, den diese für günstig halten, um etwa gezielt Leistungen zu Lasten der Versichertengemeinschaft in Anspruch nehmen zu können, während diese Möglichkeit den Versicherungspflichtigen verwehrt ist (Perters im KK § 9 SGB V Rd-Nr. 5; Regierungsentwurf zum GRG, BT-Drs 11/2237, S. 160/161).

178 Bei der Beitrittserklärung ist die 3-Monats-Frist des § 9 Abs. 2 SGB V zu beachten. Sie beginnt mit dem Zeitpunkt des Entstehens der Beitrittsberechtigung und wirkt auf diesen Zeitpunkt zurück, so daß das Mitglied einen übergangslosen Versicherungsschutz genießt. Ferner genießt das freiwillige Mitglied die Wahlrechte des § 185 SGB V, die ihm den Zugang zu verschiedenen Krankenkassenarten in dem gegliederten Kassensystem der GKV ermöglicht, wenn bestimmte nähere Beitrittsvoraussetzungen zu den einzelnen Kassen gegeben sind. Grundsätzlich umfassen die Wahlrechte alle in § 4 Abs. 2 SGB V genannten Krankenkassenarten, als da sind

- Allgemeine Ortskrankenkasse (AOK)
- Betriebskrankenkasse (BKK)
- Innungskrankenkasse (IKK)
- See-Krankenkasse
- Landwirtschaftliche Krankenkasse
- Bundesknappschaft
- Ersatzkassen.

Hier wird der freie Mitarbeiter unter den für ihn in Betracht kommenden   179
Krankenkassenarten der GKV die für ihn günstigste auswählen. Maßstab
ist da zu einem die Höhe des Beitragssatzes, die von Kasse zu Kasse stark
variieren kann und maßgeblich für die konkrete Höhe des Krankenversi-
cherungsbeitrages ist, die zusätzlich zu den gesetzlichen Leistungen in
den jeweiligen Kassensatzungen angebotenen Sonderleistungen, sowie die
Nähe der jeweiligen Geschäftsstelle oder eines Gesundheitszentrums der
gesetzlichen Krankenkasse, was auf einen gewissen Service insbesondere
im Rahmen der Gesundheitsvorsorge schließen läßt, wie z.B. Angebot der
Ernährungsberatung, Anti-Raucher-Kurse, Rückenschulen.

Die **Höhe des Versicherungsbeitrages** bemißt sich nach den beitrags-   180
pflichtigen Einnahmen des Mitglieds und dem jeweils satzungsmäßigen
Beitragssatz der GKV, „der in Hundertsteln der beitragspflichtigen Einnahmen in der Satzung festgesetzt wird", §§ 240, 241 SGB V.

Aufgrund ihrer Finanzautonomie setzen die GKV ihre Beitragssätze je nach   181
dem Finanzbedarf selbständig fest, und zwar in der Satzung. Dabei sind die
Bemessungskriterien aus § 220 ff. SGB V maßgeblich. Es gilt ein allgemeiner Beitragssatz für Mitglieder, die gegenüber ihrem Arbeitgeber einen
Anspruch auf Entgeltfortzahlung haben, so daß Krankengeld erst nach
Ablauf von sechs Wochen beansprucht wird, ein erhöhter Beitragssatz für
Mitglieder, die diesen Anspruch nicht haben, so daß sofort Krankengeld
beansprucht wird, sowie ein ermäßigter Beitragssatz für Mitglieder, die keinen Krankengeldanspruch haben. Hier bestehen also Alternativen, die sich
im Krankheitsfall auf die Leistungspflicht der GKV auswirken, je nachdem
ob eine Krankenversicherung mit oder ohne Krankengeldanspruch gegeben
ist bzw. der Beginn der Krankengeldzahlung besonders gewählt worden ist.
Auch hier ist die Regelung in der jeweiligen Satzung maßgeblich, § 44 Abs.
2 SGB V, über die man sich vorher informieren sollte.

Bemessungsgrundlage für den Beitrag sind die beitragspflichtigen Ein-   182
nahmen, wobei sicherzustellen ist, „daß die Beitragsbelastung die gesamte

wirtschaftliche Leistungsfähigkeit des freiwilligen Mitglieds berücksichtigt", § 240 Abs. 1 SGB V. Hierzu gehören zuallererst das Einkommen aus selbständiger Tätigkeit (BSGE, 57, S. 235), aus Kapitalvermögen, Vermietung und Verpachtung (BSG, 27.11.84, Bd. 57, S. 240/242 = SozSich 85, S. 189). Nicht dazu gehören z. B. Privatentnahmen aus dem Betriebsvermögen (BSG, 26.11.84 a.a.O.), Wohn- und Kindergeld (BSG 22.09.88, Bd. 64, S. 100 = SGb 89, S. 346). Jedenfalls gilt für die Bestimmung der Bemessungsgrundlage eine Obergrenze, sowie es auch eine Untergrenze gibt. Obergrenze ist die Beitragsbemessungsgrenze gem. § 223 Abs. 3 SGB V, z. Z. 5.700,- DM (im Beitrittsgebiet: 4.425,- DM) monatlich. Untergrenze gem. § 240 Abs. 4 Satz 2 SGB V ist der 30. Teil der monatl. Bezugsgröße, z. Z. 2.940,- DM (im Beitrittsgebiet: 2.310,- DM) monatlich. Die Grenzen werden jährlich neu festgesetzt. Es sei auf die im Anhang befindliche Tabelle zu den ab 1.1.94 im Beitragsrecht geltenden Rechengrößen hingewiesen.

183 Bei alledem muß Beachtung finden, daß unter den Voraussetzungen des § 10 SGB V die Mitgliedschaft in der GKV **auch den Versicherungsschutz der Familie** des freiwillig Versicherten umfaßt, und zwar bezüglich aller Leistungsarten, § 11 SGB V. Gerade unter diesem Gesichtspunkt kann eine freiwillige Versicherung bei der GKV besonders für Familienväter oder Mütter, die ihre Familie versichert sehen wollen, sehr attraktiv sein. Auch junge Leute, die noch keine familiären Verpflichtungen tragen, sollten daher eine freiwillige Krankenversicherung bei der GKV ins Auge fassen, auch wenn eine private Krankenversicherung (PKV) für Einzelpersonen oft günstiger ist. Denn nach dem Gesundheits-Reformgesetz von 1988 gilt der Grundsatz: **Einmal privatversichert, immer privatversichert.** Eine Rückkehr in die GKV mit Versicherungsschutz für die ganze Familie ist dann nur noch über ein versicherungspflichtiges Beschäftigungsverhältnis möglich, weil Selbständige grundsätzlich nicht, sondern nur über die Weiterversicherung versicherungsberechtigt sind (Schirmer, VersR 91, S. 510/512). Eine auf Dauer richtige Entscheidung ist daher von den künftigen persönlichen Verhältnissen abhängig: Ehe, Kinder, Berufstätigkeit des Ehegatten, Scheidung.

2.2.3.1.2 Versicherungsberechtigung in der Rentenversicherung

184 Die Rentenversicherung ist eine Versicherung für die gesamte Bevölkerung. Jeder kann Mitglied sein, also auch Selbständige, die sich freiwillig versichern wollen, § 7 SGB VI. Daher besteht für den freien Mitarbeiter wie für andere Selbständige auch eine **Beitrittsmöglichkeit,** und zwar unter den Einschränkungen, wie sie bei der GKV bestehen: Vorversicherung gem. § 7 II SGB VI.

Eine freiwillige Versicherung ist vor allem dann sinnvoll, wenn damit der   185
Versicherungsschutz im Anschluß an eine versicherungspflichtige Beschäftigung aufrechterhalten und ausgebaut wird. Gerade für freie Mitarbeiter, die zuvor bereits lange in die Rentenversicherung eingezahlt haben und sich nach Eintritt in die Selbständigkeit eine private Altersversorgung nicht mehr sinnvoll werden aufbauen können, gewinnt die freiwillige Rentenversicherung eine erhebliche Bedeutung (Günther/Page, AV 1987, S. 205, 209).

Wesentliche Aufgabe der Rentenversicherung ist der soziale Schutz des   186
Versicherten und seiner Angehörigen durch Rentenzahlung, § 33 SGB VI, wenn der Rentenfall z. B. Erreichen der Altersgrenze, Tod, Berufsunfähigkeit oder Erwerbsunfähigkeit – eingetreten ist und die Wartezeit – bestimmte Dauer der, z. T. fingierten, Mitgliedschaft – erfüllt ist. Daneben werden unter bestimmten Voraussetzungen andere Leistungen wie z. B. zur Rehabilitation erbracht. Voraussetzung für eine Rente wegen Berufsunfähigkeit oder einer Rente wegen Erwerbsunfähigkeit ist neben der Erfüllung der Wartezeit, daß das Rentenversicherungsmitglied zuletzt vor dem Rentenfall versicherungspflichtig war, §§ 43, 44 SGB VI. Ein freiwillig Versicherter erlangt also keinen Anspruch auf Berufsunfähigkeits- oder Erwerbsunfähigkeitsrente. Hier besteht jedoch die Möglichkeit der Versicherungspflicht auf Antrag, § 4 Abs. 2 SGB VI. Darauf wird unter Nr. 2.3.3.3.2 näher eingegangen.

Die Rentenversicherung wird von verschiedenen öffentlich-rechtlichen   187
Rentenversicherungsträgern durchgeführt, im wesentlichen von der BfA als RV für die Angestellten und den regional gegliederten LVAen, die für die Rentenversicherung der Arbeiter zuständig sind. Daneben gibt es noch die knappschaftliche Rentenversicherung und bestimmte Sonderanstalten, § 125 SGB VI. Dies ist historisch bedingt. Obwohl es diese verschiedenen gesetzlichen Rentenversicherungen gibt, hat eine unterschiedliche oder evtl. wechselnde Zugehörigkeit zu den verschiedenen Rentenversicherungsträgern für den Versicherten keine Auswirkung, wenn man von gewissen Sonderregelungen in der knappschaftlichen Versicherung absieht; denn von dem für die Leistungserbringung letztlich zuständigen Rentenversicherungsträger wird die Leistungsgewährung, insbesondere

die Berechnung der Rentenhöhe, unabhängig davon vorgenommen, bei welcher Rentenversicherung Wartezeiten erfüllt und Beiträge eingezahlt wurden. Es wird daher „ein einheitliches Versicherungsverhältnis fingiert" (Niesel, KK vor § 125, Rdn. 2).

188 Die Höhe der später einmal zu erwartenden Rente ist im wesentlichen beitragsbezogen, § 63 SGB VI, wobei allerdings verschiedene individuelle Faktoren zu berücksichtigen sind, was hier nicht weiter vertieft werden kann. Für den Selbständigen als freiwilliges Mitglied besteht hier insoweit ein erheblicher **Gestaltungsspielraum**, als er die Höhe seiner Beiträge innerhalb bestimmter Grenzen selbst bestimmen kann. Denn Bemessungsgrundlage für seine Beiträge kann „jeder Betrag zwischen der Mindestbeitragsbemessungsgrundlage (§ 167) und der Beitragsbemessungsgrenze" (§ 159) sein, § 161 Abs. 2 SGB VI. Diese ändern sich jährlich und liegen 1994 bei 560,- DM monatlich und 7.600,- DM monatlich für Westdeutschland sowie 440,- DM monatlich und 5.900,- DM monatlich für Ostdeutschland. Einheitlich für alle Mitglieder der gesetzlichen Rentenversicherung der Arbeiter und Angestellten gilt ein Beitragssatz von z. Z. 19,2 %, gleichviel ob eine freiwillige Mitgliedschaft oder Pflichtmitgliedschaft vorliegt. Lediglich die knappschaftliche Rentenversicherung hat aufgrund besonderer Regelungen einen Beitragssatz von z. Z. 25,5 %.

189 Ausgehend von dem allgemeinen Beitragssatz der Rentenversicherung für Arbeiter und Angestellte in Höhe von 19,2 % kann der freiwillig Versicherte Beiträge zwischen einem monatlichen Mindestbetrag von 107,52 DM in Westdeutschland und 84,48 DM in Ostdeutschland sowie einem monatlichen Höchstbetrag von 1.459,20 DM in Westdeutschland und 1.132,80 DM in Ostdeutschland einzahlen. Seit Inkrafttreten des Rentenreformgesetzes zum 1.1.92 ist eine Höherversicherung nicht mehr möglich. Lediglich wer vor diesem Zeitpunkt von seinem Recht zur Höherversicherung Gebrauch gemacht hatte, kann weiterhin neben den freiwilligen Beiträgen noch Beiträge zur Höherversicherung zahlen (Schneider, Beilage 24 zum BB 1991, S. 26).

190 Aus dem Vorstehenden ergibt sich, daß der Entscheidung, welcher Rentenversicherung der Selbständige beitritt, im Ergebnis nur eine untergeordnete Rolle zukommt, anders als in der GKV, da dort die Beitragssätze sowie einige zusätzliche Leistungen erheblich divergieren können. Andererseits kommt die Frage, ob der Beitritt zu einer gesetzlichen Rentenversicherung zu empfehlen ist, eine erhebliche Bedeutung zu, die allerdings

erst nach gründlicher Überprüfung zu beantworten ist, insbesondere dann, wenn der Selbständige schon in erheblichem Umfang in die Rentenversicherung eingezahlt hat. Hier wird eine **individuelle Beratung** und eine Rentenberechnung anhand der erworbenen Anwartschaften erforderlich sein. Zur Rentenauskunft sind die Rentenversicherungsträger gem. § 109 SGB VI verpflichtet.

2.2.3.1.3 Keine Möglichkeit der Versicherung gegen Arbeitslosigkeit

Anders als in der gesetzlichen Krankenversicherung und der Rentenversicherung ist eine freiwillige Versicherung gegen Arbeitslosigkeit ganz ausgeschlossen. Das AFG sieht dies nicht vor, weil es von einem bestimmten Begriff der Arbeitslosigkeit ausgeht, § 101 Abs. 1 AFG: Arbeitslos in diesem Sinne kann nur sein, wer als Arbeitnehmer „vorübergehend nicht in einem Beschäftigungsverhältnis steht oder nur eine kurzzeitige Beschäftigung ausübt". Wer eine selbständige Tätigkeit aufgibt – etwa weil er keine Aufträge mehr hat – und Arbeit sucht, ist deshalb noch kein Arbeitnehmer, nur weil er es werden will.

191

2.2.3.1.4 Versicherungsberechtigung zur Unfallversicherung

Unternehmer haben das Recht, der für sie zuständigen Unfallversicherung (UV) für ihre Person freiwillig beizutreten, sofern sie nicht schon kraft Gesetzes oder Satzung versichert sind, § 535 RVO. Auch der freie Mitarbeiter ist **selbständiger Unternehmer** in diesem Sinne. Das Versicherungsverhältnis wird durch die Beitrittserklärung begründet, die unmißverständlich und vorbehaltlos den Willen zum Abschluß der freiwilligen Versicherung erkennen lassen muß; die Gewerbeanmeldung z.B. genügt hierfür nicht (BSG, 22.9.88, BSGE 26, S. 89).

192

Versicherungsschutz wird von der Unfallversicherung gewährt bei Arbeits- und Wegeunfällen und im Falle einer Berufskrankheit. Als Arbeitsunfall bezeichnet man einen Unfall, den ein Versicherter während seiner beruflichen Tätigkeit erleidet, als Wegeunfall jeden Unfall, der sich auf dem Weg von der Wohnung des Versicherten zur Arbeitsstätte oder auf dem Rückweg ereignet, gleichviel welches Verkehrsmittel benutzt wird. Bei einem **Berufsunfall** in diesem Sinne kommt es regelmäßig auf ein Verschulden nicht an. Da gewisse berufliche Tätigkeiten besonders gesundheitsschädlich sind und dadurch bestimmte Krankheiten – Berufskrankheiten – verursa-

193

2. Die freie Mitarbeit

chen können, lösen auch diese den Versicherungsschutz aus. Die als Berufskrankheiten anerkannten Krankheiten – z. B. „Staublunge" bei Bergleuten – sind in einem Katalog zusammengestellt.

194 Als Versicherungsleistungen werden von der Unfallversicherung u. a. erbracht: Unbegrenzte Heilbehandlung, Verletztengeld für die Dauer der Heilbehandlung, Berufshilfe, Verletzungsrente, Hinterbliebenenrente, und zwar zum Teil zusätzlich zu den Leistungen anderer Versicherungen. So wird z. B. bei gleichzeitigem Rentenanspruch aus der Unfallversicherung und aus der Rentenversicherung die Verletztenrente des Unternehmers aus der Unfallversicherung nicht gekürzt, da sie auf eigener Beitragsleistung beruht, § 93 Abs. 5 Nr. 2 SGB VI. Anderes gilt für den Arbeitnehmer: Hier wird der Anspruch auf Altersruhegeld aus der Rentenversicherung für die Dauer der Verletzenrente auf ein im Einzelfall zu bestimmendes Maß gekürzt. Beiträge zur Unfallversicherung erbringt nämlich immer nur der Unternehmer als Arbeitgeber, nicht jedoch der Arbeitnehmer, auch nicht anteilig.

195 Der Beitrag des freien Mitarbeiters als freiwillig selbstversicherter Unternehmer bemißt sich nach dem von ihm benannten Jahresarbeitsverdienst als **Versicherungssumme** und der **Gefahrklasse** nach dem Gefahrentarif des jeweiligen Unfallversicherungsträgers, § 725 Abs. 1 RVO. Verfahren zur Bestimmung dieser Größen enthält die jeweilige Satzung des Unfallversicherungsträgers, § 671 Nr. 5 und 9 RVO. Hier gilt der Grundsatz, daß die Höhe der Beiträge regelmäßig nach dem Arbeitsverdienst der Versicherten in dem jeweiligen Unternehmen und nach dem Grad der Unfallgefahr zu bemessen ist. Im Rahmen dieser Vorgabe hat der jeweilige Unfallversicherungsträger einen Gestaltungsspielraum.

196 Träger der Unfallversicherung sind die Berufsgenossenschaften, insbesondere die verschiedenen gewerblichen Berufsgenossenschaften der allgemeinen Unfallversicherung, der alle Betriebe der gewerblichen Wirtschaft und der öffentlichen Verwaltung als Zwangsmitglieder angehören. Daneben gibt es die landwirtschaftlichen Berufsgenossenschaften und die See-Berufsgenossenschaft. Der Vollständigkeit halber sei erwähnt, daß neben den oben schon dargestellten Leistungen anläßlich eines Versicherungsfalles zu den Aufgaben der Unfallversicherung vor allem die Unfallverhütung gehört, die durch Erlaß von Unfallverhütungsvorschriften und deren Überwachung durch technische Aufsichtsbeamte der Berufsgenossenschaften gewährleistet werden soll.

2.2.3.2 Individuelle Absicherung

Auch wenn die private Absicherung gegen Krankheiten und Unfälle sowie   197
die private Altersvorsorge nicht Gegenstand einer sozialversicherungsrechtlichen Abhandlung sein können, ist an dieser Stelle doch auf diese Möglichkeiten hinzuweisen. Daneben kommt in jedem Falle auch eine die gesetzliche Versicherung ergänzende private Absicherung in Betracht, z. B. bei
der GKV in Ergänzung zu den gesetzlichen Zahnersatzleistungen oder in
Ergänzung zum Krankengeld, sowie in Ergänzung einer im Alter von der
Rentenversicherung zu erwartenden Altersrente oder – bei vorzeitigem
Tod – einer an die Angehörigen zu leistenden Hinterbliebenenrente.

Gemeinsam ist allen Zweigen der Privatversicherung, daß sie nach dem   198
Risikoprinzip arbeiten im Gegensatz zur Sozialversicherung, die vom
Solidaritätsgedanken getragen ist (s. bereits oben, Rdn. 2.2.3.1). Die Versicherung aufgrund des Risikoprinzips beruht auf der Erfahrung, daß sich
die zu versichernde Gefahr immer nur bei einem kleinen Prozentsatz
innerhalb eines bestimmten Zeitraumes verwirklicht und Abweichungen
von diesem statistischen Wert sich über einen längeren Zeitraum ausglei-
chen: Sog. „Gesetz der großen Zahl" (Hofmann, KK § 2 Rdn. 4). Durch
versicherungsmathematische Kalkulationen wird vom regelmäßig privatrechtlich organisierten Versicherungsunternehmen nach kaufmännischen
Grundsätzen eine Prämie als Entgelt für die Gefahrübernahme ermittelt
und in Rechnung gestellt, die außer den Verwaltungskosten auch den
Gewinn des Unternehmens umfaßt.

2.2.3.2.1 Private Krankenversicherung

Die PKV bleibt für alle Selbständigen, die nicht den Vorteil einer Versi-   199
cherungsberechtigung zur GKV genießen, weil die Vorversicherungszeiten fehlen, die einzige **Alternative** der Krankheitsvorsorge. Denn mit
dem Gesundheits-Reformgesetz von 1988 sind die Selbständigen, Freiberufler und Gewerbetreibenden – mit Ausnahme der Landwirte sowie der
Künstler und Publizisten – grundsätzlich aus der GKV ausgegrenzt worden (Schirmer a.a.O.). Der freie Mitarbeiter wird aus der Vielzahl von
Anbietern in der PKV die für ihn günstigste aussuchen.

Wer aufgrund einer Versicherungsberechtigung zur GKV jedoch die **Wahl**   200
hat, wird für sich individuell zu prüfen haben, ob entweder die Weiterver-

sicherung in der GKV oder die PKV für seine persönliche Situation Vorteile bietet. Hier wird der Interessierte sich speziell für seinen Fall beraten lassen und prüfen müssen, ob das Beitrags-Leistungsverhältnis stimmt. Allgemein ist hier nur auszuführen, daß in der PKV anders als in der GKV Alter, Geschlecht und Gesundheitszustand die Kriterien für die Beitragsbemessung stellen; ggf. sind Leistungsausschlüsse bei bestimmten Krankheiten oder Risikozuschläge beim Beitrag zu vereinbaren, Wartezeiten müssen beachtet werden. Dies hat seinen Grund darin, daß die PKV nach dem Risikoprinzip arbeitet (Schirmer a.a.O).

201   Dies Prinzip wirkt sich auch in folgender Hinsicht aus:

Da das Krankheitsrisiko mit zunehmenden Alter steigt, steigen erfahrungsgemäß auch die Beiträge, es sei denn, daß man eine erhöhte Selbstbeiligung vereinbart, die im Krankheitsfall aber auch aufgebracht werden muß. Der Grund hierfür ist, daß die PKV regelmäßig die Tarifgruppen, in die über mehrere Jahre hinweg die immer älter werdenden Versicherten eingetreten sind, schließen, um neue Tarife für jüngere Kunden anzubieten. Damit „vergreist" der Mitgliederbestand in den Alttarifen. Dies führt dort zu einer überdurchschnittlichen Krankheitshäufigkeit und zu höheren Behandlungskosten, die dann mit höheren Beiträgen finanziert werden müssen.

202   Zwar enthalten die Beiträge der jungen Privatversicherten einen kalkulatorischen Zuschlag für im Alter steigende Krankheitskosten, so daß daraus sog. **Altersrückstellungen** gebildet werden. Aufgrund der sehr stark gestiegenen Kosten in der Medizin – nicht zuletzt wegen des medizinisch-technischen Fortschritts, der auch seinen Preis hat – und vor allen Dingen aufgrund der oben geschilderten Tarifpolitik reichen diese Rückstellungen jedoch nicht annähernd aus, den Beitrag für ältere werdende Privatversicherte einigermaßen stabil zu halten. Die Folge sind Beitragserhöhungen in einigen PKV bis zu 30 %, die viele privatversicherte Rentner nicht aufbringen können.

203   Es sei jedoch darauf hingewiesen, daß die PKV planen, einen brancheneinheitlichen **Standardtarif** einzuführen, der von jedem Versicherungsunternehmen angeboten werden muß und den durchschnittlichen Höchstbetrag der GKV nicht übersteigen darf. Dieser Tarif soll den Privatversicherten offenstehen, die das 65. Lebensjahr vollendet haben. Er sieht bestimmte Leistungsbegrenzungen im Vergleich zu den sonstigen Tarifen vor, insbesondere einer prozentualen Selbstbeteiligung, Begrenzung der Kranken-

hausleistungen und Begrenzung der Abrechnung ambulanter ärztlicher Leistungen. Der Tarif ist jedoch noch nicht ausgearbeitet, geschweige denn von der Versicherungsaufsicht genehmigt. Ab 1.1.94 soll er angeboten werden können. Dies ist auch das Datum, zu dem als Auswirkung des EG-Binnenmarkts die Bedingungs- und Tarifgenehmigung wegfällt, so daß infolgedessen damit zu rechnen ist, daß verstärkt Anbieter aus dem europäischen Ausland auf den deutschen Markt drängen.

Daneben bietet die PKV inzwischen einen sog. **Basistarif** an, der für Versicherte in Betracht kommt, die mit ihrem Einkommen nicht über der Beitragsbemessungsgrenze der GKV liegen – zur Zeit 5.700 ,- DM (im Beitrittsgebiet: 4.425 ,- DM) monatlich – und bei abgesenktem Leistungsangebot einen finanzierbaren Versicherungsschutz bietet. Da der in diesem Tarif Versicherte unter Vorlage der sog. „Basis-Card" als Behandlungsschein zwar als Privatpatient, aber gleichwohl zu verminderten Gebührensätzen behandelt werden soll, hängt es vom jeweiligen Arzt ab, ob er dies akzeptiert (Schirmer a.a.O., S. 514).   204

Letztlich ist festzustellen, daß bei der Wahl zwischen der GKV und der PKV auch zukünftige sozialpolitische Entwicklungen zu bedenken sind, um das langfristig wirkende Beitrags-Leistungsverhältnis beurteilen und zwischen den Krankenversicherungen vergleichen zu können. Dies ist natürlich schwierig. Abgesehen davon gilt: Ist der Dienstverpflichtete mangels Vorversicherung nicht zur GKV versicherungsberechtigt und wäre aufgrund persönlicher Umstände eine solche Krankenversicherung nach dem Solidaritätsprinzip für ihn vorteilhafter, in der z. B. seine Familienangehörigen kostenlos mitversichert sind, stellt sich für ihn die Kardinalfrage, ob nicht ein versicherungspflichtiges Beschäftigungsverhältnis der freien Mitarbeit vorzuziehen ist.   205

In jedem Fall erwägenswert sind die von der PKV angebotenen Zusatztarife, mit denen man gewisse in der GKV vorhandene Deckungslücken schließen kann. Neben Krankenhauswahlleistungen und Auslandsreise-Krankenversicherungen ist hier die Krankentagegeld- und Krankenhaustagegeld-Versicherung zu erwähnen, welche bei fehlendem Krankengeldanspruch in der GKV den Versicherten vor Verdienstausfall während krankheitsbedingter Arbeitsunfähigkeit schützt.   206

Nachdem durch das GRG von 1988 zur Stärkung der Mitverantwortung der dort Versicherten die Eigenbeteiligung bei Zahnersatz sowie Heil-   207 und Hilfsmittel, wie z. B. Brillen und Hörgeräte, durch weitergehende Zuzahlungen erhöht wurde, besteht auch insoweit ein Interesse an entsprechenden Ergänzungstarifen der PKV. Dies gilt auch für in der GKV Pflichtversicherte.

2.2.3.2.2 Individuelle Alters- oder Hinterbliebenenversorgung

208 Hier ist grundsätzlich daran zu denken, im Laufe des Arbeitslebens aus dem Gewinn finanzielle Reserven zu bilden durch eigenverantwortliche und möglichst effektive Ansammlung von Vermögen, damit man davon im Alter leben kann. Das hierzu erforderliche wirtschaftliche Geschick ist jedoch nicht jedem gegeben.

209 Die für die Alterssicherung gedachte finanzielle Reserve kann sich jedoch auch dadurch bilden, daß man fortlaufend eine bestimmte Prämie zu einer **Lebensversicherung** über eine bestimmte Versicherungssumme einzahlt und darauf rechnet, daß die Versicherungsgesellschaft mit den Prämien wiederum möglichst hohen Gewinn erwirtschaftet und Vermögen bildet, das dann im Versicherungsfall ausgezahlt wird. Dieser Versicherungsfall ist entweder der Eintritt des Todes (Todesfallversicherung) oder das Erreichen eines bestimmten, im Vertrag vereinbarten Lebensalters (Erlebensfallversicherung). Üblich geworden ist daneben die sog. gemischte Versicherung, bei der Erlebens- und der Todesfall alternativ als Versicherungsfall vereinbart sind. Gerade letztere Versicherungsform dient der eigenen Altersvorsorge und zugleich der Versorgung der Hinterbliebenen im Todesfall. Während ein Teil der Versicherungsprämie der Abdeckung des Risikos dient, daß der Versicherte vorzeitig stirbt, ist der Rest als Sparanteil dazu bestimmt, daß Kapital anzusammeln, das im Erlebensfall ausgezahlt wird, üblicherweise mit einer vereinbarten Gewinnbeteiligung.

210 Daneben gibt es verschiedene Kombinationsmöglichkeiten mit Zusatzversicherungen. So wird zusätzlich zur Todesfallversicherung oft eine Unfallversicherung dahingehend vereinbart, daß die Versicherungssumme sich verdoppelt, wenn der Versicherte aufgrund eines Unfalles verstirbt. Oder es wird zusätzlich zur Erlebensfallversicherung eine sog. Berufsunfähigkeitsversicherung abgeschlossen, nach der je nach Grad der für seinen Beruf bestehenden Erwerbsminderung eine Rente gezahlt wird und bei Erwerbsminderung von mehr als 50 % die Beitragspflicht entfällt. Hier

ist im Einzelfall zu prüfen, ob im Vertrag tatsächlich die Fähigkeit zur Ausübung des jeweiligen Berufes unter Versicherungsschutz gestellt ist oder eine Verweisung auf eine andere Tätigkeit möglich ist, welche der Ausbildung und Berufserfahrung des Versicherten entspricht.

2.2.3.2.3 Individuelle/private Unfallversicherung

Die gesetzliche Unfallversicherung deckt nur Unfälle, die sich bei der beruflichen Tätigkeit zutragen bzw. auf den Wegen vom und zum Arbeitsplatz und auch nur bezüglich Personen, die bei ihr versichert sind, etwa aufgrund eines sozialversicherungspflichtigen Beschäftigungsverhältnisses oder als freiwillig versicherte Selbständige (s. oben unter 2.2.3.1.4). Wer nicht entsprechend gesetzlich versichert ist oder einen darüber hinausgehenden Versicherungsschutz wünscht, der auch die Unfälle des täglichen Lebens, z. B. in der Freizeit, zu Hause oder auf Reisen, umfaßt, muß sich privat absichern. **211**

Die private Unfallversicherung bietet eine Absicherung gegen die wirtschaftlichen Folgen durch vorübergehende Arbeitsunfähigkeit, Invalidität oder Tod. Hier gibt es neben der Voll-Unfallversicherung mit und ohne Beitragsrückgewähr eine Teil-Unfallversicherung nur gegen außerberufliche Unfälle, wie Reise-, Sport- oder Luftfahrt-Unfallversicherung, lebenslängliche Verkehrsmittel-Unfallversicherung oder sonstige Teil-Unfallversicherungen. Zugrunde liegen die allgemeinen Unfallversicherungsbedingungen (AUB), deren Bestimmungen z. T. dispositiv sind, so daß einzelvertraglich abweichende Regelungen möglich sind. **212**

Im Leistungsfall, der durch eine Unfall ausgelöst wird, ist von der Versicherung eine im Vertrag vereinbarte Summe zu zahlen, ohne daß geprüft wird, ob in dieser Höhe ein konkreter Schaden eingetreten ist. Voraussetzung ist nur, daß der Unfall zu bestimmten Folgen geführt hat. **213**

– Wenn der Tod innerhalb eines Jahres nach dem Unfall eintritt, wird eine Entschädigung nach der versicherten Todesfallsumme geleistet. Tritt der Tod später ein oder innerhalb des Jahres, aber aufgrund einer unfallfremden Ursache, ist nicht die Todesfallentschädigung auszuzahlen, jedoch die Invaliditätssumme, falls der Anspruch darauf dem Grunde nach schon entstanden war. **214**

215 – Tritt innerhalb der Jahresfrist durch eine dauernde Beeinträchtigung der körperlichen und geistigen Leistungsfähigkeit Invalidität ein, wird die vertraglich vereinbarte Invaliditätssumme gezahlt und zwar in voller Höhe, wenn durch den Unfall die Arbeitsunfähigkeit vollständig aufgehoben ist, lediglich teilweise bei Teilinvalidität. Für Fälle der Teilinvalidität enthält eine in den AUB festgelegte Gliedertaxe bestimmte Prozentsätze für die Höhe des Invaliditätsgrades bei typischen Verletzungsfolgen unter Ausschluß des Nachweises eines evtl. höheren oder geringeren Grades.

216 – Ist Unfallfolge eine vorübergehende Arbeitsunfähigkeit, wo werden auch hierfür Leistungen erbracht, sofern dies Risiko im Vertrag ausdrücklich mitversichert worden ist. Hier kommt ein der Höhe nach zu vereinbarendes Tagegeld in Betracht, das im Leistungsfall abgestuft nach dem Grad der Beeinträchtigung unter Berücksichtigung der Berufstätigkeit für die Dauer der ärztlichen Behandlung gezahlt wird.

217 – Als besondere Form des Tagegeldes kann zusätzlich ein Krankenhaus-Tagegeld vereinbart werden für jeden Tag stationärer Behandlung sowie ein Genesungsgeld, das im Anschluß an den Krankenhausaufenthalt gezahlt wird. Darüber hinaus kommen auch noch Übergangsleistungen in Betracht.

218 Es ist jedoch an dieser Stelle auf eine Reihe von **Ausschlußtatbeständen** hinzuweisen, bei denen die private Unfallversicherung nicht leisten muß, so z. B. bei Erkrankungen infolge psychischer Einwirkungen, Unfällen aufgrund von Kriegsereignissen, Gesundheitsschädigungen durch Heilmaßnahmen, Unfällen infolge von Schlag- und Krampfanfällen, Bandscheibenschäden u. a. Ferner ist darauf hinzuweisen, daß die Leistungen des Versicherers gekürzt werden können, wenn neben dem Unfall Krankheiten an den Unfallfolgen mitgewirkt haben.

2.2.3.3 Versicherungspflicht in bestimmten Fällen

219 Für die freie Mitarbeit ist kennzeichnend, daß aufgrund der Selbständigkeit der ausgeübten Tätigkeit Versicherungspflicht grundsätzlich nicht vorliegt. Von dieser Regel gibt es Ausnahmen, auf die im folgenden einzugehen ist.

2.2.3.3.1 Versicherungspflicht aufgrund gesetzlicher Tatbestände

Durch verschiedene landesgesetzliche Regelungen ist die Mitgliedschaft in **220** bestimmten berufsständischen Versorgungswerken für Angehörige einiger kammerfähiger freier Berufe vorgeschrieben, wie z. B. für Ärzte, Rechtsanwälte und Steuerberater. Die dort gebotene Versicherung betrifft vor allem die Absicherung im Alter sowie die Risiken durch Invalidität und Tod für das Mitglied selbst und seine Angehörigen. Die berufsständischen Versorgungseinrichtungen nehmen damit für bestimmte kammerfähige Berufe die Stelle der gesetzlichen Rentenversicherung ein mit vergleichbaren Leistungen.

Es würde zu weit führen, hier auf die einzelnen bestehenden Versorgungseinrichtungen näher einzugehen. Es gibt z. Z. über 40 dieser berufsständischen Versorgungswerke mit einigen hunderttausend versicherten Mitgliedern. **221**

Daneben enthält vor allen Dingen § 2 SGB VI hinsichtlich der RV eine **222** numerative Aufzählung von Personen, die trotz selbständiger Tätigkeit versicherungspflichtig sind. Es handelt sich hier insbesondere um

– Lehrer und Erzieher, die im Zusammenhang mit ihrer selbständigen Tätigkeit keinen versicherungspflichtigen Arbeitnehmer beschäftigen,

– Hebammen und Entbindungspfleger

– Künstler und Publizisten nach näherer Bestimmung des KSVG

– Hausgewerbetreibende.

Entsprechendes gilt für Künstler und Publizisten gem. § 5 Abs. 1 Nr. 4 **223** SGB V auch für die GKV, in der sie grundsätzlich versicherungspflichtig sind. Für sie gilt hinsichtlich ihrer Alters- und Krankenversorgung das Künstlersozialversicherungsgesetz (KSVG), das für sie eine eigene Versicherung schafft. Sie wird von der LVA Oldenburg-Bremen durchgeführt unter der Bezeichnung „Künstlersozialkasse". Nach Maßgabe der §§ 3 ff. KSVG besteht unter bestimmten Umständen für die grundsätzlich versicherungspflichtige Person im Sinne dieses Gesetzes ausnahmsweise Versicherungsfreiheit oder die Möglichkeit, sich von der Krankenversicherungspflicht auf Antrag befreien zu lassen.

224 Entsprechende Sonderregelungen zur Sozialversicherung gibt es für Landwirte mit dem Zweiten Gesetz über die Krankenversicherung der Landwirte (KVLG 1989) und dem Gesetz über die Altershilfe für Landwirte (GAL). Dies sei nur der Vollständigkeit halber erwähnt.

2.2.3.3.2 Versicherungspflicht auf Antrag

225 Neben der Versicherungspflicht kraft Gesetzes gibt es in der Rentenversicherung auch die Möglichkeit der „freiwilligen Versicherungspflicht" auf Antrag gem. § 4 SGB VI.

226 Neben Arbeitnehmern, die wie z. B. Entwicklungshelfer im Ausland tätig sind und alleine deshalb nicht der im Geltungsbereich unserer sozialrechtlichen Vorschriften einer Beschäftigung nachgehen, die zur Versicherungspflicht führt, können auch Personen, die nicht nur vorübergehend selbständig sind, rentenversicherungspflichtig sein, wenn sie dies innerhalb einer Frist von 5 Jahren nach der Aufnahme der Tätigkeit beantragen. Unter der selbständigen Erwerbstätigkeit in diesem Sinne ist eine gewerbliche oder freiberufliche Tätigkeit zu verstehen im Gegensatz zu einer Beschäftigung im Sinne § 7 Abs. 1 SGB IV, die eine persönliche Abhängigkeit voraussetzt und zur Sozialversicherungspflicht führt (vgl. oben unter 2.2.1).

227 Derjenige, für den auf seinen Antrag hin eine Pflichtversicherung begründet wird, steht in jeder Hinsicht demjenigen gleich, der kraft Gesetzes pflichtversichert ist, so daß nach Eintritt der Versicherungspflicht alle Rechte und Pflichten einer Pflichtversicherung bestehen. So bestehen einerseits Ansprüche auf spätere Zahlung einer Rente und insbesondere auch der umfassende Schutz gegen Risiken der Berufs- und Erwerbsunfähigkeit, andererseits die Pflicht zur Beitragsentrichtung.

228 Die **Beitragshöhe** bemißt sich nach dem Bruttoeinkommen des Versicherten bis zur Beitragsbemessungsgrenze (s. unten 3.3.3.3), während es bei der freiwilligen Versicherung dem Versicherten freisteht, in welcher Höhe er Beiträge leisten will, wobei allerdings Unter- und Obergrenzen bestehen. Daher ist die Pflichtversicherung auf Antrag nicht mit der freiwilligen Rentenversicherung gem. § 7 SGB VI zu verwechseln, wenn auch rentenrechtliche Unterschiede im übrigen nicht bestehen: **Freiwillige Beiträge** und **Pflichtbeiträge** werden bei der späteren Berechnung der Rente grundsätzlich gleich bewertet, § 55 Satz 1 SGB VI.

Letztlich ist individuell zu prüfen, ob eine Versicherungspflicht auf **229**
Antrag oder die freiwillige Versicherung günstiger ist, weil zuviele persönliche Faktoren zu beachten sind. Hier sollte man sich im Bedarfsfall
bei den Rentenversicherungsträgern erkundigen.

Die Antragsversicherungspflicht endet grundsätzlich nur mit Aufgabe der **230**
selbständigen Tätigkeit, ein Austritt ist nicht zulässig. Jedoch besteht für
den Angestellten und den selbständigen Erwerbstätigen die Möglichkeit,
sich von der Versicherungspflicht in der gesetzlichen Rentenversicherung
befreien zu lassen, wenn er nachträglich aufgrund Gesetzes Mitglied einer
öffentlich-rechtlichen Versorgungseinrichtung seiner Berufsgruppe wird,
§ 6 Abs. 1 Nr. 1 SGB VI (vgl. oben unter 2.2.3.3.1).

2.3 Steuerrecht

2.3.1 Abgrenzung von Arbeitnehmer und freiem Mitarbeiter

Für die Frage der Abgrenzung kann im wesentlichen auf die Ausführun- **231**
gen im arbeitsrechtlichen Teil dieses Buches verwiesen werden.

Den dort aufgeführten Abgrenzungskriterien sind aus steuerlicher Sicht **232**
noch folgende für die Arbeitnehmereigenschaft sprechende Merkmale
hinzuzufügen:

– Kein Unternehmerrisisko
– Keine Unternehmerinitiative
– Kein Kapitaleinsatz.

Nach § 1 Abs. 2 LStDV liegt ein Dienstverhältnis vor, wenn der Beschäf- **233**
tigte dem Arbeitgeber seine Arbeitskraft schuldet. Dies ist der Fall, wenn
der Beschäftigte in der Betätigung seines geschäftlichen Willens unter der
Leitung des Arbeitgebers steht oder im geschäftlichen Organismus des
Arbeitgebers dessen Weisungen zu folgen verpflichtet ist.

Nach § 1 Abs. 3 LStDV ist kein Arbeitnehmer, wer Lieferungen und **234**
sonstige Leistungen innerhalb der von ihm selbständig ausgeübten
gewerblichen oder beruflichen Tätigkeit im Inland gegen Entgelt ausführt, soweit es sich um Entgelt für diese Lieferungen und sonstigen
Leistungen handelt.

235 Ob eine Eingliederung des Beschäftigten im Sinne von § 1 Abs. 2 LStDV vorliegt, ist anhand der bereits im arbeitsrechtlichen Teil dieses Buches und der o.g. Abgrenzungskriterien zu ermitteln. Entscheidend für die Einordnung des Vertragsverhältnisses ist das Gesamtbild der Verhältnisse. Liegt eine Eingliederung in den Betrieb des Arbeitgebers nicht vor, so ist der Beschäftigte selbständig tätig. Die Einkünfte aus einer solchen Tätigkeit gehören zu den Einkünften aus selbständiger Tätigkeit (§ 18 EStG) oder aus Gewerbebetrieb (§ 15 EStG).

2.3.2 Die freie Mitarbeit als Haupt- oder als Nebentätigkeit

236 Die freie Mitarbeit kann sowohl als Haupt- als auch als Nebentätigkeit ausgeübt werden. Bei der Abgrenzung der Nebentätigkeit von der Haupttätigkeit kommt es auf die objektive Tätigkeit an (BFH v. 30.3.1990, BStBl. II 1990, S. 845).

237 Als Abgrenzungskriterium zwischen Haupt- und Nebentätigkeit geht der BFH allein vom **Zeitaufwand** aus. Der Maßstab des Zeitaufwandes gilt als absolute Größe, nicht in Relation zur tatsächlich ausgeübten Haupttätigkeit. Eine nebenberufliche Tätigkeit liegt daher nur dann vor, wenn der zeitliche Rahmen des vergleichbaren Hauptberufes deutlich unterschritten wird. Eine Unterschreitung von 50 v.H. reicht für eine Qualifizierung als Nebentätigkeit noch nicht aus, da Haupttätigkeiten häufig nur halbtags ausgeübt werden. Eine Nebentätigkeit kann erst ab einem zeitlichen Umfang der Tätigkeit von 33 1/2 v.H. und weniger angenommen werden.

238 Aus der absoluten Betrachtung des Zeitaufwandes folgt auch, daß es für den Begriff der Nebentätigkeit unwesentlich ist, ob eine Haupttätigkeit tatsächlich ausgeübt wird. So können auch Personen nebenberuflich tätig sein, die im steuerrechtlichen Sinn gar keinen Hauptberuf ausüben, wie z.B. Arbeitslose, Rentner, Studenten und Hausfrauen (LStR Abschnitt 17 Abs. 2).

2.3.3 Einkommensteuer

239 Der freie Mitarbeiter unterliegt mit seinen Einkünften der Einkommensteuer.

2.3.3.1 Einkunftsarten

In § 2 Abs. 1 EStG werden die sieben Einkunftsarten, die eine Steuer- **240**
pflicht begründen, genannt:

1. Einkünfte aus Land- und Forstwirtschaft
2. Einkünfte aus Gewerbebetrieb
3. Einkünfte aus selbständiger Arbeit
4. Einkünfte aus nichtselbständiger Arbeit
5. Einkünfte aus Kapitalvermögen
6. Einkünfte aus Vermietung und Verpachtung
7. Sonstige Einkünfte im Sinne des § 22 EStG.

Der freie Mitarbeiter kann, je nach Art der Tätigkeit, Einkünfte aus selb- **241**
ständiger Arbeit (§ 2 Abs. 1 Nr. 3 i.V.m. § 18 EStG) oder aus Gewerbebetrieb (§ 2 Abs. 1 Nr. 2 i.V.m. § 15 EStG) beziehen.

2.3.3.1.1 Einkünfte aus Gewerbebetrieb

Einkünfte aus Gewerbebetrieb kommen vor, wenn eine Betätigung **242**

– selbständig
– nachhaltig
– mit Gewinnerzielungsabsicht und
– unter Beteiligung am wirtschaftlichen Verkehr

unternommen wird und weder als Ausübung von Land- und Forstwirtschaft noch als Ausübung eines freien Berufes oder als eine andere selbständige Arbeit anzusehen ist (§ 15 Abs. 2 EStG).

Selbständig ist eine Tätigkeit dann, wenn sie auf eigene Rechnung **243**
(Unternehmerrisiko) und auf eigene Verantwortung (Unternehmerinitiative) ausgeübt wird (BFH v. 27.9.1988, BStBl. II 1989, S. 414).

Für die Frage, ob eine selbständige oder nichtselbständige Tätigkeit vor- **244**
liegt, kommt es auf das Gesamtbild der Verhältnisse an (Schmidt EStG
§ 15 Anm. 5a). Es darf an dieser Stelle auf den Gliederungspunkt 2.3.1.
verwiesen werden, der bereits die Abgrenzung zwischen abhängiger und
selbständiger Tätigkeit behandelt.

245 Eine **nachhaltige Tätigkeit** liegt vor, wenn sie von der Absicht getragen ist, sie zu wiederholen und daraus eine ständige Erwerbsquelle zu machen (BFH v. 21.8.1985, BStBl. II 1986, S. 88). Bereits eine einmalige Handlung kann den Beginn einer fortgesetzten Tätigkeit begründen, wenn die Absicht der Wiederholung erkennbar ist (RFH v. 19.11.1941 RStBl. 1942 S. 38). So liegt eine nachhaltige Tätigkeit vor, wenn ein Versicherungsvertreter mit fester Wiederholungsabsicht, die sich z.B. durch Ausstattung mit Arbeitsmaterialien manifestiert hat, einen Vertrag vermittelt, dann aber die Tätigkeit aus privaten Gründen wieder einstellt.

246 Im allgemeinen fehlt es jedoch an einer Wiederholungsabsicht, wenn derjenige, der tätig wird, noch unentschlossen ist, ob er seine Tätigkeit wiederholen wird, eine solche Wiederholung ebenso gut möglich wie nicht möglich ist (Söffing in Lademann-Söffing Brockhoff § 15 Anm. 13). Einkünfte aus Gewerbebetrieb kommen dann nicht in Betracht.

247 **Gewinnerzielungsabsicht** ist die Absicht, eine Mehrung des Betriebsvermögens im Sinne von § 4 Abs. 1 EStG zu erzielen. Es kommt lediglich auf die Absicht der Gewinnerzielung an, nicht darauf, ob ein Gewinn tatsächlich erzielt worden ist. Maßgebend ist das Streben nach Betriebsvermögensmehrung in Gestalt eines Totalgewinnes als Gesamtergebnis des Betriebes von der Gründung bis zur Liquidation (Blümich EStG § 15 Anm. 31).

248 Werden über einen längeren Zeitraum hinweg Verluste erwirtschaftet, so kann daraus ein Fehlen der Gewinnerzielungsabsicht geschlossen werden, wenn weitere Beweisanzeichen hinzutreten, daß der Steuerpflichtige die Tätigkeit nur aus im Bereich seiner Lebensführung liegenden persönlichen Gründen und Neigungen ausübt (Söffing in Lademann/Söffing in Brockhoff § 15 Anm. 20).

249 Gibt ein Steuerpflichtiger, dessen Hobby die Fotografie ist, über Jahre hinweg Verlust aus einer gewerblichen Tätigkeit als Fotograf an und übt er neben dieser Tätigkeit noch einen anderen Beruf aus, dann können diese Beweisanzeichen die Feststellung der fehlenden Gewinnerzielungsabsichten begründen. Dies gilt im besonderen, wenn der Steuerpflichtige nur wenig Bemühen um Aufträge zeigt. Hier liegt die Vermutung nahe, daß die Fotografie eine Liebhaberei ist, der die Gewinnerzielungsabsicht fehlt.

250 Eine **Beteiligung am wirtschaftlichen Verkehr** liegt vor, wenn ein Steuerpflichtiger am Güter- und Leistungsaustausch teilnimmt. Die Tätigkeit muß dabei nach außen hin in Erscheinung treten. Der Steuerpflichtige muß sich mit seiner Tätigkeit an die Allgemeinheit wenden. Ob der Kundenkreis tatsächlich groß oder eng begrenzt ist, ist ohne Belang. Es genügt auch die tatsächliche Tätigkeit für nur einen Vertragspartner (BFH vom 9.7.1986, BStBl. II 1986, S. 851 u. BFH vom 2.9.1989, BStBl. II 1989 S. 24).

Erfüllt die Tätigkeit des Steuerpflichtigen alle o.a. Tatbestandsmerkmale, **251** so bezieht er Einkünfte aus Gewerbebetrieb, es sei denn, die Einnahmen stellen Einkünfte aus selbständiger Arbeit dar.

2.3.3.1.2 Einkünfte aus selbständiger Arbeit

Einkünfte aus selbständiger Arbeit sind: **252**

- Einkünfte aus freiberuflicher Tätigkeit und
- Einkünfte aus sonstiger selbständiger Arbeit.

Bei der selbständigen Arbeit steht die persönliche Arbeitsleistung im Vordergrund. Bei der gewerblichen Tätigkeit ist es die Betriebsleistung, die in der Regel auf Kapitaleinsatz beruht. **253**

Dies verdeutlichen folgende zwei Beispiele: **254**

- Ein überlasteter Rechtsanwalt bittet einen Kollegen, einige Mandate zu **255** übernehmen und vereinbart mit ihm eine Vergütung von 50 % des vereinnahmten Honorars.

- Eine Schreinerei ist auf Grund Arbeitsüberlastung nicht in der Lage **256** sämtliche Aufträge termingerecht auszuführen. Ein anderer Schreinereibetrieb ist bereit einige Aufträge gegen Vergütung zu erledigen.

Während der Rechtsanwalt seine Mandate im wesentlichen mit Hilfe seiner Rechtskenntnisse erledigen kann, benötigt der Schreiner zur Durchführung der Aufträge unter erheblichem Investitionsaufwand erworbene Maschinen und Arbeitsmaterialien. **257**

In § 18 EStG ist nicht abschließend umschrieben, welche Tätigkeiten als **258** freiberufliche und als sonstige selbständige Arbeit anzusehen sind. Es werden lediglich Beispiele dafür aufgezählt. Unter den Begriff der selbständigen Arbeit können auch Tätigkeiten fallen, die in § 18 EStG nicht ausdrücklich bezeichnet sind. Voraussetzung ist jedoch, daß die Tätigkeit tatsächlich einer der in § 18 Abs. 1 Nr. 1 und Nr. 3 EStG aufgeführten Tätigkeiten ähnlich ist.

259 Eine Tätigkeit ist ähnlich, wenn das typische Bild einer der in § 18 Abs. 1 Nr. 1 und 3 EStG aufgezählten Tätigkeiten mit allen ihren Merkmalen der zu beurteilenden Tätigkeit vergleichbar ist (BFH vom 23.5.1984, BStBl. II 1984, S. 823 u. BFH vom 7.2.1985, BStBl. II 1985 S. 293). Es sind dabei die Art der Tätigkeit und die Vorbildung in beiden Berufen zu vergleichen. Setzt der Katalogberuf in § 18 Abs. 1 Nr. 1 oder 3 eine qualifizierte Ausbildung voraus, so muß auch die Ausbildung desjenigen, der einen ähnlichen Beruf ausübt, vergleichbar sein (BFH vom 17.7.1985, BStBl. II 1986, S. 13).

260 Der Nachweis einer wissenschaftlichen Ausbildung erübrigt sich in bestimmten Fällen. Das ist dann der Fall, wenn die berufliche Tätigkeit nicht ohne theoretische Kenntnisse, wie sie eine wissenschaftliche Ausbildung vermittelt, ausgeübt werden könnte. Eine im Sinne des § 18 EStG ähnliche Tätigkeit liegt dann vor, wenn der Steuerpflichtige nachweist, daß er sich die erforderlichen Kenntnisse durch Kurse, Selbststudium oder im Rahmen seiner beruflichen Tätigkeit angeeignet hat. Die Tätigkeit muß zumindest das Wissen des Kernbereiches eines Fachstudiums voraussetzen (BFH vom 22.1.1988, BStBl. II 1988, S. 497 u. BFH vom 10.11.1988, BStBl. II 1989, S. 198). Der BFH legt für diese Ausnahme jedoch sehr strenge Maßstäbe an.

261 Aus der Rechtsprechung seien folgende Entscheidungen zur Abgrenzung von selbständiger Arbeit und Einkünften aus Gewerbebetrieb genannt:

262 EDV-Berater:
Die selbständige Tätigkeit als EDV-Berater ist grundsätzlich als gewerbliche Tätigkeit anzusehen (BFH vom 3.12.1981, BStBl. II 1982, S. 267 u. BFH vom 11.6.1985, BStBl. II 1985, S. 584).

263 Fotograf:
Er ist stets als Gewerbetreibender einzustufen (BFH vom 25.11.1970, BStBl. II 1971, S. 267).

Schauspieler: 264
Freiberufliche und künstlerische Tätigkeit (BFH vom 20.6.1962, HFR
1963, S. 11).

Übersetzer: 265
Ein Übersetzer, der wichtige Werke der gegenwärtigen Weltliteratur ins
deutsche überträgt, ist freiberuflich künstlerisch tätig.

Synchronsprecher: 266
Künstlerische, freiberufliche Tätigkeit (BFH vom 3.8.1978, BStBl. II 1979,
S. 131 u. BFH vom 12.10.1978, BStBl. II 1981, S. 706).

Beratungsstellenleiter eines Lohnsteuerhilfevereins: 267
Gewerbliche Tätigkeit (BFH vom 10.12.1987, BStBl. II 1988, S. 273).

Fotomodell: 268
Gewerbliche Tätigkeit (BFH vom 8.6.1967, BStBl. III 1967, S. 618).

Hersteller von Softwareprogrammen: 269
Gewerbliche Tätigkeit (BFH vom 19.11.1985, BStBl. II 1986, S. 520).

Makler: 270
Gewerbliche Tätigkeit (RFH vom 1.6.1938, RStBl. 1938, S. 843).

Rundfunkermittler: 271
Gewerbliche Tätigkeit (BFH vom 14.12.1978, BStBl. II 1979, S. 188).

Versteigerer: 272
Gewerbliche Tätigkeit (BFH vom 24.1.1957, BStBl. III 1957, S. 106).

Werbeberater: 273
Gewerbliche Tätigkeit (BFH vom 16.1.1974, BStBl. II 1974, S. 293).

2.3.3.2 Gewinnermittlungsarten

Im folgenden sollen die Grundzüge der Gewinnermittlung nach § 5 Abs. 274
1, § 4 Abs. 1 und § 4 Abs. 3 EStG dargestellt werden. Im Rahmen dieses
Buches ist lediglich die Darstellung der Grundlagen möglich. Weitergehende Fragen des Bilanzsteuerrechts können nicht behandelt werden.

275 Der Schwerpunkt der Darstellung liegt auf der Gewinnermittlung nach § 4 Abs. 3 EStG, da diese Methode bei der Mehrzahl der freien Mitarbeiter Anwendung findet.

276 Für ein Verständnis der Gewinnermittlung nach § 4 Abs. 3 EStG ist jedoch die Kenntnis der Grundzüge der Gewinnermittlung nach § 5 Abs. 1, § 4 Abs. 1 EStG erforderlich.

2.3.3.2.1 Gewinnermittlung nach § 4 Abs. 1, § 5 Abs. 1 EStG

277 Die Gewinnermittlung nach § 4 Abs. 1 § 5 Abs. 1 EStG bedeutet Gewinnermittlung durch **Bilanzierung**. Diese Gewinnermittlungsmethode steht jedermann offen, d.h. jeder freie Mitarbeiter kann freiwillig bilanzieren und seinen Gewinn nach § 4 Abs. 1 § 5 Abs. 1 EStG ermitteln. Unter bestimmten Voraussetzungen besteht auch eine Pflicht Bücher zu führen.

– Buchführungspflicht

278 Buchführungspflichtig ist, wer auf Grund gesetzlicher Vorschriften verpflichtet ist, Bücher zu führen.

a) Buchführungspflicht nach Handelsrecht

279 Nach Handelsrecht (§ 238 HGB) sind diejenigen Gewerbetreibenden buchführungspflichtig, die als Vollkaufleute im Sinne des HGB anzusehen sind.

280 Dies sind Mußkaufleute (§ 1 HGB) und Sollkaufleute (§ 2 HGB). Die Mußkaufleute betreiben ein Grundhandelsgewerbe im Sinne von § 1 Abs. 2 HGB.

281 Nicht buchführungspflichtig sind dagegen Betreiber von gewerblichen Unternehmen, die zwar ein Handelsgewerbe im Sinne von § 1 HGB betreiben, deren Unternehmen aber keinen nach Art und Umfang in kaufmännischer Weise eingerichteten Gewerbebetrieb erfordern (Budde/Kunz im Beckschen Bilanzkommentar § 238 Anm. 22). Es handelt sich dabei um Kleingewerbetreibende, die als Minderkaufleute angesehen werden.

282 So betreibt der Fuhrunternehmer, der nur einen LKW besitzt und mit diesem selbst Transporte übernimmt, ein Handelsgewerbe im

Sinne von § 1 Abs. 2 Nr. 6 HGB, als Kleingewerbetreibender ist er
jedoch nicht buchführungspflichtig.

b) Buchführungspflicht nach Steuerrecht.

Gewerbetreibende haben, nachdem sie vom Finanzamt dazu aufgefor-   283
dert wurden, nach Steuerrecht Bücher zu führen und Abschlüsse zu
machen,

- bei Umsätzen von mehr als 500.000 DM (§ 141 Abs. 1 Nr. 1 AO),

- bei einem gewerblichen Betriebsvemögen von mehr als 125.000 DM
  (§ 141 Abs. 1 Nr. 2 AO) oder

- bei einem Gewinn aus Gewerbebetrieb von mehr als 36.000 DM (§ 141
  Abs. 1 Nr. 4 AO).

Steuerpflichtige mit Einkünften aus selbständiger Arbeit (§ 18 EStG) sind   284
niemals verpflichtet Bücher zu führen.

Liegt nach den o.g. Kriterien keine Buchführungspflicht vor und werden   285
auch nicht freiwillig Bücher geführt, so kann der Steuerpflichtige seinen
Gewinn aus Gewerbebetrieb oder aus selbständiger Arbeit nach § 4 Abs.
3 EStG ermitteln.

- Das Wesen der Gewinnermittlung nach § 4 Abs. 1 EStG

Der Gewinn wird bei dieser Methode durch Betriebsvermögensver-   286
gleich nach folgender Formel ermittelt:

- Betriebsvermögen am Beginn des Wirtschaftsjahres
- Betriebsvermögen am Ende des Wirtschaftsjahres
+ Entnahmen während des Wirtschaftsjahres
- Einlagen während des Wirtschaftsjahres

= Gewinn

Ertrag und Aufwand werden periodengerecht demjenigen Wirtschaftsjahr   287
zugerechnet, in dem sie ihren Ursprung haben. Maßgeblich ist nicht das
Jahr des Zu- oder Abflusses, sondern die wirtschaftliche Zugehörigkeit.

– Betriebsvermögen

288 Unter Betriebsvermögen ist die Sachgesamtheit zu verstehen, die dem Betrieb dient. Das Betriebsvermögen ist der Gegensatz zum Privatvermögen. Für die Gewinnermittlung nach § 4 Abs. 1 EStG ist zunächst der Umfang des Betriebsvermögens zu ermitteln. Die Zuordnung eines Vermögensgegenstandes erfolgt folgendermaßen:

289 **Notwendiges Betriebsvermögen** sind Wirtschaftsgüter, die dem Betrieb in der Weise unmittelbar dienen, daß sie objektiv erkennbar zum direkten Einsatz im Betrieb selbst bestimmt sind (Knobbe/Keuk, Bilanz- und Unternehmenssteuerrecht § 4 Abs. 2 S. 55).

290 Der LKW eines Fuhrunternehmens dient beispielsweise objektiv erkennbar zum direkten Einsatz im Betrieb.

291 Zum **Gewillkürten Betriebsvermögen** können Wirtschaftsgüter bestimmt werden, die nicht notwendiges Betriebsvermögen sind, aber in gewissem objektiven Zusammenhang mit dem Betrieb stehen und sich objektiv zur Förderung des Betriebszwecks eignen (Budde/Karig in Beckscher Bilanzkommentar § 246 Anm. 49). Diese Wirtschaftsgüter müssen durch Ausweis in der Bilanz als Betriebsvermögen ausgewiesen werden.

292 Der PKW eines Versicherungsvertreters ist nur dann gewillkürtes Betriebsvermögen, wenn er ihn in der Bilanz ausgewiesen hat. Tut er dies nicht, so gehört das Auto zum Privatvermögen. Andere zunächst neutrale Wirtschaftsgüter sind Wertpapiere und Zahlungsmittel.

293 **Notwendiges Privatvermögen** sind Gegenstände, die ausschließlich privaten Zwecken dienen, z.B. das zu eigenen Wohnzwecken dienende Einfamilienhaus. Sie können, wie der Name sagt, nie BV werden.

– Betriebseinnahmen und Betriebsausgaben

Der Begriff der Betriebseinnahmen ist gesetzlich nicht definiert. 294

Die steuerliche Rechtsprechung versteht unter **Betriebseinnahmen** alle 295
Zugewinne in Geld oder Geldeswert, die durch den Betrieb veranlaßt
sind (BFH vom 17.4.1986, BStBl. II 1986, S. 607).

Dabei ist jedoch zu beachten, daß Zugänge von Geld oder Sachwerten, 296
die der Betrieb nicht durch seine Tätigkeit und seine Leistung verdient
hat, keine Betriebseinnahmen darstellen (z.B. Geldzuflüsse aus Darlehensaufnahme für den Betrieb oder Einlagen aus dem Privatvermögen
des Betriebsinhabers).

Betriebseinnahmen sind danach Erlöse, die dem Betrieb für die von 297
ihm erbrachten Leistungen zugeflossen sind.

Betriebsausgaben sind nach § 4 Abs. 4 EStG alle durch den Betrieb 298
veranlaßten Ausgaben in Geld oder Geldeswert.

Die Tilgung einer Darlehensverbindlichkeit in Geld oder die Entnahme 299
des Betriebsinhabers für private Zwecke stellen keine Betriebsausgaben
dar.

Die Anschaffungs- oder Herstellungskosten für abnutzbare Wirt- 300
schaftsgüter des abnutzbaren Anlagevermögens werden grundsätzlich
nicht auf einmal in voller Höhe berücksichtigt, sondern lediglich mit
dem Betrag der Absetzung für Abnutzung. Etwas anderes gilt für
geringwertige Wirtschaftsgüter (§ 6 Abs. 2 EStG), deren Anschaffungs-
oder Herstellungskosten in voller Höhe im Jahr der Anschaffung oder
Herstellung berücksichtigt werden können.

Schwierigkeiten bereitet mitunter die Unterscheidung zwischen betriebli- 301
chen und privat veranlaßten Ausgaben. Nach § 12 Nr. 1 EStG können
Aufwendungen für die Lebensführung nicht gewinn- und steuermin-
dernd berücksichtigt werden.

Probleme entstehen immer dann, wenn Aufwendungen zum Teil 302
betrieblich und zum Teil privat veranlaßt sind. Läßt sich der betriebliche Teil leicht und einwandfrei von dem privaten Anteil trennen, so

sind die Aufwendungen anteilig Betriebsausgaben. Ist eine Trennung nicht möglich oder schwer erkennbar, ob der Aufwand mehr dem Betrieb oder der privaten Lebensführung gedient hat, so gehören die gesamten Ausgaben nach § 12 Nr.· 1 EStG zu den nicht abzugsfähigen Ausgaben.

303   Dem Spannungsverhältnis zwischen nicht abzugsfähigen Lebenshaltungskosten und Betriebsausgaben trägt auch § 4 Abs. 5 Nr. 1 bis 7 und Abs. 7 EStG Rechnung. Bei den in § 4 Abs. 5 EStG aufgeführten Aufwendungen handelt es sich eigentlich um Betriebsausgaben. Es ist vor der Anwendung dieser Vorschrift daher stets zunächst zu prüfen, ob die fraglichen Aufwendungen nicht bereits zu den nicht abzugsfähigen Lebenshaltungskosten gehören.

304   Bei Ausgaben i.S.v. § 4 Abs. 5 EStG wird vom Gesetzgeber ein privater Anteil unwiderleglich vermutet und damit nicht oder nicht der volle Abzug gewährt.

Nicht abzugsfähig sind u.a. folgende Ausgaben:

305   – Aufwendungen für Geschenke an Nichtarbeitnehmer des Steuerpflichtigen, wenn sie 75 DM überschreiten,

306   – Aufwendungen für die Bewirtung von Personen aus geschäftlichem Anlaß, soweit sie 80 v.H. der Aufwendungen übersteigen, die nach der allgemeinen Verkehrsauffassung als angemessen anzusehen und deren Höhe und betriebliche Veranlassung nachgewiesen sind,

307   – Aufwendungen für Jagd und Fischerei, Segeljachten oder Motorjachten,

308   – Mehraufwendungen für Verpflegung, soweit sie 150 v.H. der höchsten Tagesgeldbeträge des Bundesreisekostengesetzes übersteigen,

309   – Aufwendungen, die die Lebensführung des Steuerpflichtigen oder anderer Personen berühren, soweit sie nach allgemeiner Verkehrsauffassung als unangemessen anzusehen sind.

Hier kommen insbesondere in Betracht:

Aufwendungen für die Unterhaltung und für die Nutzung eines   310
Flugzeugs (BFH vom 27.2.1985, BStBl. II 1985, S. 458).

Aufwendungen für die Ausstattung von Geschäftsräumen, z.B. der   311
Chefzimmer und Sitzungsräume.

– Entnahmen und Einlagen

Eine **Entnahme** eines Wirtschaftsgutes liegt vor, wenn das Wirt-   312
schaftsgut aus dem betrieblichen in den privaten Bereich übergeht.

Verbringt z.B. ein Gewerbetreibender einen zunächst von seiner   313
Sekretärin genutzten Schreibtisch in seine Wohnung, wo er von seinen Kindern zur Erledigung der Hausaufgaben genutzt wird, so
liegt eine Entnahme vor.

Geht ein Wirtschaftsgut vom privaten in den betrieblichen Bereich   314
über, so liegt eine Einlage vor.

Legt ein Gewerbetreibender aus seinem privaten Geldbeutel, Geld   315
in die Ladenkasse, so stellt dies eine Einlage dar.

– Aufzeichnungspflichten

Bei der Gewinnermittlung nach § 4 Abs. 1 und § 5 EStG hat der   316
Steuerpflichtige folgende Aufzeichnungen zu machen:

Zunächst hat er bei Beginn des Gewerbebetriebes eine Eröffnungs-   317
bilanz aufzustellen.

Am Ende jedes Wirtschaftsjahres, das in der Regel dem Kalender-   318
jahr entspricht, hat er einen Jahresabschluß zu erstellen. Dieser
besteht aus der Bilanz zum 31.12. des Kalenderjahres sowie der
Gewinn- und Verlustrechnung.

Weiter hat der Steuerpflichtige eine Inventur durchzuführen und ein   319
Inventarverzeichnis zum 31.12. zu erstellen.

2. Die freie Mitarbeit

320   Während des Wirtschaftsjahres hat der Steuerpflichtige sämtliche Geschäftsvorfälle im Rahmen einer ordnungsgemäßen doppelten Buchführung festzuhalten.

321   Darüber hinaus gehende spezielle Aufzeichnungspflichten sollen hier aus Platzgründen unerwähnt bleiben.

2.3.3.2.2 Gewinnermittlung nach § 4 Abs. 3 EStG

322   Bei der Gewinnermittlung nach § 4 Abs. 3 EStG wird als Gewinn der Überschuß der Betriebseinnahmen über die Betriebsausgaben angesetzt. Überwiegen die Betriebsausgaben die Betriebseinnahmen, ergibt sich ein Verlust.

323   Die Gewinnermittlung durch **Überschußrechnung** nach § 4 Abs. 3 EStG darf nicht mit der Gewinn- und Verlustrechnung eines bilanzierenden Steuerpflichtigen verwechselt werden. Im Gegensatz zur Überschußrechnung erfaßt die Gewinn- und Verlustrechnung die betrieblichen Aufwendungen und Erträge bereits bei ihrer Entstehung, auch wenn sie noch nicht zu einem Zu- oder Abfluß von Geld geführt haben. Bei der Überschußrechnung werden Betriebseinnahmen und Betriebsausgaben erst mit Zu- oder Abfluß erfaßt (§ 11 EStG).

324   Die Gewinnermittlung nach § 4 Abs. 3 EStG ist keine reine Geldrechnung. Dies zeigt sich z.B. bei der Anschaffung und Veräußerung von Wirtschaftsgütern des abnutzbaren und des nichtabnutzbaren Anlagevermögens, bei der betrieblichen Darlehensaufnahme, bei Sacheinnahmen und Sachausgaben sowie bei Nutzungsentnahmen und bei der Berücksichtigung der Inanspruchnahme privater Wirtschaftsgüter für betriebliche Zwecke.

325   – Zur Gewinnermittlung nach § 4 Abs. 3 EStG sind alle Steuerpflichtigen berechtigt, die weder nach Handelsrecht noch nach Steuerrecht oder anderen außersteuerlichen Gesetzesvorschriften verpflichtet sind, Bücher zu führen und Jahresabschlüsse zu machen und die auch freiwillig keine Bücher führen und Abschlüsse erstellen.

Die größte Gruppe der Steuerpflichtigen, die ihren Gewinn nach § 4   326
Abs. 3 EStG ermitteln dürfen, stellen diejenigen, die Einkünfte aus selbständiger Arbeit, in der Regel aus freiberuflicher Tätigkeit, beziehen.

Die Entscheidung für die Gewinnermittlung nach § 4 Abs. 3 EStG   327
wird getroffen durch Verzicht auf die Erstellung einer Eröffnungsbi-
lanz und die Einrichtung einer den jeweiligen Stand des Vermögens
darstellenden Buchführung (Abschnitt 17 Abs. 1 Satz 5 EStR 1990).

Es genügt das Erstellen und Sammeln der Belege über Betriebseinnah-   328
men und Betriebsausgaben. Diese können bei Erfüllung nur geringer
zusätzlicher Voraussetzungen – insbesondere bei vollständiger und
zeitlich fortlaufender Ablage, verbunden mit einer regelmäßigen (jähr-
lichen) Summenziehung – die Funktion von Grundaufzeichnungen
übernehmen.

Fehlt es an derartigen Aufzeichnungen und am Sammeln von Belegen,   329
kann nicht davon ausgegangen werden, daß der Steuerpflichtige die
Wahl zur Überschußrechnung getroffen hat (BFH vom 13.10.1989,
BStBl. II 1990, S. 287). In diesem Fall wird der Gewinn nach § 4 Abs. 1
EStG geschätzt.

– Aufzeichnungspflichten

Folgende Aufzeichnungen sind vom Steuerpflichtigen zu erstellen: 330

* Betriebseinnahmen sind grundsätzlich einzeln aufzuzeichnen, auch   331
  die Bareinnahmen.

* Es ist ein Verzeichnis des nicht abnutzbaren Anlagevermögens zu   332
  führen (§ 4 Abs. 3 Satz 5 EStG).

* Aufwendungen im Sinne von § 4 Abs. 5 Nr. 1 bis 7 EStG sind ein-   333
  zeln und getrennt von den sonstigen Betriebsausgaben aufzuzeichnen (§ 4 Abs. 7 EStG).

* Ein Verzeichnis der geringwertigen Anlagegüter ist anzulegen, (§ 6   334
  Abs. 2 Satz 4 EStG).

* Ferner ist ein Verzeichnis nach § 6c Abs. 2 EStG zu erstellen.   335

336   * Wirtschaftsgüter, für die erhöhte Abnutzung oder Sonderabschreibungen beansprucht werden, sind in einem Verzeichnis aufzuführen (§ 7a Abs. 8 EStG).

337   * Schließlich sind die Aufzeichnungspflichten nach § 143 AO (Wareneingang) und nach § 144 AO (Warenausgang) zu beachten.

– Betriebsvermögen

338   Auch wenn Steuerpflichtige, die ihren Gewinn nach § 4 Abs. 3 EStG ermitteln, keine Bilanzen aufstellen müssen, gehören die Wirtschaftsgüter, die ausschließlich unmittelbar ihrem Betrieb dienen zu ihrem notwendigen Betriebsvermögen.

339   Ein gewillkürtes Betriebsvermögen kommt bei der Gewinnermittlung nach § 4 Abs. 3 EStG nicht in Betracht (BFH vom 13.3.1964, BStBl. III 1964, S. 455).

340   Da eine Bilanz nicht erstellt wird, können Wirtschaftsgüter nicht durch einen nach außen erkennbaren Widmungsakt in der Bilanzierung zum gewillkürten Betriebsvermögen gemacht werden.

– Betriebseinnahmen und Betriebsausgaben

341   Betriebseinnahmen werden im Zeitpunkt ihres tatsächlichen Zuflusses erfaßt (§ 11 Abs. 1 EStG). Betriebliche Forderungen stellen, anders als bei der Gewinnermittlung nach § 4 Abs. 1 EStG, noch keine Betriebseinnahmen dar.

342   Auch die Betriebsausgaben werden im Zeitpunkt ihres tatsächlichen Abflusses aus dem Betrieb bei der Gewinnermittlung berücksichtigt (§ 11 Abs. 2 EStG). Verbindlichkeiten können noch nicht, im Gegensatz zur Gewinnermittlung nach § 4 Abs. 1 EStG, als Betriebsausgaben abgezogen werden.

343   Im folgenden sollen einige Besonderheiten und Problemfälle der Betriebseinnahmen und Betriebsausgaben bei der Gewinnermittlung nach § 4 Abs. 3 EStG erörtert werden.

* Betriebliche Nutzung nicht zum Betriebsvermögen gehörender   344
Wirtschaftsgüter.

Werden nicht zum notwendigen Betriebsvermögen gehörende Wirt-   345
schaftsgüter betrieblich genutzt, so können Aufwendungen einschließlich der Absetzungen für Abnutzungen (AfA), die durch die
betriebliche Nutzung entstanden sind, als Betriebsausgaben abgesetzt werden. Voraussetzung dafür ist jedoch, daß die betriebliche
Nutzung nicht nur von untergeordneter Bedeutung ist und der
betriebliche Nutzungsanteil sich leicht und einwandfrei an Hand
von Unterlagen nach objektiven, nachprüfbaren Merkmalen – ggf.
im Wege der Schätzung – von den nichtabzugsfähigen Kosten der
Lebenshaltung trennen läßt. Diese Voraussetzungen sind in der
Regel nur bei Telefon- und PKW-Nutzung erfüllt.

* Abnutzbares Anlagevermögen

Nach § 4 Abs. 3 EStG sind die Vorschriften über die Absetzung von   346
Abnutzung oder Substanzverringerung zu beachten.

Das bedeutet, daß die Anschaffungs- oder Herstellungskosten für   347
Anlagegüter, die der Abnutzung unterliegen (Fahrzeuge, Maschinen,
Einrichtungsgegenstände, Gebäude und Gebäudeteile), nicht bereits
bei der Bezahlung im vollen Umfang als Betriebsausgaben abgezogen werden dürfen, sondern auf die Nutzungsdauer dieser Wirtschaftsgüter verteilt werden müssen (Abschnitt 17 Abs. 3 Satz 2
EStR 1993).

Die AfA kann auch dann berücksichtigt werden, wenn die Anschaf-   348
fung oder Herstellung noch nicht bezahlt ist (Schmidt EStG § 4
Anm. 68). Maßgebliche Vorschrift für die AfA-Sätze ist § 7 EStG.

Die Anschaffungs- oder Herstellungskosten von abnutzbaren   349
geringwertigen Anlagegütern im Wert von bis zu 800 DM (netto,
ohne Vorsteuer, Abschnitt 86 Abs. 5 Satz 1 EStR 1993) die selbständig nutzbar sind, können nach § 6 Abs. 2 EStG im Wirtschaftsjahr
der Anschaffung oder Herstellung sofort als Betriebsausgabe abgezogen werden. Auf den Zeitpunkt der Bezahlung kommt es dabei
nicht an. Insoweit liegt eine Durchbrechung des Abflußprinzips
nach § 11 Abs. 2 EStG vor.

– Nichtabnutzbares Anlagevermögen

350 Die Anschaffungs- und Herstellungskosten nicht abnutzbarer Anlage-güter (z.B. Grund und Boden, Genossenschaftsanteile) sind nach § 4 Abs. 3 Satz 4 EStG erst in dem Zeitpunkt als Betriebsausgaben abzu-ziehen, in dem die betreffenden Wirtschaftsgüter veräußert oder ent-nommen werden.

– Entnahmen und Einlagen

351 Sowie bei der Gewinnermittlung durch Betriebsvermögensvergleich nach § 4 Abs. 1 EStG, dessen Ergebnis durch die Hinzurechnung von Entnahmen und den Abzug von Einlagen zu korrigieren ist, muß auch bei der Gewinnermittlung nach § 4 Abs. 3 EStG das Ergebnis der Überschußrechnung um Entnahmen und Einlagen berichtigt werden, da sich sonst außerbetriebliche Vorgänge auf den Betriebsgewinn aus-wirken würden. Entnahmen sind als fiktive Betriebseinnahmen hinzu-zurechnen, Einlagen sind als fiktive Betriebsausgaben abzuziehen.

352 Bei der Entnahme/Einlage ist zunächst zwischen Geldentnahme/Gel-deinlage und Sachentnahme/Sacheinlage zu unterscheiden. Geldentnah-men und Geldeinlagen werden bei der Überschußrechnung nicht erfaßt, weil sie den Gewinn nicht berühren (Schmidt EStG § 4 Anm. 65, 56). Das liegt daran, daß der Wert, mit dem das Geld in das Betriebsvermögen hineingelangt ist, sich grundsätzlich mit seinem spä-teren Entnahmewert deckt.

353 Die **Sachentnahme** und **Sacheinlage** werden erfaßt. Entnahmen und Einlagen von Gegenständen des abnutzbaren Anlage- und des Umlauf-vermögens werden mit den Werten angesetzt, die den Vorschriften des § 6 Abs. 1 Nr. 4 und 5 EStG entsprechen. In der Regel ist das der Teil-wert. Die Vorschriften gelten zwar unmittelbar nur für die Gewinner-mittlung nach § 4 Abs. 1 EStG, sind jedoch bei § 4 Abs. 3 EStG ent-sprechend heranzuziehen (BFH vom 22.1.1980 BStBl. II 1980, S. 244).

354 Bei Einlagen abnutzbarer Anlagegüter kann die AfA als Betriebsausgabe abgezogen werden. Einlagen nichtabnutzbarer Wirtschaftsgüter werden erst bei deren späterer Veräußerung oder Entnahme berücksichtigt.

– Darlehen

Geldbeträge, die dem Betrieb durch die Aufnahme von Darlehen zuge- 355
flossen sind, stellen keine Betriebseinnahmen und Geldbeträge, die zur
Tilgung von Darlehen abgeflossen sind, keine Betriebsausgaben dar
(Abschnitt 17 Abs. 6 Satz 1 EStR 1993).

Darlehensverluste können nur dann wie Betriebsausgaben abgesetzt 356
werden, wenn besondere Umstände ihre ausschließliche Zugehörigkeit
zur betrieblichen Sphäre ergeben (BFH vom 2.9.1971, BStBl. II 1972,
S. 334 und BFH vom 23.11.1978, BStBl. II 1979, S. 109).

Gezahlte oder vereinnahmte Zinsen stellen dagegen Betriebsausgaben 357
bzw. Betriebseinnahmen dar. Zinsaufwendungen für einen Kontokor-
rentkredit können grundsätzlich nur insoweit als Betriebsausgaben
abgezogen werden, als der Kredit betrieblich veranlaßt ist (BFH vom
23.6.1983, BStBl. II 1983, S. 723).

– Verluste durch Brand/Diebstahl/Verderb

Bargeld geht regelmäßig mit seiner Vereinnahmung in das Privatvermö- 358
gen des Steuerpflichtigen über, weil dieser bei der Gewinnermittlung
nach § 4 Abs. 3 EStG in der Regel keine ordnungsgemäße Kassenführung hat (BFH vom 27.1.1962, BStBl. III 1962, S. 366). Eventuelle Verluste stellen dann Verluste von Privatvermögen dar und können nicht
als Betriebsausgaben berücksichtigt werden. Anders ist es nur, wenn
der Steuerpflichtige über eine ordnungsgemäße Kassenführung verfügt
(Aufzeichnung auch der Privatentnahmen und der Privateinlagen,
Ermittlung der Bestände). Werden von Angestellten des Steuerpflichtigen Entgelte für Lieferung oder Leistungen vereinnahmt und unter-
schlagen, liegen gleichzeitig Betriebseinnahmen und Betriebsausgaben
vor (BFH vom 6.5.1976, BStBl. II 1976, S. 560).

Der Verlust von Umlaufvermögen kann nicht als Betriebsausgabe abge- 359
zogen werden, da die Anschaffungskosten bereits bei der Bezahlung
der Wirtschaftsgüter als Betriebsausgaben berücksichtigt worden sind.

Beim Anlagevermögen wird der Restwert im Zeitpunkt des Verlustes 360
als Betriebsausgabe abgezogen.

2. Die freie Mitarbeit

– Forderungsausfälle

361 Bei Darlehen und durchlaufenden Posten werden sie als Betriebsausgabe abgezogen, sobald die Uneinbringlichkeit feststeht. Bei Forderungen aus Lieferungen oder Leistungen wirken sie sich wegen der fehlenden Einnahmen automatisch aus (Schmidt EStG § 4 Anm. 71).

2.3.3.3 Die Einkommensteuererklärung

362 Der selbständig tätige freie Mitarbeiter **ist** nach § 25 Abs. 3 EStG **verpflichtet** eine Einkommensteuererklärung abzugeben. Sie ist bis zum 31. Mai des auf den jeweiligen Veranlagungszeitraum folgenden Jahres abzugeben (§ 149 Abs. 2 AO). In der Regel wird bei der Vertretung des Steuerpflichtigen durch einen Rechtsanwalt oder Steuerberater die Frist bis zum 30. September des Folgejahres verlängert. Ergibt die Steuerfestsetzung eine Zahllast zu Ungunsten des Steuerpflichtigen, so hat er den Betrag innerhalb eines Monats nach Bekanntgabe des Steuerbescheides zu entrichten.

2.3.3.4 Einkommensteuervorauszahlungen

363 Nach § 37 EStG ist die Finanzbehörde ermächtigt vierteljährliche Einkommensteuer-Vorauszahlungen festzusetzen. Sie dürfen nur festgesetzt werden, wenn sie mindestens 400 DM im Kalenderjahr und mindestens 100 DM für einen Vorauszahlungszeitpunkt betragen (§ 37 Abs. 5 Satz 1 EStG).

364 Die Vorauszahlungen werden vom Finanzamt festgesetzt. Bemessungsgrundlage ist die Einkommensteuer, die sich nach Anrechnung der Steuerabzugsbeträge und der Körperschaftssteuer (§ 36 Abs. 2 Nr. 2 und 3 EStG) bei der letzten Veranlagung ergeben hat (§ 37 Abs. 3 EStG).

365 Ist in dem Kalenderjahr, für das Vorauszahlungen festgesetzt sind, eine höhere oder niedrigere Einkommensteuer zu erwarten als bei der letzten Veranlagung, so können die Vorauszahlungen angepaßt werden (§ 37 Abs. 3 EStG). Der Steuerpflichtige hat die Vorauszahlungen am 10. März, 10. Juni, 10. September und 10. Dezember zu entrichten.

Sinn der Einkommensteuer-Vorauszahlungen ist es durch die Abschlags- **366**
zahlungen auf die zu erwartende Einkommensteuer den Zinsverlust für
den Staat so gering wie möglich zu halten. Auch für den Steuerpflichtigen
ist es von Vorteil, die voraussichtliche Jahressteuer in vier überschaubaren
Raten zu zahlen und nicht erst am Jahresende mit einer entsprechend
hohen Abschlußzahlung konfrontiert zu werden.

2.3.4 Umsatzsteuer

Der freie Mitarbeiter unterliegt mit seiner Geschäftstätigkeit grundsätz- **367**
lich der Umsatzsteuer.

Im folgenden sollen daher die Grundzüge des Umsatzsteuerrechtes darge- **368**
stellt werden. Dabei bleiben Umsätze mit internationalem Bezug außer
Betracht.

2.3.4.1 Wesensmerkmale der Umsatzsteuer

Die Umsatzsteuer wird als **Allphasen-Netto-Umsatzsteuer** mit Vorsteu- **369**
erabzug bezeichnet. Allphasensteuer ist die Umsatzsteuer deshalb, weil
die Umsätze auf sämtlichen Wirtschaftsstufen (Erzeugung, Großhandel
und Einzelhandel) besteuert werden.

Der Unternehmer kann von seiner eigenen Umsatzsteuerschuld, die ihm **370**
von anderen Unternehmern gesondert in Rechnung gestellte Umsatzsteuer
als **Vorsteuer** von seiner Steuerschuld abziehen. Der Unternehmer ermittelt
unter Anwendung des zutreffenden Steuersatzes auf sämtliche Bemessungs-
grundlagen eines Voranmeldungs- oder Besteuerungszeitraums die Steuer
für diesen Zeitraum (= Ausgangsumsatzsteuer). Die sich ergebende Umsatzsteuer kürzt der Unternehmer um die Summe der ihm von anderen Unternehmen im Voranmeldungs- bzw. Besteuerungszeitraum in Rechnung
gestellten abziehbaren Vorsteuerbeträge (= Eingangsumsatzsteuer). Der nach
Verrechnung der Steuerschuld mit den abziehbaren Vorsteuerbeträgen verbleibende Betrag ist als sog. Steuerzahlungsschuld oder Zahllast an das
Finanzamt abzuführen. Sind die abziehbaren Vorsteuerbeträge des Voran-
meldungszeitraums bzw. des Besteuerungszeitraums höher als die für eigene
Umsätze geschuldete Steuer, so hat der Unternehmer gegenüber dem
Finanzamt einen Vergütungsanspruch. Dadurch, daß der Unternehmer die

101

Umsatzsteuer für den eigenen Umsatz auf den Leistungsempfänger abwälzen kann und die Umsatzsteuer, die ihm von seinem Lieferanten in Rechnung gestellt wurde (Vorsteuer), von seiner eigenen Umsatzsteuer abziehen kann, ist die Umsatzsteuer wettbewerbsneutral. Sie ist im allgemeinen somit kein Kostenbestandteil, der in die Kalkulation eingeht. Der Unternehmer bezieht Lieferungen und sonstige Leistungen für sein Unternehmen zum Nettopreis. Beim Unternehmer ist damit die Umsatzsteuer im wirtschaftlichen Ergebnis eine Art durchlaufender Posten. Der Unternehmer bleibt grundsätzlich unbelastet. Die Umsatzsteuer stellt somit im Effekt eine Einzelhandelssteuer dar, die so gestaltet wurde, daß sämtliche Unternehmer – Erzeuger, Großhandel, Einzelhandel – in den Besteuerungsprozeß eingeschaltet werden und somit eine Unterteilung des Zahlungsvorganges erfolgt. Es spielt, wie nachstehendes Beispiel zeigt, für die umsatzsteuerliche Belastung einer Ware grundsätzlich keine Rolle, wieviele Umsatzstufen die Ware durchlaufen hat. Entscheidend für den Steuerbetrag, den das Finanzamt erhält, ist allein der Letztumsatz an einen nicht vorsteuerabzugsberechtigten Endabnehmer.

Beispiel:

Beispiel zur USt (Gliederungspunkt 2.3.4.1)

Erzeuger	Lieferung	Großhändler	Lieferung	Einzelhändler	Lieferung	Endverbraucher ohne Vorsteuer-Abzug
200 DM + 30 DM		300 DM + 45 DM		400 DM + 60 DM		
		45 DM MSt		60 DM MSt		
		- 30 DM Vorsteuer		- 45 DM Vorsteuer		
30 DM		15 DM		15 DM		
Finanzamt		Finanzamt		Finanzamt		

371 Gleichgültig, wie viele Umsatzstufen die Ware vorher durchlaufen hat, die Gesamtsteuer für die drei Lieferungen beträgt immer 15 % von 400 DM = 60 DM. Der Einzelunternehmer in der Unternehmerkette versteuert, bedingt durch den Vorsteuerabzug, im Ergebnis nur den vom ihm geschaffenen Mehrwert, daher die vereinfachende Bezeichnung Mehrwertsteuer. Das Finanzamt erhält somit im Endeffekt genau die Umsatzsteuer, die dem Endverbraucher vom Unternehmer in Rechnung gestellt wird.

Man spricht von einer Nettoumsatzsteuer, weil der Unternehmer wegen des Vorsteuerabzugs im Ergebnis lediglich die Differenz zwischen seinem Nettoeinkaufspreis und dem Nettoverkaufspreis (Nettoumsatz) versteuert. 372

2.3.4.2 Das Steuersubjekt

Steuersubjekt ist der Unternehmer (§ 13 Abs. 2 Nr. 1 UStG). 373

2.3.4.3 Der Unternehmer

Der Begriff des Unternehmers wird in § 2 UStG definiert. Im wesentlichen entspricht § 2 UStG § 15 Abs. 2 EStG mit dem Unterschied, daß für die Unternehmereigenschaft nach dem Umsatzsteuergesetz keine Gewinnerzielungsabsicht erforderlich ist. 374

Die Unternehmereigenschaft beginnt mit dem ersten nach außen erkennbaren, auf eine Unternehmertätigkeit gerichteten Handeln. Hierzu gehören auch Vorbereitungshandlungen, wie der Wareneinkauf vor Betriebseröffnung. 375

Sie endet mit dem letzten Tätigwerden des Unternehmers. Unerheblich ist dabei der Zeitpunkt der An- oder Abmeldung des Gewerbebetriebes. 376

2.3.4.4 Der Unternehmensbegriff

Nach § 2 Abs. 1 Satz 2 UStG umfaßt das Unternehmen die gesamte gewerbliche oder berufliche Tätigkeit des Unternehmers. Der sachliche (objektive) Umfang des Unternehmens ist damit festgelegt. Jedes Steuerrechtsubjekt hat nur ein Unternehmen. 377

2.3.4.5 Der räumliche Geltungsbereich des Umsatzsteuergesetzes

378 Der räumliche Geltungsbereich des Umsatzsteuergesetzes erstreckt sich auf das Inland. Nur Umsätze im Inland sind steuerbar (§ 1 Abs. 1 UStG).

2.3.4.6 Der Leistungsbegriff

379 Lieferungen und sonstige Leistungen fallen unter den Oberbegriff der Leistung (vgl. § 3 Abs. 1 und 9 UStG). Leistung im Sinne des Umsatzsteuergesetzes ist eine willentliche Zuwendung des wirtschaftlichen Gehaltes eines konkreten, verkehrsfähigen Wirtschaftsgutes an einen bestimmten Empfänger, deren wirtschaftliche Bedeutung sich nicht in einer Entgeltberichtigung (z.B. Geldzahlung) oder Rückgängigmachung einer Leistung erschöpft (Giesberts in Rau-Dürrwächter-Flick-Geist UStG, § 3 Anm. 72).

380 Der Oberbegriff der Leistung untergliedert sich in Lieferungen und sonstige Leistungen.

– Lieferungen (§ 3 Abs. 1 UStG)

381 Eine Lieferung ist eine Leistung, durch die Verfügungsmacht an einem Gegenstand verschafft wird, wobei sich der wirtschaftliche Schwerpunkt des Vorgangs auf den Wert des Gegenstandes beziehen muß. Das hat zur Folge, daß nur eine Lieferung vorliegt, wenn ein Gegenstand gegen Kaufpreis veräußert wird und nicht zwei Lieferungen, Ware gegen Kaufpreis und Kaufpreis gegen Ware. Die bloße Geldzahlung stellt keine Leistung dar. Eine Leistung (Lieferung) ist lediglich die Übergabe des Gegenstandes in Erfüllung des Kaufvertrages.

– Sonstige Leistung (§ 3 Abs. 9 UStG)

382 Sonstige Leistungen sind alle entgeltlichen Leistungen, die keine Lieferung sind. Auch das Unterlassen oder Dulden einer Handlung oder eines Zustandes sind sonstige Leistungen.

383 Übergibt z.B. ein Ingenieur seinem Auftraggeber die vereinbarungsgemäß gefertigte Konstruktionszeichnung für eine Maschine, so liegt in der Übergabe der Zeichnung keine Lieferung. Die Leistung des Ingenieurs liegt nicht primär in der Lieferung der Zeichnung, denn die Zeichnung verkörpert eine gedankliche Leistung. Die Zeichnung als

körperlicher Gegenstand hat keinen besonderen Wert. Daher stellt sich diese Leistung nach ihrem wirtschaftlichen Gehalt nicht als Lieferung, sondern als sonstige Leistung dar (BFH vom 18.5.1956, BStBl. III 1956, S. 198).

– Werklieferung und Werkleistung

Ein besonderer Tatbestand der Lieferung und der sonstigen Leistung, **384** die Werklieferung und Werkleistung, sei noch in ihren Grundzügen besonders erwähnt. Nach § 3 Abs. 4 UStG ist eine Leistung als **Werklieferung** anzusehen, wenn ein Unternehmer die Be- oder Verarbeitung eines Gegenstandes übernimmt und dabei Stoffe verwendet, die er selbst beschafft, falls es sich dabei nicht nur um Zutaten oder sonstige Nebensachen handelt. Gegenstand der Werklieferung ist die tatsächliche Be- und Verarbeitung eines Gegenstandes, sowie die komplette Herstellung. Der Bearbeitungsvorgang muß wesentlicher Leistungsinhalt sein. Handelt es sich dabei nur um eine Nebenleistung, die zwangsläufig oder üblicherweise mit einer Lieferung verbunden ist, so liegt keine Werklieferung, sondern eine schlichte Lieferung vor (Giesberts in Rau-Dürrwächter-Flick-Geist § 3 Anm. 300). Montiert z.B. ein KFZ-Händler gelieferte Reifen, so erbringt er eine handelsübliche Nebenleistung der Lieferung, die keine selbständige Bedeutung hat.

Weiter ist es für die Annahme einer Werklieferung erforderlich, daß der **385** Unternehmer zumindest einen Teil des verwendeten Hauptstoffes beschafft. Setzt sich das Werk aus mehreren Stoffen zusammen, so bereitet die Frage, ob die vom Unternehmer beschafften Stoffe Haupt- oder Nebenstoffe sind, häufig Schwierigkeiten. Entscheidend ist, welche Bedeutung der jeweilige Stoff für den herzustellenden Gegenstand hat. Bestimmt er dessen Wesen, so ist der Stoff als Hauptstoff anzusehen. Anhaltspunkte für die Abgrenzung können weiterhin Menge und Wert der einzelnen Stoffe bieten. Im Zweifel ist der Wille der Beteiligten oder die Verkehrsauffassung entscheidend (Malitzky in Plückebaum/Malitzky UStG § 3 Anm. 954 ff).

Schließlich ist Voraussetzung einer Werklieferung, daß der Unternehmer **386** entweder den ganzen Hauptstoff oder zumindest einen Teil des Hauptstoffes selbst beschafft, d.h. erworben, hergestellt oder gewonnen hat. Beschafft der Unternehmer nur einen Teil des Hauptstoffes, so spricht man von einer Werklieferung mit **Materialbeistellung** (Abschnitt 27 Absätze 2, 3, 4 UStR 1993). Es ist dabei zwischen echter und unechter Materialbeistellung zu unterscheiden.

387 Eine echte Materialbeistellung liegt vor, wenn der beigestellte Stoff vom Besteller tatsächlich beschafft worden ist. Der Unternehmer muß weiterhin verpflichtet sein, die ihm zur Verfügung gestellten Stoffe ausschließlich zur Herstellung des bestellten Werkes zu verwenden, so daß er insofern nicht die umsatzsteuerliche Verfügungsmacht am beigestellten Material erlangt (BFH vom 17.1.1957, BStBl. III 1957, S. 92).

388 Im Falle einer echten Materialbeistellung nimmt das beigestellte Material nicht am Leistungsaustausch teil und gehört somit beim Werkunternehmer nicht zum Entgelt für seinen Umsatz, da der Besteller den beigestellten Stoff behalten will.

389 Eine unechte Materialbeistellung ist gegeben, wenn der Unternehmer den Stoff als Eigenhändler oder als Einkaufskommisionär für den Besteller des Werks erworben hat. Im Falle einer unechten Materialbeistellung ist der gesamte Vorgang als Tausch mit Baraufgabe zu behandeln (§ 3 Abs. 12 Satz 1 UStG). Das beigestellte Material gehört neben der Geldzahlung beim Werkunternehmer zum Lieferentgelt.

390 Im Umkehrschluß aus § 3 Abs. 4 UStG liegt eine **Werkleistung** demgegenüber immer dann vor, wenn der Unternehmer keinen selbstbestellten Hauptstoff, sondern allenfalls selbstgeschaffte Nebenstoffe bzw. Zutaten verwendet oder nur sein Handwerkszeug einsetzt. Dies ist dann der Fall, wenn der Besteller des Werkes den gesamten Hauptstoff beschafft (Materialbestellung) oder wenn bei der betreffenden Leistung kein Hauptstoff erforderlich ist. Eine Werkleistung liegt auch vor, wenn der Unternehmer sämtliche Hauptstoffe im Namen und für Rechnung des Bestellers erworben hat. Der Unternehmer wird hier als Erfüllungsgehilfe des Bestellers tätig. Werkleistungen werden wie sonstige Leistungen behandelt.

2.3.4.7 Ort der Leistung

391 Da nur Leistungen, die im Inland erbracht werden, nach § 1 Abs. 1 Nr. 1 UStG steuerpflichtig sind, ist es erforderlich, den Ort der Leistung zu bestimmen.

Die Lieferung wird dort ausgeführt, wo sich der Gegenstand zur Zeit der 392
Verschaffung der Verfügungsmacht befindet (§ 3 Abs. 6 UStG).

Etwas anderes gilt nur bei **Beförderungs- und Versendungslieferungen** 393
gemäß § 3 Abs. 7 UStG.

Eine **Beförderungslieferung** liegt vor, wenn der Unternehmer selbst oder 394
ein Gehilfe den Lieferungsgegenstand zum Leistungsempfänger befördert.
Eine **Versendung** im Sinne von § 3 Abs. 7 UStG liegt vor, wenn der
Unternehmer den Lieferungsgegenstand an einen Dritten z.B. an einen
Spediteur übergibt und ihn zum Leistungsempfänger befördern läßt.

Bei der Beförderung des zu liefernden Gegenstandes an den Abnehmer 395
oder in dessen Auftrag an einen Dritten, ist Ort der Lieferung dort, wo
die Beförderung beginnt. Bei der Versendung ist Ort der Lieferung, wo
der zu liefernde Gegenstand an den Beauftragten für die Versendung
übergeben wird.

Transportiert z.B. der Unternehmer L. selbst oder sein Gehilfe die 396
bestellte Ware von Köln nach München zum Abnehmer, so ist Ort der
Lieferung Köln, da dort die Beförderung begann.

Übergibt der Unternehmer L. die Ware in Düsseldorf dem Spediteur U., 397
um sie nach München zum Abnehmer zu transportieren, so ist Ort der
Lieferung Düsseldorf.

Die sonstige Leistung wird grundsätzlich dort ausgeführt, wo der Unter- 398
nehmer sein Unternehmen betreibt (§ 3a Abs. 1 UStG).

Ausnahmen von diesem Grundsatz sind in § 3a Absätze 2 und 3 UStG 399
normiert.

So ist Ort der Lieferung bei künstlerischer, wissenschaftlicher, unterrich- 400
tender, sportlicher, unterhaltender oder ähnlicher Leistungen dort, wo der
Unternehmer ausschließlich oder zum wesentlichen Teil tätig wird (§ 3a
Abs. 2 Nr. 3 UStG).

Vermittelt ein Handelsvertreter z.B. ein Geschäft zwischen einem Unter- 401
nehmer in München und einem Abnehmer in Köln, dann ist Ort des
Umsatzes und der Leistung Köln.

402 Schließlich ist Ort der Leistung abweichend von § 3a Abs. 1 UStG, wo der Empfänger sein Unternehmen betreibt, wenn der Empfänger Unternehmer im Sinne von § 2 UStG ist und eine sonstige Leistung im Sinne von § 3a Abs. 4 UStG vorliegt. Zu diesen sonstigen Leistungen gehören u.a.

403 – Leistungen, die der Werbung oder der Öffentlichkeitsarbeit dienen, einschließlich der Leistung der Werbemittler und der Werbeagenturen (§ 3a Abs. 4 Nr. 2 UStG),

404 – sonstige Leistungen aus der Tätigkeit als Rechtsanwalt, Patentanwalt, Steuerberater, Wirtschaftsprüfer, vereidigter Buchprüfer, Sachverständiger, Ingenieur, Aufsichtsratmitglied, Dolmetscher, Übersetzer, sowie Leistungen anderer Unternehmer, insbesondere die rechtliche, wirtschaftliche und technische Beratung (§ 3a Abs. 4 Nr. 3 UStG) und

405 – Die Datenverarbeitung (§ 3a Abs. 4 Nr. 4 UStG).

406 Führt beispielsweise ein Rechtsanwalt in Köln vor dem Landgericht in Köln einen Rechtsstreit für ein Unternehmen in Wien, dann ist Wien Ort der sonstigen Leistung und die Leistung damit steuerfrei. Führt der Anwalt den Rechtsstreit für einen in Wien ansässigen Nichtunternehmer, dann ist Ort der sonstigen Leistung Köln und es fällt Umsatzsteuer an.

407 Weitere Ausnahmen zu § 3a Abs. 1 UStG sind in den §§ 3 c und d UStG aufgeführt, auf die hier nur verwiesen sei.

2.3.4.8 Der Eigenverbrauch

408 Als Umsatz wird auch der Eigenverbrauch nach § 2 Abs. 1 Nr. 2 UStG angesehen.

409 Eigenverbrauch ist die tatsächliche, vom Willen des Untenehmers gesteuerte Wertabgabe aus dem Unternehmen zu unternehmensfremden Zwekken (BFH vom 3.11.1983, BStBl. II 1984, S. 169). Das Umsatzsteuergesetz unterscheidet zwischen Gegenstands-Leistungs- und Aufwandseigenverbrauch.

410 Ein **Gegenstandseigenverbrauch** ist gegeben, wenn ein Unternehmer Gegenstände seines Unternehmens für unternehmensfremde Zwecke

außerhalb des Unternehmens entnimmt (§ 1 Abs. 1 Nr. 2a UStG). Was Zweck des Unternehmens ist, ist aus dem Begriff des Unternehmers und des Unternehmens nach § 2 UStG zu ermitteln. Dem Gegenstandseigenverbrauch als Ersatztatbestand für die Lieferung unterliegt alles, was Gegenstand einer Lieferung sein kann.

Entnimmt z.B. ein Schreiner Holz aus seiner Werkstatt, um damit einen Gartenzaun für sein Privathaus zu fertigen, so liegt ein Gegenstandseigenverbrauch hinsichtlich des Holzes vor. **411**

Dem **Leistungseigenverbrauch** als Ersatztatbestand zur sonstigen Leistung unterliegt jede Leistung, die unter fremden Personen eine sonstige Leistung nach § 1 Abs. 1 UStG wäre (BFH vom 5.4.1984, BStBl. II 1984, S. 499). **412**

Dazu zählt die unternehmensfremde Nutzung eines Gegenstandes des Unternehmens, z.B. die private Nutzung eines unternehmenseigenen PKW, oder der unternehmensfremde Verbrauch sonstiger Leistungen, die der Unternehmer im Rahmen seines Unternehmens ausführt. **413**

Unter den **Aufwendungseigenverbrauch** fallen alle Aufwendungen, die dem Abzugsverbot als Betriebsausgaben nach § 4 Abs. 5 Nr. 1 bis 7 und Abs. 7 EStG unterliegen. **414**

So sind Bewirtungskosten die nach § 4 Abs. 5 Nr. 2 EStG die angemessene Höhe überschreiten, mit diesem übersteigenden Betrag als Aufwendungseigenverbrauch anzusehen und demgemäß der Umsatzsteuer zu unterwerfen. **415**

2.3.4.9 Steuerfreie Umsätze

In § 4 UStG sind steuerbare Umsätze normiert, die von der Umsatzsteuer befreit sind. Dazu gehören insbesondere: **416**

– Ausfuhrlieferungen und Lieferungen innerhalb der EG (§ 4 Abs. 1 Nr. 1 a und b EStG). **417**

418 – Umsätze, die im wesentlichen dem Bank- und Kapitalmarktgeschäft zuzuordnen sind (§ 4 Abs. 1 Nr. 8 UStG), wie z.B. die Kreditgewährung, Zahlungs- und Überweisungsverkehr, Geschäfte mit Wertpapieren, Bürgschaften etc.

419 – Umsätze aus Vermietung und Verpachtung (§ 4 Abs. 1 Nr. 9 UStG).

420 – Umsätze aus der Tätigkeit als Bausparkassenvertreter, Versicherungsvertreter oder Versicherungsmakler (§ 4 Abs. 1 Nr. 11 UStG).

421 – Umsätze aus der Tätigkeit als Arzt, Heilpraktiker, Krankengymnast, Hebamme u.ä. Berufen (§ 4 Abs. 1 Nr. 15 UStG) sowie

422 – die Lieferung von Gegenständen und der Eigenverbrauch, wenn der Unternehmer die gelieferten oder entnommenen Gegenstände ausschließlich für eine nach § 4 Nr. 8 bis 27 UStG steuerfreie Tätigkeit verwendet hat. Dasselbe gilt für die Verwendung von Gegenständen für Zwecke die außerhalb des Unternehmens liegen, wenn die Gegenstände im Unternehmen ausschließlich für eine nach § 4 Nr. 8 bis 27 UStG steuerfreie Tätigkeit verwendet wurden (§ 4 Abs. 1 Nr. 28 UStG).

423 Nutzt beispielsweise ein Arzt, der ausschließlich steuerfreie Umsätze nach § 4 Abs. 1 Nr. 14 UStG erbringt, seinen PKW zu 50 % privat, so stellt die private PKW-Nutzung einen Verwendungseigenverbrauch nach § 1 Abs. 1 Nr. 2b dar. Dieser ist nach § 4 Nr. 28 b UStG steuerfrei. Durch die Befreiung des Verwendungseigenverbrauches von der Umsatzsteuer wird die doppelte Belastung mit Umsatzsteuer vermieden. Der Arzt konnte für den PKW keinen Vorsteuerabzug geltend machen nach § 15 Abs. 2 UStG, da er den PKW nur für steuerfreie Zwecke verwendet hat (§ 4 Abs. 1 Nr. 14 UStG).

424 – Steuerfrei sind zudem die Umsätze, die ein Kleinunternehmer tätigt (§ 19 Abs. 1 UStG).

425 Ein Kleinunternehmen ist gegeben, wenn der Umsatz im vorangegangenen Kalenderjahr 25.000 DM nicht überstiegen hat und im laufenden Kalenderjahr 100.000 DM voraussichtlich nicht übersteigen wird.

– Verzicht auf die Steuerbefreiung (§ 9 UStG)

Auf die Steuerbefreiung nach § 4 Abs. 1 Nr. 8 a bis g Nr. 9 a und Nr.   **426**
12, 13 und 19 UStG kann der Unternehmer verzichten (§ 9 Abs. 1
UStG), wenn die Leistung an einen Unternehmer für sein Unternehmen erfolgt. Diese Regelung hat den Sinn, dem Unternehmer den Vorsteuerabzug zu ermöglichen, der für steuerfreie Lieferungen und sonstige Leistungen nicht zulässig ist (§ 15 Abs. 3 UStG). Es empfiehlt
sich auf die Steuerbefreiung zu verzichten, wenn der Unternehmer Lieferungen oder sonstige Leistungen für sein Unternehmen erhält, die mit
den steuerfreien Umsätzen in Bezug stehen und die Vorsteuer, die
Umsatzsteuerschuld ausgleicht oder zu einer Erstattung führt.

– Der Kleinunternehmer kann ebenfalls auf die Steuerbefreiung verzich-   **427**
ten nach § 19 Abs. 2 UStG. Sinn des Verzichts ist auch hier die Möglichkeit des Vorsteuerabzugs.

2.3.4.10 Bemessungsgrundlage

– Entgelt bei Lieferungen und sonstigen Leistungen

Bemessungsgrundlage bei Lieferungen und sonstigen Leistungen ist das   **428**
Entgelt (§ 10 Abs. 1 UStG). Entgelt ist alles, was der Leistungsempfänger aufwendet, um die Leistung zu erhalten, abzüglich der Umsatzsteuer (§ 10 Abs. 1 Satz 2 UStG). Maßgeblich ist die tatsächliche
Gegenleistung, auch wenn sie nicht dem Wert der Leistung entspricht.

Zum Entgelt zählen auch freiwillige Zahlungen, wie z.B. Trinkgelder,   **429**
wenn zwischen der Zuzahlung und der Leistung des Unternehmens
eine innere Verknüpfung besteht (BFH vom 17.2.1972, BStBl. II 1972,
S. 405).

Dies ist beispielsweise bei einem selbständigen Taxifahrer der Fall, der   **430**
von seinen Fahrgästen Trinkgeld erhält. Zum Entgelt gehören jedoch
nicht die an Angestellte des Unternehmens, wie z.B. Kellner, gezahlten
Trinkgelder.

Weiter gehören zum Entgelt Zahlungen des Leistungsempfängers an   **431**
einen Dritten, sofern sie für Rechnung des leistenden Unternehmers
entrichtet werden.

432 Zum Entgelt zählt weiterhin auch die Zugabe von Gegenständen und dasjenige, was ein anderer als der Leistungsempfänger dem Unternehmer für die Leistung gewährt. Für die Annahme von zusätzlichem Entgelt in letzterem Fall ist Voraussetzung, daß ein unmittelbarer wirtschaftlicher Zusammenhang zwischen der Leistung des Unternehmers und der Zuwendung des Dritten feststellbar ist (Abschnitt 150 UStR 1993). Ein zusätzliches Entgelt liegt beispielsweise bei Frachtbeihilfen für die Versendung des Liefergegenstandes vor.

– Bemessungsgrundlage für den Eigenverbrauch

433 Da dem Eigenverbrauch kein Leistungsaustausch zugrundeliegt, müssen Ersatzwerte anstatt des Entgeltes als Bemessungsgrundlage herangezogen werden.

434 Bemessungsgrundlage für den Gegenstandseigenverbrauch ist nach § 10 Abs. 4 Nr. 1 UStG der **Einkaufspreis** für den Gegenstand bzw. für einen **gleichartigen Gegenstand** zum Zeitpunkt der Entnahme zuzüglich der Nebenkosten.

435 Der Preis für einen gleichartigen Gegenstand ist als Bemessungsgrundlage heranzuziehen, wenn der Gegenstand bereits der Abnutzung unterlag oder es sich um Saisonartikel handelt und so der ursprüngliche Einkaufspreis nicht dem Preis für einen gleichartigen Gegenstand entspricht. Wurde der Gegenstand im Unternehmen hergestellt, so sind die Selbstkosten abzusetzen.

436 Bemessungsgrundlage für den Leistungseigenverbrauch sind nach § 10 Abs. 4 Nr. 2 UStG die bei der Ausführung des Umsatzes (des Eigenverbrauches) entstandenen Kosten.

437 Nutzt beispielsweise ein Unternehmer einen unternehmenseigenen PKW privat, so sind die anteiligen Kosten für die private Nutzung an den Gesamtkosten Bemessungsgrundlage.

438 Für den Aufwendungseigenverbrauch bilden die Bemessungsgrundlage die Aufwendungen, die nach § 4 Abs. 5 und 7 EStG sowie § 12 EStG nicht als Betriebsausgaben abgezogen werden dürfen (§ 10 Abs. 4 Nr. 3 EStG).

Beim Verwendungseigenverbrauch ist bei der Feststellung der Bemes- **439**
sungsgrundlage das Urteil des EuGH vom 27.6.1989, HFR 1989, S. 518
zu berücksichtigen.

Der Entscheidung lag folgender Fall zugrunde:

Ein Unternehmer verwendet einen PKW, den er von einer Privatperson **440**
erworben hat, zur Ausübung seiner beruflichen Tätigkeit und auch für
private Zwecke. Nach § 1 Abs. 1 Nr. 2b UStG hat das Finanzamt die
private Nutzung des dem Unternehmen dienenden PKW als Verwendungseigenverbrauch der Umsatzsteuer unterworfen. Nach § 10 Abs. 4
Nr. 2 UStG hat sie die Privatnutzung mit den darauf entfallenden Kosten
bemessen. Zu den Kosten hat es auch die anteilige Absetzung für Abnutzung (AfA) des PKW gerechnet.

Der EuGH hat entschieden, daß Art. 6 Abs. 2 Satz 1 a der 6. EG-Richtli- **441**
nien zur Harmonisierung der Umsatzsteuer vom 17.5.1977 es ausschließt,
die auf die private Nutzung entfallende AfA eines dem Unternehmen dienenden Gegenstandes als Verwendungseigenverbrauch zu besteuern,
wenn der Gegenstand wegen Erwerbes von einem Nichtunternehmer
nicht zum Vorsteuerabzug berechtigt hat, da ansonsten eine Doppelsteu-
erbelastung eintreten würde.

Aufgrund dieses EuGH-Urteils gilt nun folgende allgemeine Regel für die **442**
Bemessungsgrundlage bei Verwendungseigenverbrauch:

Die auf die private Nutzung entfallende AfA eines dem Unternehmen **443**
dienenden Gegenstandes ist nicht Bestandteil der Bemessungsgrundlage,
wenn der Unternehmer den Gegenstand

- von einem Nichtunternehmer oder

- aus dem nichtunternehmerischen Bereich eines anderen Unternehmens
  oder

- aufgrund einer nach § 4 Nr. 8 bis 28 UStG steuerfreien Lieferung oder

- von einem Kleinunternehmer im Sinne von § 19 Abs. 1 UStG erworben
  und deshalb kein Recht auf Vorsteuerabzug hat.

444 Dies gilt auch, wenn der Unternehmer den Gegenstand aus einem nichtunternehmerischen Bereich in das Unternehmen überführt hat und weiter teilweise privat nutzt.

445 Andere anteilige Kosten, die vom Vorsteuerabzug ausgeschlossen sind, wie KFZ-Steuer und Versicherungsprämie, bleiben jedoch Bestandteil der Bemessungsgrundlage (BMF vom 29.12.1989, BStBl. I 1990, S. 35).

– Änderung der Bemessungsgrundlage

446 **Spätere Einflüsse** auf die Bemessungsgrundlage müssen berücksichtigt werden. § 17 UStG regelt die Änderung der Bemessungsgrundlage.

447 Eine Änderung der Bemessungsgrundlage ist die Minderung, Erhöhung und der Wegfall des Entgelts (§ 17 Abs. 1 UStG). Als Minderung der Bemessungsgrundlage kommen z.B. vertragliche Vereinbarungen wie Skonti, aber auch die Ausübung gesetzlicher Rechte wie die Minderung wegen Sachmangels (§§ 459, 462, 472 BGB) in Betracht.

448 Nach § 17 Abs. 2 UStG sind den o.g. Fallgruppen die Fälle der Uneinbringlichkeit des Entgelts, der Nichterbringung der Leistung nach Entgeltsentrichtung und die Rückabwicklung der Leistung gleichgestellt.

449 Eine uneinbringliche Forderung liegt nach § 17 Abs. 2 Nr. 1 UStG vor, wenn der Gläubiger die Forderung weder rechtlich noch tatsächlich durchsetzen kann (BFH-Beschluß vom 10.3.1983, BStBl. II 1983, S. 389). Dies gilt auch im Falle vorübergehender Uneinbringlichkeit. Geht die Forderung später dann doch ein, so ist erneut die Änderung der Bemessungsgrundlage zu berücksichtigen (§ 17 Abs. 2 Nr. 1 Satz 2 UStG).

450 Bei der Änderung der Bemessungsgrundlage hat nach § 17 Abs. 1 UStG der Unternehmer, der den Umsatz ausgeführt hat, den dafür dem Finanzamt geschuldeten **Umsatzsteuerbetrag zu berichtigen**. Der Unternehmer an den dieser Umsatz ausgeführt worden ist, hat den dafür in Anspruch genommenen **Vorsteuerabzug zu berichtigen**. Die Berichtigung ist in dem Besteuerungszeitraum vorzunehmen, in dem die Änderung der Bemessungsgrundlage eingetreten ist.

Mindert sich z.B. der Kaufpreis eines Autos, daß im Januar 1992 **451**
gekauft wurde wegen eines Mangels von 30.000 DM auf 25.000 DM
und wird die Minderung im August 1992 erklärt und akzeptiert, so
ermäßigt sich beim Leistenden die Umsatzsteuerzahllast im Voranmeldungszeitraum August um 750 DM. Der Leistungsempfänger hat im
August 1992 seine Vorsteuer um 750 DM zu vermindern, so daß sich
seine Umsatzsteuerzahllast erhöht.

2.3.4.11 Steuersatz

Grundsätzlich beträgt die Steuer 15 v.H. der Bemessungsgrundlage (§ 12 **452**
Abs. 1 UStG).

Ausnahmsweise ist ein Steuersatz von 7 v.H. der Bemessungsgrundlage **453**
bei den in § 12 Abs. 2 UStG aufgeführten Umsätzen zu berechnen. Aus
dem Katalog der mit 7 v.H. belegten Umsätze seien besonders die Lieferung und der Eigenverbrauch von Lebensmittel (§ 12 Abs. 1 Nr. 1 UStG
i.V.m. der Anlage dazu) und von Büchern. Zeitungen, Noten und anderen
Erzeugnissen des grafischen Gewerbes erwähnt.

2.3.4.12 Entstehung der Steuerschuld und Steuerberechnung

Die Steuer wird durch Anwendung des Steuersatzes auf die Bemessungs- **454**
grundlage, das Entgelt, für den Besteuerungszeitraum errechnet. Maßgeblich ist grundsätzlich das **vereinbarte Entgelt** (Soll-Versteuerung § 16 Abs.
1 UStG). Bei der Sollversteuerung genügt es für die Berechnung und Entstehung der Steuer, daß der Unternehmer die Leistung ausgeführt hat und
der Leistungsempfänger demnach das Entgelt, wie es vereinbart war,
schuldet. Ob der Unternehmer dieses Entgelt auch tatsächlich erhält, ist
zunächst für die Besteuerung im Besteuerungszeitraum unmaßgeblich. Die
Steuer entsteht in dem Zeitraum, in dem die Lieferung ausgeführt worden
ist.

Liefert z.B. der Schreiner X im April 1993 für 1.500 DM ein Gartentor an **455**
seinen Abnehmer, so hat er, unabhängig von der Bezahlung des Kaufprei-
ses im April 1993 die Umsatzsteuer in Höhe von 225 DM zu berechnen
und in der Voranmeldung für April 1993 anzugeben.

456 Ausnahmsweise kann die Berechnung der Umsatzsteuer nach **vereinnahmten Entgelten** erfolgen (Ist-Versteuerung § 16 Abs. 1 i.V.m. § 20 UStG).

457 Folgende Voraussetzungen für die Besteuerung nach vereinnahmten Entgelten müssen nach § 20 UStG vorliegen:

- Der Gesamtumsatz des Vorjahres betrug nicht mehr als 250.000 DM oder

- der Unternehmer ist nach § 148 AO von der Buchführungspflicht befreit oder der Unternehmer ist Freiberufler im Sinne des § 18 Abs. 1 Nr. 1 EStG und

- das Finanzamt hat die Berechnung der Umsatzsteuer nach vereinnahmten Entgelten auf Antrag des Unternehmers gestattet.

458 Die Umsatzsteuer wird in dem Besteuerungszeitraum berechnet, in dem das Entgelt für die Leistung beim Unternehmer eingeht. Die Umsatzsteuer entsteht bei Einnahme des Entgeltes.

459 Wäre der Schreiner aus vorstehendem Beispiel „Ist-Versteuerer" und erhielte er das Entgelt für das im April 1993 gelieferte Gartentor erst im Juni 1993, so hat er für Juni 1993 die Umsatzsteuer zu berechnen und in der Voranmeldung anzugeben.

Von der nach § 16 Abs. 1 UStG berechneten Umsatzsteuer sind die in dem Besteuerungszeitraum fallenden Vorsteuerbeträge abzuziehen. Der verbleibende Betrag, die Umsatzsteuer-Zahllast, ist an das Finanzamt abzuführen. Sind die Vorsteuerbeträge höher als die Umsatzsteuerschuld, so erhält der Unternehmer eine Erstattung in Höhe der von ihm zu viel gezahlten Umsatzsteuer.

2.3.4.13 Der Vorsteuerabzug

460 Durch den Vorsteuerabzug wird gewährleistet, daß in der Regel nur der nichtunternehmerische Verbrauch mit Umsatzsteuer belastet ist.

– Voraussetzungen für den Vorsteuerabzug

Nach § 15 Abs. 1 UStG sind nur Unternehmer abzugsberechtigt, an die   **461**
ein anderer Unternehmer eine Lieferung oder sonstige Leistung
erbracht hat, die für das Unternehmen bestimmt war.

Die Vorsteuer muß in einer Rechnung gesondert ausgewiesen sein.   **462**

Eine Rechnung ist nach § 15 Abs. 1 Nr. 1 i.V.m. § 14 Abs. 4 UStG jede   **463**
Urkunde, mit der ein Unternehmer oder in seinem Auftrag ein Dritter
eine Lieferung oder sonstige Leistung gegenüber dem Leistungsempfänger abrechnet, gleichgültig wie diese Urkunde im Geschäftsverkehr
bezeichnet wird.

Die Rechnung muß folgende Angaben enthalten: **464**

*   Den Namen und die Anschrift des leistenden Unternehmers,   **465**

*   den Namen und die Anschrift des leistenden Empfängers,   **466**

*   die Menge und die handelsübliche Bezeichnung des Gegenstandes   **467**
   der Lieferung oder die Art und den Umfang der sonstigen Leistung,

*   den Zeitpunkt der Lieferung oder der sonstigen Leistung,   **468**

*   das Entgelt für die Lieferung oder sonstige Leistung und   **469**

*   den auf das Entgelt entfallenden Steuerbetrag.   **470**

Erleichterungen zum Formerfordernis nach § 14 Abs. 1 UStG sind für   **471**
bestimmte Rechnungen in den §§ 33, 34 UStG aufgeführt. Der Rechnung
gleichgestellt sind Gutschriften (§ 14 Abs. 5 UStG). Weist ein Unternehmer für eine Leistung einen höheren Steuerbetrag gesondert aus, als er
nach dem Gesetz für den Umsatz schuldet, so hat er den tatsächlichen
ausgewiesenen Betrag abzuführen (§ 14 Abs. 2 UStG). Der Leistungsempfänger kann diesen Betrag als Vorsteuer geltend machen. Die Rechnung
kann jedoch nach § 14 Abs. 1 UStG berichtigt werden (§ 14 Abs. 3 Satz 2
UStG).

472 § 14 Abs. 2 UStG gilt auch für Unternehmer, die Umsatzsteuer bei steuerfreien Leistungen und nicht steuerbaren Leistungen (z.B. unentgeltlichen, oder außerhalb des Erhebungsgebietes liegenden Leistungen) ausweisen (Abschnitt 189 UStR 1993).

473 Ebenso schuldet derjenige die ausgewiesene Umsatzsteuer, der in einer Rechnung einen Steuerbetrag ausweist, obwohl er zum gesonderten Ausweis der Steuer nicht berechtigt ist (§ 14 Abs. 3 UStG). Zum Steuerausweis sind nicht berechtigt:

474 – Kleinunternehmer nach § 19 Abs. 1 Satz 4 UStG, soweit sie nicht auf die Befreiung von der Umsatzsteuer nach § 19 Abs. 2 UStG verzichtet haben,

475 – Unternehmer, die eine Rechnung mit gesondertem Steuerausweis erteilt haben, obwohl sie keine Leistung ausgeführt haben (Schein- oder Gefälligkeitsrechnung),

– Nichtunternehmer.

476 Eine Berichtigung der Rechnung ist nach § 17 Abs. 1 grundsätzlich in den Fällen des § 14 Abs. 3 UStG nicht vorgesehen. Führt die Steuererhebung zu einer sachlichen Härte, so ist eine entsprechende Berichtigung aus Billigkeitsgründen zuzulassen (BFH vom 21.2.1980, BStBl. II 1980, S. 283).

– Vorsteuerabzug nach Durchschnittssätzen

477 Nach § 23 Abs. 1 Nr. 1 UStG i.V.m. § 69, 70 UStDV können die nach § 15 UStG abziehbaren Vorsteuerbeträge ausnahmsweise ohne Vorlage von Rechnungen durch Vomhundertsätze des Umsatzes als Durchschnittssätze ermittelt werden.

478 Voraussetzungen dafür sind, daß der Umsatz des Unternehmers im vorangegangenen Kalenderjahr 100.000 DM nicht überstiegen hat, keine Pflicht zur Buchführung besteht und das Unternehmen zu den in § 70 UStG aufgeführten Berufs- und Gewerbezweigen gehört. Der Unternehmer hat die Ermittlung der Vorsteuer nach Durchschnittssätzen beim Finanzamt zu beantragen. Zu den Unternehmen, die die Vorsteuer nach Durchschnittssätzen ermitteln können, gehören u.a.:

– Hoch- und Ingenieurhochbau: 5,5 v.H. des Umsatzes

– Personenbeförderung im Personenkraftwagen: 5,2 v.H. des Umsatzes

– Selbständige Mitarbeiter bei Bühne, Film, Funk, Fernsehen und Schall-
plattenproduzenten: 3,2 v.H. des Umsatzes

– Hochschullehrer, die einer freiberuflichen Nebentätigkeit nachgehen:
2,5 v.H. des Umsatzes

– Journalisten: 4,2 v.H. des Umsatzes

– Schriftsteller: 2,2 v.H. des Umsatzes

– Architekten: 1,7 v.H. des Umsatzes

– Rechtsanwälte und Notare: 1,3 v.H. des Umsatzes

– Patentanwälte: 1,7 v.H. des Umsatzes

– Wirtschaftliche Unternehmensberatung und Wirtschaftsprüfung: 1,5
v.H. des Umsatzes.

Mit den Durchschnittsätzen sind alle Vorsteuern abgegolten, die aus   479
Umsätzen an den Unternehmer herrühren, die nach dem Übergang zur
Besteuerung nach Durchschnittssätzen für das Unternehmen ausgeführt
worden sind. Vorsteuern, die aus Umsätzen vor der Wahl zur Besteuerung nach Durchschnittssätzen resultieren, können neben den Durchschnittssätzen geltend gemacht werden.

Eine Ermittlung der Vorsteuer nach Durchschnittssätzen empfiehlt sich,   480
wenn die tatsächlich angefallenen Vorsteuern niedriger sind als der
Durchschnittssatz.

– Ausschluß des Vorsteuerabzuges

Grundsätzlich ist der Vorsteuerabzug ausgeschlossen, wenn die Ein-   481
gangsleistung für

*   steuerfreie Umsätze oder

*   Umsätze im Ausland, die im Inland steuerfrei wären oder

119

* unentgeltliche Lieferungen und sonstige Leistungen, die im Falle der Entgeltlichkeit steuerfrei wären

verwendet wird (§ 15 Abs. 2 UStG).

482 Nach § 15 Abs. 3 UStG ist der Vorsteuerabzug bei steuerfreien Auslandsumsätzen nicht ausgeschlossen.

483 Verwendet der Unternehmer einen für sein Unternehmen gelieferten Gegenstand oder eine sonstige Leistung nur zum Teil zur Ausführung von steuerfreien Umsätzen, so ist der Teil der Vorsteuer nicht abziehbar, der den steuerfreien Umsätzen wirtschaftlich zuzurechnen ist (§ 15 Abs. 4 UStG).

– Berichtigung des Vorsteuerabzuges

484 Tritt eine Nutzungsänderung des Wirtschaftsgutes innerhalb von 5 bzw. 10 Jahren nach dem Ende des Kalenderjahres der erstmaligen Verwendung ein, so ist die Vorsteuer nach § 15 a UStG zu korrigieren. Von dieser Regelung werden alle Wirtschaftsgüter erfaßt, die einer mehrmaligen oder dauernden Nutzung zugeführt werden und deren Nutzung sich über mehrere Kalenderjahre erstreckt (Abschnitt 214 Abs. 1 und 2 UStR 1993). Das sind insbesondere Wirtschaftsgüter des Anlagevermögens.

485 Eine Änderung der Verwendung wird nach § 15 a Abs. 4 UStG auch dann angenommen, wenn das Wirtschaftsgut vor Ablauf der 5 bzw. 10 Jahre veräußert oder zum Eigenverbrauch entnommen wird. § 15 a Abs. 1 UStG findet auch in den Fällen Anwendung, in denen das Wirtschaftsgut im Kalenderjahr der erstmaligen Verwendung veräußert oder entnommen wird (§ 15 Abs. 5 UStG). Der Zeitraum, in dem eine Berichtigung bei Verwendungsänderung erfolgen muß, beträgt bei beweglichen Wirtschaftsgütern 5 Jahre seit dem Beginn der Verwendung, bei Grundstücken, Grundstücksrechten und Gebäuden auf fremden Grund und Boden 10 Jahre. Ist die betriebsgewöhnliche Nutzungsdauer kürzer, so ist diese maßgeblich (§ 15 a Abs. 2 Satz 2 UStG, Abschnitt 216 Abs. 1 UStR 1993).

Eine Berichtigung unterbleibt nach § 44 Abs. 1 UStDV, wenn angefal- **486**
lene Vorsteuern auf die Anschaffungs- und Herstellungskosten 500 DM
nicht übersteigen.

Für jedes Kalenderjahr der Änderung sind 1/5 bzw. 1/10 der geltend **487**
gemachten Vorsteuer zu berichtigen.

Beispiel:
Ein Wirtschaftsgut wird zu einem Preis von 100.000 DM zuzüglich **488**
15.000 DM Umsatzsteuer im Jahre 1985 angeschafft. Die Vorsteuer in
Höhe von 15.000 DM wird noch im selben Jahr abgezogen. 1986 bis 1991
wird das Wirtschaftsgut allein für steuerfreie Umsätze verwendet. Bei der
Berichtigung für die Folgejahre ist jeweils von 1/5 der gesamten Vorsteuer, also 3.000 DM auszugehen.

Kurz soll hier noch auf § 44 UStDV hingewiesen werden, der Vereinfach- **489**
ungsregeln für das Berichtigungsverfahren enthält. Aus Platzgründen
kann auf diese Vorschrift nicht detailliert eingegangen werden.

2.3.4.14 Aufzeichnungspflichten

§ 2 UStG und § 63 ff. UStDV verpflichten den Unternehmer alle **490**
Umstände aufzuzeichnen, die für die Besteuerung von Bedeutung sind.

2.3.4.15 Besteuerungsverfahren

– Voranmeldungsverfahren

Der Unternehmer hat bis zum 10. Tag nach Ablauf jedes Kalendermo- **491**
nats **(Voranmeldungszeitraum)** eine Voranmeldung auf amtlich vorgeschriebenem Vordruck abzugeben, in der er die Steuer für den Voranmeldungszeitraum (Vorauszahlung) selbst zu berechnen hat (§ 18 Abs. 1
UStG). Hierdurch wird erreicht, daß die Steuer zumindest zum größ-
ten Teil schon während des laufenden Besteuerungszeitraumes (Kalenderjahr) an das Finanzamt abgeführt wird.

492 Die Voranmeldung ist eine Steueranmeldung im Sinne des § 150 Abs. 1 Satz 2 AO. Weicht das Finanzamt von ihr nicht ab, so steht die Voranmeldung einer Steuerfestsetzung unter Vorbehalt der Nachprüfung (§ 168 Satz 1 AO) gleich. Solange·der Vorbehalt wirksam ist, kann die Steuerfestsetzung grundsätzlich jederzeit aufgehoben oder geändert werden. Führt die Voranmeldung jedoch zu einem Vorsteuerüberschuß, so tritt diese Wirkung erst mit Zustimmung des Finanzamtes ein (§ 168 Satz 2 AO). Bis dahin ist die Steueranmeldung ein Antrag auf Steuerfestsetzung im Sinne des § 155 Abs. 1 Satz 3 AO.

493 Wird die Steuer in der Umsatzsteuervoranmeldung unrichtig berechnet und weicht das Finanzamt von der in der Voranmeldung angegebenen Vorauszahlung ab, so ist ein schriftlicher Vorauszahlungsbescheid durch das Finanzamt zu erteilen (§ 18 Abs. 1 Satz 4 UStG). Vorauszahlungsfestsetzungen stehen nach § 164 Abs. 1 Satz 2 AO stets unter dem Vorbehalt der Nachprüfung, ohne daß es hierzu eines besonderen Hinweises im Bescheid bedürfte.

494 Die Vorauszahlung ist am 10. Tag nach Ablauf des Voranmeldungszeitraumes fällig (§ 18 Abs. 1 Satz 5 UStG).

495 Ein Vorsteuerüberhang ist ohne Rücksicht auf seine Höhe und ohne besonderen Antrag zu erstatten, wenn das Finanzamt den Überschuß nicht mit Steuerschulden verrechnet.

– Steuererklärung und Steuerfestsetzung

496 Nach § 18 Abs. 3 UStG hat der Unternehmer nach Ablauf des Besteuerungszeitraumes eine Steuererklärung abzugeben, in der er die Steuer bzw. den Überschuß zu seinen Gunsten selbst errechnet. Die Erklärung ist grundsätzlich bis spätestens 31.05. des Folgejahres abzugeben (§ 149 Abs. 2 AO).

497 Da der Steuerpflichtige die Steuer selbst ermittelt, handelt es sich wiederum um eine Steueranmeldung im Sinne des § 150 Abs. 1 Satz 2 AO. Weicht das Finanzamt in der vom Unternehmer in der eingereichten Steueranmeldung selbst berechneten Umsatzsteuer nicht ab, so wird keine Steuerfestsetzung durch Steuerbescheid durchgeführt (§ 167 Satz 1 AO).

Eine **Umsatzsteuerjahreserklärung** mit einer Zahllast, die nicht unter 498
der Summe der vorangemeldeten oder festgesetzten Vorauszahlung
liegt, steht einer Steuerfestsetzung unter Vorbehalt der Nachprüfung
gleich (§ 168 Satz 1 § 164 AO). Führt dagegen die in der Jahreserklärung berechnete Umsatzsteuer zu einem Vorsteuerüberschuß, d.h. zu
einem Vergütungsanspruch, oder zu einer geringeren Zahllast als der
Summe der für das Kalenderjahr angemeldet und festgesetzten Voraus-
zahlungsbeträge, so wirkt die Steueranmeldung erst nach Zustimmung
durch das Finanzamt als Steuerfestsetzung unter Vorbehalt der Nachprüfung (§ 168 Satz 2 AO). Bis dahin ist der Antrag auf Steuerfestsetzung (§ 155 Abs. 1 und 3 AO) zu behandeln. Die Zustimmung kann
formlos erfolgen, so kann z.B. in der Auszahlung des Vergütungsbetra-
ges die Zustimmung liegen.

Gibt der Steuerpflichtige keine Jahreserklärung ab oder will die Finanz- 499
behörde von der angemeldeten Steuer abweichen, so ist eine Steuerfestsetzung vorzunehmen und darüber ein Steuerbescheid zu erteilen (§ 167
Satz 1 AO).

Ergibt sich ein Unterschiedsbetrag zwischen der Summe der in der 500
Voranmeldung errechneten Umsatzsteuer und der Umsatzsteuerjahres-
schuld zugunsten des Finanzamtes, dann ist diese Umsatzsteuerschuld
einen Monat nach Eingang der Steueranmeldung und bei Festsetzung
durch das Finanzamt ein Monat nach Bekanntgabe des Steuerbescheides fällig (§ 18 Abs. 4 UStG).

Wird eine Umsatzsteuerjahreserklärung nicht abgegeben, so hat das 501
Finanzamt die Möglichkeit, die Besteuerungsgrundlage zu schätzen
(§ 162 AO).

2.3.5 Gewerbesteuer

Ebenso wie für die Umsatzsteuer, sollen hier auch die Grundlagen für die 502
Gewerbesteuer dargestellt werden.

2.3.5.1 Wesen der Gewerbesteuer

Die Gewerbesteuer ist eine Gemeindesteuer. Die Gemeinden setzen die 503
Gewerbesteuer fest und erheben sie. Dies erfolgt mit verfahrensmäßiger
Beteiligung der Finanzämter. Sie ermitteln die Besteuerungsgrundlagen

und legen einen einheitlichen Steuermeßbetrag fest. Die Finanzämter erlassen einen Gewerbesteuermeßbescheid, der Steuerpflicht, Grundlagen der Besteuerung und Steuermeßbetrag umfaßt. Auf den festgestellten einheitlichen Steuermeßbetrag wendet· die Gemeinde ihren „Steuersatz" (Hebesatz) an und erläßt einen Gewerbesteuerbescheid, der die zu zahlende Gewerbesteuer ausweist.

<u>Übersicht</u> – Festsetzung der Gewerbesteuer

<u>Gewerbeertrag (§ 7 GewStG)</u>		<u>Gewerbekapital (§ 12 Abs. 1 GewSt)</u>	
+	Gewinn aus Gewerbebetrieb Hinzurechnungen (§ 8 GewStG)	+	Einheitswert des gewerbl. Betriebs Hinzurechnungen (§ 12 Abs. 2)
–	Kürzungen (§ 9 GewStG)	–	Kürzungen (§ 12 Abs. 3)
=	Gewerbeertrag, auf volle 100 DM abzurunden (§ 11 Abs. 1 GewStG)	=	Gewerbekapital auf volle 1.000 DM abzurunden (§ 13 Abs. 1)
–	Freibetrag gem. § 11 Abs. 1 (36.000 DM für Einzelunternehmen) (ab 1.1.93 48.000 DM)	–	Freibetrag gem. § 13 Abs. 1 (120.000 DM)
×	verbleibender Betrag Steuermeßzahl, 1 bis 5 v.H. (§ 11 Abs. 2)	×	verbleibender Betrag Steuermeßzahl, 2 v.T. (§ 13 Abs. 2)
	Steuermeßbetrag nach dem Gewerbeertrag		Steuermeßbetrag nach dem Gewerbekapital

Einheitl. Steuermeßbetrag (§ 14 Abs. 1)
× Hebesatz der Gemeinde (§ 16)
= Gewerbesteuer

2.3.5.2 Gewerbesteuerpflicht

– Steuergegenstand

Steuergegenstand ist nach § 2 Abs. 1 GewStG jeder Gewerbebetrieb,   504
soweit er im Inland betrieben wird. Ob ein Gewerbebetrieb vorliegt, ist
anhand des § 15 EStG zu ermitteln. Daraus ergibt sich, daß nur der
Betrieb eines freien Mitarbeiters gewerbesteuerpflichtig sein kann,
wenn dieser Einkünfte aus Gewerbebetrieb im Sinne von § 15 EStG
bezieht. Hat er Einkünfte aus selbständiger Arbeit (§ 18 EStG) so liegt
keine Gewerbesteuerpflicht vor.

– Beginn und Ende der Steuerpflicht   505

Bei Einzelgewerbetreibenden beginnt die Gewerbesteuerpflicht in dem   506
Zeitpunkt, in dem erstmals alle Voraussetzungen für die Annahme
eines Gewerbebetriebes erfüllt sind. Bloße Vorbereitungshandlungen
z.B. die Anmietung eines Geschäftslokals oder der Einkauf von Ein-
richtungsgegenständen begründen die Gewerbesteuerpflicht noch nicht.

Die Steuerpflicht erlischt bei Einzelgewerbetreibenden mit der tatsäch-   507
lichen Einstellung des Betriebes. Eine tatsächliche Einstellung des Betriebes ist anzunehmen mit der völligen Aufgabe jeder werbenden Tätigkeit
(Sarrazin in Lenski/Steinberg § 2 Anm. 21). Die Frage der Beendigung
der Gewerbesteuerpflicht ist sowohl anhand äußerer Merkmale als auch
anhand innerer Vorgänge zu berücksichtigen. So kann eine Betriebsein-
stellung gewerbesteuerlich nicht anerkannt werden, wenn der Betrieb
zwar nach äußerlicher Betrachtung als eingestellt erscheint, die Einstellung aber von vornherein nur als vorübergehend gedacht ist oder weiterhin die Absicht besteht nachhaltig Erträge zu erzielen (Abschnitt 21
Abs. 1 und 2 GewStR).

– Steuerschulden

Schuldner der Gewerbesteuer und damit persönlich steuerpflichtig ist   508
wie bei der Umsatzsteuer der Unternehmer. Das ist derjenige, für dessen
Rechnung das Gewerbe betrieben wird (§ 5 Abs. 1 Satz 1 und 2
GewStG).

2.3.5.3 Besteuerungsgrundlagen

509 Besteuerungsgrundlagen für die Gewerbesteuer sind der Gewerbeertrag und das Gewerbekapital (§ 6 GewStG).

2.3.5.3.1 Besteuerung nach dem Gewerbeertrag

– Gewinn aus Gewerbebetrieb

510 Ausgangswert für die Ermittlung des Gewerbeertrags ist der nach den Vorschriften des Einkommensteuergesetzes zu ermittelnde Gewinn aus Gewerbebetrieb, vermehrt um **Hinzurechnungen** gemäß § 8 GewStG und vermindert um die **Kürzungen** gemäß § 9 GewStG.

511 Die Verweisung in § 7 GewStG auf den Gewinn aus Gewerbebetrieb, wie er sich nach den Vorschriften des Einkommensteuergesetzes ergibt, bedeutet keine rechtliche Bindung an die Ergebnisse der Einkommensteuerveranlagung. Der Gewinn ist vielmehr für die Anwendung des § 7 GewStG selbständig zu ermitteln. Das hat zur Folge, daß der Steuerpflichtige sowohl den Einkommensteuer- als auch den Gewerbesteuermeßbescheid mit der Begründung anfechten kann, der Gewinn aus Gewerbebetrieb sei unzutreffend ermittelt.

512 Der Gewerbesteuermeßbescheid ist allerdings nach § 35 b GewStG von Amts wegen aufzuheben oder zu ändern, wenn der Einkommensteuerbescheid aufgehoben oder geändert wird und die Aufhebung oder Änderung den Gewinn aus Gewerbebetrieb berührt.

– Hinzurechnungen und Kürzungen

513 Sinn der Hinzurechnungs- und Kürzungsvorschriften (§§ 8, 9 GewStG) ist die Ermittlung eines objektivierten Gewerbeertrages, losgelöst von den Beziehungen des Gewerbebetriebs zu dessen Inhabern. Ziel der Modifikation des einkommensteuerlichen Gewinns durch Hinzurechnung und Kürzungen ist – idealtypisch betrachtet – der objektive Gewerbeertrag eines Unternehmens, das mit eigenem Kapital arbeitet und – abgesehen vom Grundbesitz – über eigene Wirtschaftsgüter verfügt.

Hinzurechnungen kommen nur für solche Beträge in Betracht, die bei   514
der Ermittlung des Gewinns aus Gewerbebetrieb im Sinne des § 7
GewStG nach den Vorschriften des Einkommensteuergesetzes abgezogen worden sind (§ 8 GewStG).

Aus dem Katalog des § 8 GewStG sind folgende bedeutsame Hinzu-   515
rechnungsbestände herauszugreifen:

* Entgelte für Dauerschulden (§ 8 Nr. 1 GewStG).

Hier sind zwei Arten von Dauerschulden zu unterscheiden. Zum   516
einen fallen darunter Schulden, die wirtschaftlich mit der Gründung
oder dem Erwerb des Betriebes (Teilbetriebes) oder eines Anteils am
Betrieb oder mit einer Erweiterung oder Verbesserung des Betriebs
zusammenhängen. Zum anderen sind Schulden angesprochen, die der
nicht nur vorübergehenden Verstärkung des Betriebskapitals dienen
(Stäuber in Lenski/Steinberg § 8 Anm. 35).

Bei der ersten Alternative handelt es sich stets um Dauerschulden,   517
wenn sie nicht dem laufenden Geschäftsverkehr zuzuordnen sind.
Die Laufzeiten der Kredite sind unmaßgeblich.

Bei der zweiten Alternative sind in erster Linie Schulden, die der   518
dauernden Verstärkung des Betriebskapitals dienen von den Schulden abzugrenzen, die zum laufenden Geschäftsverkehr gehören. Zu
dieser Unterscheidung nach dem Charakter der Schuld führt als
zweiter Beurteilungsmaßstab ein zeitliches Moment (Stäuber in Len-
ski/Steinberg § 8 Anm. 67). Ist unklar, ob ein Geschäftsvorfall als
laufender einzuordnen ist, kann die lange Laufzeit eines Kredits
Anzeichen dafür sein, daß der Kredit das Betriebskapital nicht nur
vorübergehend verstärken soll und daher eine Dauerschuld vorliegt.

Schulden, die nicht zum laufenden Geschäftsverkehr gehören (z.B.   519
Hypothekenschulden, Investitionskredite zur Finanzierung des
Anlagevermögens, partiarische Darlehen und Bankdauerkredite)
sind grundsätzlich bei einer Laufzeit von 12 Monaten und mehr
Dauerschulden. Schulden, die zum laufenden Geschäftsverkehr
gehören (z.B. Warenschulden, Lohnrückstände) können nur unter
Berücksichtigung besonders langer Laufzeit Dauerschulden sein.

520   Kann z.B. ein Unternehmer mehrjährige Verträge mit Kunden nur unter der Voraussetzung abschließen, daß er diesem verzinsliche Kredite gewährt, und finanziert er diese Darlehen seinerseits durch Kreditaufnahme, führt diese bei ihm nicht nur zur vorübergehenden Stärkung des Betriebskapitals und damit zu Dauerschulden (BFH vom 11.12.1986, BStBl. II 1987, S. 443).

521   Hinzuzurechnen sind nach § 8 Abs. 1 GewStG außer festen und variablen Zinsen auch andere Vergütungen für die Nutzung von Fremdkapitalen wie z.B. Vergütungen für partiarische Darlehen, Genußrechte und Gewinnobligationen sowie das Damnum, das bei der Ausgabe von Darlehen vereinbart wird.

– Renten und dauernde Lasten (§ 8 Nr. 2 GewStG)

522   Die Hinzurechnung ist auf Renten und dauernde Lasten beschränkt, die wirtschaftlich mit der Gründung oder dem Erwerb des Betriebes (Teilbetriebes) oder eines Anteils am Betrieb zusammenhängen. Um eine Doppelbelastung mit Gewerbesteuer zu vermeiden, findet eine Hinzurechnung nicht statt, wenn diese Beträge beim Empfänger zur Steuer nach dem Gewerbeertrag heranzuziehen sind (§ 8 Nr. 2 Satz 2 GewStG). Zu den Renten und dauernden Lasten im Sinne des § 8 Nr. 2 GewStG gehören z.B. Erbbauzinsen und Pensionsverpflichtungen.

– Miet- und Pachtzinsen (§ 8 Nr. 7 GewStG)

523   Hinzuzurechnen ist die Hälfte der Miet- und Pachtzinsen für die Benutzung beweglicher Wirtschaftsgüter des Anlagevermögens, die im Eigentum eines anderen stehen (§ 8 Nr. 7 Satz 1 GewStG). Durch diese Hinzurechnung soll derjenige, der fremde Vermögensgegenstände in seinem Betrieb benutzt, dem selbstnutzenden Eigentümer entsprechender der Wirtschaftsgüter gleichgestellt werden. Dabei hat der Gesetzgeber typisierend unterstellt, daß der Gewerbeertrag eines mit eigenen Wirtschaftsgütern arbeitenden Unternehmens um die Hälfte der Miet- und Pachtzinsen höher wäre; in Höhe der anderen Hälfte wird der Anfall gewinnmindernder Aufwendungen für Abschreibung, Instandhaltung etc. unterstellt.

Auch hier unterbleibt die Hinzurechnung zur Vermeidung einer dop-   **524**
pelten gewerbesteuerlichen Erfassung, soweit die Miet- oder Pachtzinsen beim Empfänger zur Steuer nach dem Gewerbeertrag heranzuziehen sind. Ausnahmsweise findet eine Hinzurechnung jedoch dann statt,
wenn ein Betrieb oder Teilbetrieb im ganzen vermietet oder verpachtet
ist und der Betrag der Miet- oder Pachtzinsen 250.000 DM übersteigt.
Die damit drohende doppelte gewerbesteuerliche Erfassung wird durch
die Kürzungsvorschrift des § 9 Nr. 4 GewStG vermieden.

Von den Kürzungstatbeständen in § 9 GewStG ist besonders § 9 Nr. 1   **525**
GewStG herauszugreifen. Hierin ist eine Kürzung von 1,2 v.H. des
Einheitswertes des zum Betriebsvermögens des Unternehmers gehören-
den Grundbesitzes vorgesehen. Mit dieser Vorschrift soll vermieden
werden, daß der Grundbesitz neben der Grundsteuer noch zusätzlich
mit Gewerbesteuer belastet wird. Die Kürzung um 1,2 v.H. ist vom
Einheitswert zu bemessen. Maßgebend ist der Einheitswert, der auf den
letzten Feststellungszeitpunkt (Hauptfeststellungs-, Fortschreibungs-
oder Nachfeststellungszeitpunkt nach Bewertungsgesetz) vor dem Ende
des Erhebungszeitraums (§ 14 Abs. 2 GewStG) lautet. Während der
Geltungsdauer der auf den Wertverhältnissen ab 1. Januar 1964 beru-
henden Einheitswerte des Grundbesitzes sind Betriebsgrundstücke (§ 79
Abs. 1 Nr. 1 BewG) gemäß § 121a BewG mit 140 % des Einheitswertes anzusetzen.

– Maßgebender Gewerbeertrag

Nach § 10 Abs. 1 GewStG ist der Gewerbeertrag maßgebend, der in   **526**
dem Erhebungszeitraum bezogen worden ist, für den der einheitliche
Steuermeßbetrag (§ 14 GewStG) festgesetzt wird.

– Steuermeßzahl und Steuermeßbetrag (§ 11 GewStG)

Der Steuermeßbetrag nach dem Gewerbesteuerertrag ergibt sich im all-   **527**
gemeinen durch Anwendung eines Hundertsatzes (Steuermeßzahl) auf
den Gewerbeertrag (§ 11 Abs. 1 Satz 2 GewStG).

Der Gewerbeertrag ist gemäß § 11 Abs. 1 Satz 3 GewStG auf volle   **528**
100 DM nach unten abzurunden und bei natürlichen Personen um
einen Freibetrag von 48.000 DM zu kürzen.

529   Die Steuermeßzahl für den Gewerbeertrag beträgt im allgemeinen 5
v.H. (§ 11 Abs. 2 GewStG); bei bestimmten Arten von Gewerbetreibenden ermäßigt sie sich auf die Hälfte (§ 11 Abs. 3 GewStG).

530   Für Einzelunternehmen und Personengesellschaften wird ab 1993 die
Steuermeßzahl in der Weise gestaffelt, daß die Meßzahl im Anschluß an
den Zahlbetrag von 36.000 DM in Stufen von je 24.000 DM von 1 v.H.
auf volle Höhe von 5 v.H. ansteigt.

2.3.5.3.2 Besteuerung nach dem Gewerbekapital

531   – Begriff und Bedeutung des Gewerbekapitals

Als Gewerbekapital gilt nach § 12 Abs. 1 Satz 1 GewStG der Einheitswert des gewerblichen Betriebes im Sinne des Bewertungsgesetzes, vermehrt um Hinzurechnung (§ 12 Abs. 2 GewStG) und vermindert um
Kürzungen (§ 12 Abs. 3 GewStG).

532   Maßgebend ist das Gewerbekapital zu **Beginn des Erhebungszeitraumes**, für den der einheitliche Steuermeßbetrag festgesetzt wird (§ 12
Abs. 5 GewStG). Bei einer Betriebseröffnung im Laufe des Erhebungszeitraumes unterbleibt danach eine Besteuerung des Gewerbekapitals.

533   Sinn der Gewerbesteuer nach dem Gewerbekapital ist es, den Gemeinden, denen die Gewerbesteuer zusteht, in Jahren rückläufiger Unter-
nehmenserträge ein bestimmtes Mindestaufkommen an Gewerbesteuer
zu sichern.

534   Für die Unternehmen mit Geschäftsleitung im Gebiet der neuen Bundesländer entfällt für die Jahre 1991 bis 1994 die Gewerbesteuer vom
Gewerbekapital. Die Befreiung von der Gewerbekapitalsteuer gilt auch
für die Betriebsstätten, die ein „Ostunternehmer" im Gebiet der alten
Bundesländer unterhält (§ 37 GewStG).

535   – Einheitswert des gewerblichen Betriebes als Ausgangswert (§ 12 Abs. 1
GewStG).

Für die Ermittlung des Gewerbekapitals besteht eine absolute Bindung an
den Einheitswert des gewerblichen Betriebes im Sinne des Bewertungsge-

setzes. Der nach § 180 Abs. 1 Nr. 1 AO i.V.m. § 19 BewG ergehende Einheitswertbescheid ist Grundlagenbescheid im Sinne von § 171 Abs. 10 AO; der Gewerbesteuermeßbescheid ist Folgebescheid im Sinne von § 182 AO.

Maßgebend ist der Einheitswert, der auf den letzten Feststellungszeitpunkt (Hauptfeststellung-, Fortschreibungs- oder Nachfeststellungszeitpunkt) vor dem Ende des Erhebungszeitraumes lautet (§ 12 Abs. 1 Satz 2 vor).   536

– Hinzurechnung und Kürzungen   537

Hinzurechnung sind in § 12 Abs. 2 GewStG geregelt. Kürzungen sind in § 12 Abs. 3 GewStG normiert. Es handelt sich dabei um ähnliche Tatbestände wie in § 9 GewStG, so daß ein näheres Eingehen auf die einzelnen Voraussetzungen hier unterbleiben kann.

– Gewerbesteuermeßzahl und Gewerbesteuermeßbetrag (§ 13 GewStG)   538

Der Steuermeßbetrag ist durch Anwendung eines Tausendsatzes (Steuermeßzahl) auf das Gewerbekapital zu ermitteln (§ 13 Abs. 1 Satz 2 GewStG). Das Gewerbekapital ist auf volle 1000 DM nach unten abzurunden und um einen Freibetrag von 120.000 DM, höchstens jedoch in Höhe des abgerundeten Gewerbekapitals, zu kürzen (§ 13 Abs. 1 Satz 3 GewStG).

Die Steuermeßzahl für das Gewerbekapital beträgt im allgemeinen 2 v.T.   539
(§ 13 Abs. 2 GewStG).

2.3.5.4 Einheitlicher Steuermeßbetrag und Gewerbesteuermeßbescheid

Durch Zusammenrechnung der Gewerbesteuermeßbeträge, die sich nach   540
dem Gewerbeertrag und dem Gewerbekapital ergeben, wird ein einheitlicher Steuermeßbetrag gebildet (§ 14 GewStG).

Der einheitliche Steuermeßbetrag wird durch Steuermeßbescheid festge-   541
setzt (§ 184 Abs. 1 AO). Örtlich zuständig hierfür ist das Betriebsfinanzamt (§ 22 Abs. 1 AO), d.h. das Finanzamt, in dessen Bezirk sich die Geschäftsleitung eines Betriebes befindet. Der Gewerbesteuermeßbescheid ist dem Steuerpflichtigen bekanntzugeben (§ 122 AO). Die Bekanntgabe

des Gewerbesteuermeßbescheides erfolgt in der Praxis über die Gemeinden, denen das Finanzamt die für den Steuerpflichtigen bestimmte Ausfertigung des Gewerbesteuermeßbescheides übermittelt (§ 184 Abs. 3 AO).

542 Der Gewerbesteuermeßbescheid ist mit dem Einspruch anfechtbar (§ 348 Abs. 1 Nr. 2 AO).

2.3.5.5 Entstehung, Festsetzung und Erhebung der Gewerbesteuer

543 Der Gewerbesteueranspruch entsteht mit Ablauf des Erhebungszeitraums, für den die Festsetzung vorgenommen wird (§ 18 GewStG).

544 Der Steuerschuldner hat am 15. Februar, 15. Mai, 15. August und 15. November Vorauszahlungen zu entrichten (§ 19 GewStG). Die entrichteten Vorauszahlungen werden gemäß § 20 GewStG auf die Steuerschuld angerechnet.

545 Die Gewerbesteuer wird durch Erlaß des **Gewerbesteuerbescheides** von der berechtigten Gemeinde festgesetzt. Die Gewerbesteuer wird aufgrund des einheitlichen Steuermeßbetrags mit einem Hundertsatz (Hebesatz) festgesetzt und erhoben. Der Hebesatz, der mit dem Steuermeßbetrag multipliziert wird, wird von der hebeberechtigten Gemeinde bestimmt (§ 4, § 16 Abs. 1 GewStG).

546 Der Gewerbesteuerbescheid ist Folgebescheid zum Gewerbesteuermeßbescheid.

547 Hat der Steuerpflichtige begründete Einwendungen gegen die Steuerpflicht und den Ansatz der Besteuerungsgrundlagen oder den einheitlichen Gewerbesteuermeßbetrag so muß er gegen den Gewerbesteuermeßbescheid mit dem Einspruch, den er beim Finanzamt einlegen kann, vorgehen. Will sich der Steuerpflichtige gegen den Hebesatz der Gemeinde oder das Verfahren der Festsetzung durch die Gemeinde wenden, so ist nach den Vorschriften der Verwaltungsgerichtsordnung gegen den Gewerbesteuerbescheid der Widerspruch statthaft.

2.3.6 Die freie Mitarbeit als Nebentätigkeit

Ob die Mitarbeit als Haupt- oder Nebentätigkeit ausgeübt wird, spielt   **548**
für die Einkommen-, Umsatz- und Gewerbesteuer keine Rolle.

Eine Besonderheit gilt nur für bestimmte Tätigkeiten, die als Nebentätig-   **549**
keit ausgeübt werden. Nach § 3 Nr. 26 EStG sind nebenberufliche Tätigkeiten als Übungsleiter, Ausbildender, Erzieher oder eine vergleichbare
Tätigkeit nebenberufliche künstlerische Tätigkeiten oder die nebenberufliche Pflege alter, kranker oder behinderter Menschen im Dienst oder Auftrag einer inländischen juristischen Person des öffentlichen Rechts steuer-
lich begünstigt. Begünstigt sind danach Einnahmen für die bezeichneten
Tätigkeiten bis zur Höhe von 2.400 DM im Jahr. Diese Einnahmen sind
als Aufwandsentschädigung anzusehen und steuerfrei. Übersteigen die
Einnahmen den Betrag von 2.400 DM, dann sind die Überschüsse zu ver-
steuern.

2.4 Statusverfahren

Die Frage, ob ein Dienstverpflichteter Arbeitnehmer oder freier Mitarbei-   **550**
ter ist, hat, wie sich aus dem bisher Gesagten ergibt, weitreichende zivilrechtliche und sozialversicherungsrechtliche Bedeutung. Aber auch für
das Finanzamt ist die Beantwortung dieser Frage von Interesse, wenn
etwa ein „freier Mitarbeiter" Betriebsausgaben geltend macht, die bei
einem Arbeitnehmer nicht einkommensmindernd zu berücksichtigen sind
und Zweifel am wirklichen Status dieses Erwerbstätigen bestehen. So
kommt es in der Praxis nicht selten zu Rechtsstreitigkeiten zwischen
freien Mitarbeitern bzw. Arbeitnehmern und dem Dienstberechtigten
oder zwischen einem Träger der Sozialversicherung, z.B. Krankenkasse,
und dem Dienstberechtigten oder u.U. auch zwischen dem Sozialversicherungsträger und dem Arbeitnehmer bzw. selbständig Tätigen.

2.4.1 Das Verfahren vor dem Arbeitsgericht

Kommt es zwischen Dienstverpflichtetem und Dienstberechtigtem zum   **551**
Streit, welchen rechtlichen Status ersterer innehat, so ist grundsätzlich das
Arbeitsgericht zur Klärung dieses Streits zuständig. Dies gilt auch dann,
wenn die Parteien bisher davon ausgegangen sind, daß der Dienstver-

pflichtete freier Mitarbeiter ist. Macht nämlich jetzt der „freie Mitarbeiter" geltend, Arbeitnehmer zu sein, so liegt ein Streit „über das Bestehen oder Nichtbestehen eines Arbeitsverhältnisses vor", über den nach § 2 Abs. 1 Nr. 3 lit.b ArbGG die Gerichte für Arbeitssachen sachlich zuständig sind.

552 In **erster Instanz** muß sich vor dem Arbeitsgericht keine Prozeßpartei durch einen Rechtsanwalt vertreten lassen. Es herrscht **kein Anwaltszwang.** Selbstverständlich kann sich jede Partei auch schon im erstinstanzlichen Verfahren der Hilfe eines Rechtsanwalts bedienen. Es ist aber auch möglich, sich durch einen Vertreter der Gewerkschaft bzw. Arbeitgebervereinigung vertreten zu lassen. Ebenso ist die Prozeßvertretung durch den Vertreter einer selbständigen Arbeitnehmervereinigung mit sozial- oder berufspolitischer Zwecksetzung zulässig (vgl. § 11 Abs. 1 ArbGG).

553 Anders ist es im Berufungs- und im Revisionsverfahren vor dem Landesarbeitsgericht und vor dem Bundesarbeitsgericht. Hier ist ein Führen des Prozesses durch die Partei selbst nicht möglich. Vor dem Landesarbeitsgericht steht es der Partei jedoch frei, ob sie einen Rechtsanwalt oder einen Verbandsvertreter (Vertreter einer Gewerkschaft bzw. Arbeitgebervereinigung; nicht aber auch Vertreter einer selbständigen Arbeitnehmervereinigung mit sozial- oder berufspolitischer Zwecksetzung!) mit der Prozeßführung beauftragt. Im Revisionsverfahren vor dem Bundesarbeitsgericht besteht ein **uneingeschränkter Anwaltszwang.** Hier kann die Partei weder den Prozeß selbst führen noch kann sie sich durch einen Verbandsvertreter vertreten lassen. Sowohl Kläger wie auch Beklagter müssen die Hilfe eines vor einem deutschen Gericht zugelassenen Rechtsanwalts in Anspruch nehmen (Grunsky, Arbeitsgerichtsgesetz, § 11 Rdn. 22 ff).

554 Im arbeitsgerichtlichen Verfahren gelten grundsätzlich die Vorschriften der Zivilprozeßordnung, soweit im Arbeitsgerichtsgesetz nichts anderes bestimmt ist. Eine Abweichung besteht hinsichtlich der Kosten. Im Verfahren vor den Zivilgerichten muß bereits bei Klageerhebung ein Kostenvorschuß an die Gerichtskasse geleistet werden, bevor im Urteil das Gericht der unterlegenen Partei die Tragung sämtlicher Kosten auferlegt, d.h. der Gerichtskosten, der eigenen außergerichtlichen Kosten (z.B. Rechtsanwaltskosten) und der außergerichtlichen Kosten des Gegners. Anders ist es im arbeitsgerichtlichen Prozeß erster Instanz. Hier werden keine Kostenvorschüsse erhoben, und jede Partei hat, unabhängig, ob sie

den Prozeß gewinnt oder verliert, keinen Anspruch auf Entschädigung wegen Zeitversäumnis und keinen Anspruch auf Erstattung der Kosten der Prozeßbevollmächtigten (vgl. §§ 12, 12 a ArbGG). Wer sich also vor dem Arbeitsgericht von einem **Rechtsanwalt** vertreten läßt, muß dessen Honorar **in jedem Fall selbst bezahlen.**

Die Pflicht, den eigenen Rechtsanwalt selbst zu bezahlen, besteht nach § 12 a Abs. 1 Satz 3 ArbGG nicht für die Kosten, die dem Beklagten dadurch entstanden sind, daß der Kläger die Klage bei einem sachlich nicht zuständigen Gericht, also bei einem Amtsgericht, Landgericht, Verwaltungsgericht, Finanzgericht oder Sozialgericht, erhoben und dieses Gericht den Rechtsstreit an das Arbeitsgericht verwiesen hat. Dies bedeutet nach überwiegender Auffassung insbesondere, daß die dem Beklagten in dem anderen Rechtsweg entstandenen Anwaltskosten stets zu erstatten sind, ohne daß es darauf ankommt, ob sich der Beklagte vor dem Arbeitsgericht von demselben Anwalt vertreten läßt (Grunsky, § 12 a Rdn. 12 m.w.N.). Hat der Beklagte vor dem sachlich unzuständigen Gericht Widerklage erhoben, so sind ihm die dadurch entstandenen Anwaltskosten nicht zu ersetzen (LAG Baden-Württemberg, 9.8.1984, NZA 1985, 132). **555**

Im Verfahren vor dem Landesarbeitsgericht und dem Bundesarbeitsgericht gilt hinsichtlich der Rechtsanwaltskosten die Grundregelung des § 91 ZPO, nach der die unterlegene Partei auch die Anwaltskosten des Siegers zu tragen hat (Grunsky, § 12 a Rdn. 2). **556**

Die Frage, ob ein Dienstverpflichteter Arbeitnehmer oder freier Mitarbeiter ist, kann grundsätzlich auf zwei Wegen zur arbeitsgerichtlichen Klärung gebracht werden: **557**

– So kann im Zuge einer sog. Leistungsklage zu klären sein, ob der Kläger Arbeitnehmer oder freier Mitarbeiter ist. Die Leistungsklage dient der Durchsetzung eines vom Kläger behaupteten Anspruchs und kann u.a. auf eine Handlung des Beklagten, z.B. Zahlung eines geforderten Geldbetrages, gerichtet sein. Der Klageantrag einer Leistungsklage ist auf die Verurteilung des Beklagten zu der begehrten Leistung gerichtet („... wird verurteilt ... zu zahlen"). Das stattgebende Urteil stellt im Urteilstenor die Zahlungspflicht des Beklagten fest. **558**

559 Im Rahmen der rechtlichen Würdigung der von den Parteien vorgetragenen Tatsachen wird vom Gericht die Frage des rechtlichen Status des Klägers neben anderen Punkten als Voraussetzung des geltend gemachten Anspruchs geprüft. Begehrt ein vertraglich als freier Mitarbeiter eingestufter Dienstverpflichteter vom Dienstberechtigten etwa die Zahlung von Urlaubsentgelt, so kommt der Frage seines rechtlichen Status für den Ausgang des Verfahrens eine eminente Bedeutung zu. Ist er Arbeitnehmer, so steht ihm nach § 11 BUrlG das Urlaubsentgelt, untechnisch ausgedrückt, die Entgeltfortzahlung während des Urlaubs zu. Ist er dagegen freier Mitarbeiter, so kann ein derartiger Anspruch nur in Betracht kommen, wenn eine entsprechende vertragliche Regelung getroffen wurde, die allerdings ein Indiz für die Arbeitnehmereigenschaft des Dienstverpflichteten sein kann.

560 – Der rechtliche Status eines Dienstverpflichteten kann auch mit einer sog. Feststellungsklage ausdrücklich vom Arbeitsgericht geklärt werden (sog. Statusverfahren). Mit einer Feststellungsklage soll nicht ein bestimmter Anspruch gerichtlich durchgesetzt werden, sondern diese Klageart dient u.a. der Feststellung, daß zwischen den Parteien ein bestimmtes Rechtsverhältnis besteht bzw. nicht besteht.

561 Eine besondere Voraussetzung für diese Klageart ist, daß ein **rechtliches Interesse** an der alsbaldigen Feststellung gegeben ist. Ein solches Feststellungsinteresse liegt vor, wenn durch eine tatsächliche Unsicherheit, z.B. über die Art des Rechtsverhältnisses zwischen den Parteien dieses gefährdet, und das Urteil geeignet ist, die Unsicherheit zu beseitigen. Dies ist insbesondere dann der Fall, wenn das Urteil einen bestehenden Streit klärt und Richtschnur für das künftige Verhalten der Parteien sein kann. Ist dieses Feststellungsinteresse nicht gegeben, so ist die Klage zurückzuweisen. Dies ist u.a. dann der Fall, wenn bereits ein anderes Verfahren anhängig ist, in dem die begehrte Feststellung ohnehin geprüft werden muß, oder wenn bereits eine Leistungsklage, z.B. auf Zahlung eines Geldbetrages, erhoben werden kann. Dies gilt nicht, d.h. eine Feststellungsklage ist statthaft, wenn sie im konkreten Fall unter dem Gesichtspunkt der Prozeßwirtschaftlichkeit zu einer sinnvollen und sachgemäßen Erledigung der aufgetretenen Streitpunkte führt (vgl. Thomas-Putzo, § 256 I 5). Die Klage auf Feststellung, daß zwischen den Parteien ein Arbeitsverhältnis besteht, kann auch unabhängig davon erhoben werden, ob im Falle ihres positiven Ausgangs einzelne Arbeitsbedingungen umstritten sind. Es wäre nach Ansicht des Bundesarbeitsgerichts prozeßökonomisch wenig sinnvoll, den „Statusprozeß" von Anfang an mit diesem Prozeßstoff zu belasten. Es sei nicht auszuschließen, daß sich in Einzelfällen Probleme ergeben, wenn es darum geht, ein von den Parteien irrtümlich als freies Dienstverhältnis angesehenes Rechtsverhältnis in geeigneter Weise an die für ein Arbeitsverhältnis maßgebenden tariflichen und betrieblichen Bedingungen anzupassen. Solche Fragen können geklärt werden, wenn der Arbeitnehmerstatus des Dienstverpflichteten feststeht. In der Regel werden Verhandlungen zwischen den Parteien zu einer Klärung führen (BAG, 15.3.1978, DB 1978, 1035).

Haben die Vertragspartner in einem Statusverfahren den rechtlichen   **562**
Status des Dienstverpflichteten geklärt, so ist dieses Urteil für sie bindend, soweit keine Änderung der Sachlage eintritt.

2.4.2 Sozialrechtliches Statusverfahren

Das sozialrechtliche Statusverfahren betrifft die **Feststellung der Versi-**   **563**
cherungspflicht eines Dienstverpflichteten. Es gliedert sich in ein förmliches Verwaltungsverfahren, einschließlich eines Vorverfahrens gem. § 78 SGG, das dem Gerichtsverfahren zum Schutze der Sozialgerichte vor Überlastung vorgeschaltet ist, und dem eigentlichen Gerichtsverfahren, regelmäßig in Gestalt einer Anfechtungsklage, die mit einem Feststellungsantrag kombiniert werden kann.

2.4.2.1 Verwaltungsverfahren

In der Praxis wendet sich einer der Vertragsparteien, oftmals der Dienstver-   **564**
pflichtete, an die für den Einzug der Sozialversicherungsbeiträge zuständige Krankenkasse, § 28 i Abs. 1 SGB IV, um die Versicherungspflicht überprüfen zu lassen. Die Krankenkasse hat dann als Einzugsstelle über die Versicherungspflicht im Verwaltungsverfahren zu entscheiden, und zwar mit Verwaltungsakt, § 31 SGB X. Sehr häufig ist es auch, daß die Krankenkassen anläßlich einer Betriebsprüfung beim Dienstberechtigten auf das einvernehmliche mit dem Dienstverpflichteten praktizierte Mitarbeiterverhältnis stößt und zu dem Ergebnis kommt, daß entgegen der Auffassung der Vertragspartner eine Versicherungspflicht vorliegt. Die Krankenkasse wird dann aufgrund des Ergebnisses der Betriebsprüfung eine entsprechende Beitragsnachforderung mit Verwaltungsakt erheben. In beiden Fällen sind sowohl der Dienstberechtigte als auch der Dienstverpflichtete an dem Ver-

waltungsverfahren beteiligt, § 12 SGB X, und können den Verwaltungsakt mit Rechtsbehelf anfechten. Da sie sich gegen einen belastenden Verwaltungsakt wenden, ist gem. § 78 SGG ein Vorverfahren als Zulässigkeitsvoraussetzung für eine spätere Klage erforderlich.

565 Das Vorverfahren wird mit dem **Widerspruch** eröffnet. Nachdem der Verwaltungsakt mit Widerspruch angefochten worden ist, entscheidet über diesen Rechtsbehelf die durch die Satzung der jeweiligen Krankenkasse bestimmte Widerspruchsstelle, wenn dem Widerspruch zuvor nicht schon abgeholfen wird. Erst wenn von der durch die Satzung bestimmten Widerspruchsstelle als besonderen Ausschuß der Selbstverwaltung der Krankenkasse ein Widerspruchsbescheid erlassen worden ist, der dem Begehren des Widerspruchsführers nicht entspricht, ist der Weg zur Klageerhebung eröffnet.

566 Außerdem können bereits im Vorverfahren von der zuständigen Krankenkasse als Einzugsstelle der zuständige Rentenversicherungsträger und die Bundesanstalt für Arbeit gem. § 12 Abs. 2 SGB X hinzugezogen werden. Auch diese Sozialversicherungsträger können dann die erlassenen Verwaltungsakte anfechten, wobei allerdings gem. § 78 Abs. 1 Nr. 3 SGG sich ein Vorverfahren erübrigt und die Klage sogleich zulässig ist.

2.4.2.2 Klageverfahren

567 Wollen die Beteiligten gegen den Widerspruchsbescheid vorgehen, müssen sie Klage erheben. Es ist der Rechtsweg der Sozialgerichtsbarkeit eröffnet, § 51 SGG. Hier wird den Klägern Rechtsschutz gewährt.

568 Das Verfahren vor der Sozialgerichtsbarkeit kann nicht Gegenstand dieser Abhandlung sein, auch nicht in Grundzügen. Es sei nur erwähnt, daß gegen Urteile des Sozialgerichts die Berufung statthaft ist, § 143 SGG, und auch nicht etwa gem. § 114 SGG ausgeschlossen ist, wenn es um die Frage der Versicherungspflicht geht. Für die Berufung ist das jeweilige Landessozialgericht zuständig. In letzter Instanz ist dann in Ausnahmefällen die Revision bei dem Bundessozialgericht durchzuführen, wenn die Revision zugelassen werden sollte.

Ferner sei noch darauf hingewiesen, daß spätestens im Gerichtsverfahren **569** der zuständige Rentenversicherungträger und die Bundesanstalt für Arbeit gem. § 75 SGG beizuladen sind. Auch diese haben als Beigeladene die Möglichkeit, Rechtsmittel gegen die gerichtlichen Entscheidungen einzulegen.

2.4.2.3 Kosten und anwaltliche Vertretung

Für die gerichtlichen Kosten gilt der allgemeine Grundsatz der **Kostenfrei-** **570** **heit,** § 183 SGG. D.h., daß bei allen Gerichten der Sozialgerichtsbarkeit keine Gerichtskosten zu zahlen sind. Lediglich Körperschaften und Anstalten des öffentlichen Rechts (z.B. Krankenkassen und Versicherungsanstalten) haben für jede Streitsache, an der sie beteiligt sind, unabhängig vom Ausgang des Gerichtsverfahrens eine Pauschgebühr zu zahlen.

Zu den außergerichtlichen Kosten zählen alle für die Rechtsverfolgung **571** notwendigen Aufwendungen, wie z.B. Fahrtkosten sowie die Kosten für den Rechtsanwalt. Das Gericht hat im Urteil auszusprechen, wer diese Kosten zu tragen hat. Diese Entscheidung ergeht sowohl hinsichtlich der Kosten, die während des Klageverfahrens entstanden sind als auch hinsichtlich der Kosten, die im Vorverfahren entstanden sind, wenn z.B. ein Rechtsanwalt nicht nur während des Rechtsstreites, sondern bereits vorher im Vorverfahren bei der Einlegung und Begründung des Widerspruchs tätig geworden ist.

Kommt es nicht zu einem Rechtsstreit, weil bereits der Widerspruch **572** erfolgreich war, hat gem. § 63 SGB X „der Rechtsträger, dessen Behörde den angefochtenen Verwaltungsakt erlassen hat, demjenigen, der Widerspruch erhoben hat, die zur zweckentsprechenden Rechtsverfolgung oder Rechtsverteidigung notwendigen Aufwendungen zu erstatten." Ist ein Rechtsanwalt tätig geworden, so gehören seine Gebühren und Auslagen zu diesen Aufwendungen, und werden erstattet, wenn die Zuziehung des Rechtsanwalts notwendig war. Hier hat die Behörde die Kostenentscheidung zu treffen und auf Antrag den Betrag der zu erstattenden Aufwendungen festzusetzen.

Der Rechtssuchende kann sich der Hilfe eines Rechtsanwalts bedienen, er **573** muß dies aber nicht, auch nicht vor dem Sozialgericht. Lediglich in Verfahren vor dem BSG müssen sich gem. § 166 SGG die Beteiligten durch

Prozeßbevollmächtigte vertreten lassen. Als Prozeßbevollmächtigter ist jeder bei einem deutschen Gericht zugelassene Rechtsanwalt vor dem BSG zugelassen. Der Vertretungszwang vor dem BSG dient dem Interesse der Beteiligten und der Rechtspflege, weil rechtlich nicht bewanderte Rechtssuchende die Erfolgsaussichten einer Revision regelmäßig nicht abschätzen können. Ein vor dem BSG zugelassener Prozeßbevollmächtigte kann im Interesse seines Mandanten und der Gerichte vermeiden, daß unsinnige Revisionen oder Nichtzulassungsbeschwerden eingelegt werden; dafür nimmt der Gesetzgeber in Kauf, daß der Rechtsschutz durch den Vertretungszwang allgemein verteuert wird (Meyer/Ladewig § 166 SGG, Rdn. 1).

2.4.3 Steuerrechtliches Statusverfahren

574 Im Bereich des Steuerrechts kommt es nicht zwischen freiem Mitarbeiter und Auftraggeber zum Streit über die Art des „Arbeitsverhältnisses". Hier besteht Streit zwischen dem Finanzamt als Behörde der Finanzverwaltung und dem Auftraggeber oder dem freien Mitarbeiter als Steuersubjekt hinsichtlich der Qualifizierung des Arbeitsverhältnisses.

575 Das Finanzamt kann im Rahmen einer Lohnsteuer-Außenprüfung beim Auftraggeber oder einer Betriebsprüfung aufgrund des Arbeitsvertrages oder der Arbeitsumstände zu dem Ergebnis kommen, daß keine freie Mitarbeit gegeben ist.

576 Der Arbeitgeber hat dann Lohnsteuer für den Mitarbeiter abzuführen und der Arbeitnehmer wird mit Einkünften aus nichtselbständiger Arbeit (§ 19 EStG) zur Einkommensteuer veranlagt.

577 Das Finanzamt wird für die Zukunft entsprechende Steuerbescheide erlassen und bereits ergangene Steuerbescheide nach § § 172, 173 AO aufheben, bzw. ändern.

2.4.3.1 Verwaltungsverfahren

Gegen die Steuerbescheide kann der Steuerpflichtige **Einspruch einlegen** 578
(§ 348 AO). Er hat den Einspruch **schriftlich** bei dem Finanzamt einzu-
reichen, daß den anzufechtenden Bescheid erlassen hat (§ 357 AO). Es
empfiehlt sich grundsätzlich alle Bescheide anzufechten, insbesondere die
Einkommen- und Umsatzsteuerbescheide.

Der Einspruch ist **innerhalb eines Monats** nach Bekanntgabe des 579
Bescheides einzulegen (§ 355 AO). Über den Einspruch entscheidet das
Finanzamt, das den Bescheid erlassen hat, durch Einspruchsentscheidung
(§ 367 AO). Anders als im Widerspruchsverfahren im sonstigen Verwal-
tungsbereich hat der Einspruch keinen Devolutiveffekt, d.h. über den
Einspruch wird nicht von der übergeordneten Behörde entschieden, sondern von der erlassenden Behörde selbst (Tipke in Tipke/Kruse FGO/
AO § 367 Anm. 1). Es ist lediglich ein anderes Sachgebiet für die Einspruchsentscheidung als für den Erlaß des Steuerbescheides zuständig.

Eine weitere Besonderheit im Verhältnis zu anderen Verwaltungsverfah- 580
ren besteht darin, daß der Einspruch die Vollziehung des angefochtenen
Bescheides nicht hemmt (§ 361 Abs. 1 AO). Um eine drohende Vollstrek-
kung der fällig gewordenen Steuer während des Einspruchsverfahrens
abzuwenden, kann der Steuerpflichtige die Aussetzung der Vollziehung
zunächst beim Finanzamt beantragen (§ 361 Abs. 2 AO).

Die Aussetzung der Vollziehung soll erfolgen, wenn **ernstliche Zweifel** 581
an der Rechtmäßigkeit des angefochtenen Bescheides bestehen oder
wenn die Vollziehung für den Betroffenen eine unbillige, nicht im
öffentlichen Interesse gebotene Härte zur Folge hätte. Die Aussetzung
kann von einer Sicherheitsleistung abhängig gemacht werden. Gewährt
das Finanzamt keine Aussetzung der Vollziehung, so kann der Steuerpflichtige Aussetzung der Vollziehung beim Finanzgericht beantragen
(§ 69 Abs. 2 FGO). Ein derartiger Antrag beim Finanzgericht ist grundsätzlich erst nach Ablehnung eines entsprechenden Antrages durch das
Finanzamt zulässig.

Ausnahmsweise kann der Antrag sofort beim Finanzgericht gestellt wer- 582
den, wenn

583 – die Finanzbehörde zu erkennen gegeben hat, daß sie die Vollziehung nicht aussetzen werde,

584 – die Finanzbehörde über den Antrag ohne Mitteilung eines zureichenden Grundes in angemessener Frist (in der Regel mindestens 6 Monate) sachlich nicht entschieden hat,

585 – eine Vollstreckung droht oder

586 – es dem Beteiligten wegen der besonderen Umstände des Einzelfalles aus sonstigen Gründen nicht zumutbar ist, zunächst einen Antrag bei der Finanzbehörde zu stellen (List in Hübschmann/Hepp/Spitaler § 69 FGO Anm. 51 ff).

2.4.3.2 Finanzgerichtsverfahren

587 Hat der Einspruch keinen Erfolg, so kann der Steuerpflichtige **Anfechtungsklage** gegen die Bescheide erheben (§ 40 FGO).

588 Die Klage ist **innerhalb eines Monats** nach Bekanntgabe der Einspruchsentscheidung zu erheben (§ 47 Abs. 1 FGO).

589 Der Steuerpflichtige kann sich durch einen Bevollmächtigten, z.B. einen Steuerberater oder Rechtsanwalt, vertreten lassen. Zu beachten ist, daß dem Bevollmächtigten für das Einreichen der Prozeßvollmacht eine Frist mit ausschließender Wirkung vom Gericht gesetzt werden kann. Wird die Frist versäumt, ist die Klage unzulässig. Eine Wiedereinsetzung in den vorigen Stand nach § 56 FGO ist jedoch möglich.

590 Hat auch die Klage vor dem Finanzgericht für den Steuerpflichtigen keinen Erfolg gebracht, so kann er in die Revision zum BFH gehen.

591 Die Revision ist nach § 115 FGO i.V.m. Art. 1 Nr. 5 BFH EntlG unabhängig vom Wert des Streitgegenstandes nur statthaft, wenn das Finanzgericht die Revision zugelassen hat. Fehlt die Zulassung, so kann Beschwerde gegen die Nichtzulassung beim BFH erhoben werden. Dieser entscheidet über die Beschwerde durch Beschluß. Die Revision ist nur in den in § 115 Abs. 2 FGO genannten Fällen zuzulassen.

2.5 Folgen einer unzutreffenden Beurteilung des rechtlichen Status eines Dienstverpflichteten als freien Mitarbeiter durch die Vertragsparteien

Haben Dienstverpflichtete und Dienstberechtigte angenommen, der **592** Dienstverpflichtete sei freier Mitarbeiter und stellt sich heraus, daß diese Qualifizierung unzutreffend war, so hat dies weitreichende, insbesondere für den Arbeitgeber unerfreuliche Konsequenzen.

2.5.1 Sozialversicherungsrecht

Wird in einem sozialversicherungsrechtlichem Statusverfahren festgestellt, **593** daß anstelle des von den Vertragspartnern angenommenen und angestrebten freien Mitarbeiterverhältnisses auf Grund der tatsächlichen Handhabung der Vertragsbeziehung ein versicherungspflichtiges Beschäftigungsverhältnis vorliegt, so können allein auf den Dienstberechtigten erhebliche Unannehmlichkeiten zukommen. Er ist dann nicht nur für die Zukunft, sondern auch für die bereits vergangene Zeit, während derer die Vertragsbeziehung zum „freien Mitarbeiter" bestanden hat, verpflichtet, den Gesamtsozialversicherungsbeitrag zu entrichten.

Allein der Arbeitgeber ist gemäß § 28 e SGB IV zur Zahlung des **594** Gesamtsozialversicherungsbeitrages verpflichtet. Gegenüber dem Arbeitnehmer kann der Arbeitgeber dessen Beitragsanteil nur im Lohnabzugsverfahren geltend machen; und wenn dies – etwa auf Grund falscher Beurteilung des Status – in der Vergangenheit unterblieben ist, so kann dies grundsätzlich nur noch „ bei den drei nächsten Lohn- oder Gehaltszahlungen nachgeholt werden". Eine Ausnahme gilt nach § 28 g SGB IV nur, „wenn der Abzug ohne Verschulden des Arbeitgebers unterblieben ist". In den meisten Fällen wird jedoch ein Verschulden vorliegen, weil der Arbeitgeber sich in Zweifelsfällen bei der Einzugsstelle erkundigen muß (BAG, 12.7.1963, BB 1963, 1256). Solche Zweifel muß der Arbeitgeber bei Kenntnis unklarer Sach- und Rechtslage haben (LAG Bremen, 2.11.1966, BB 1967, 1126). Kein Verschulden des Arbeitgebers liegt vor, wenn er sich bei der Beurteilung z.B. auf eine falsche Auskunft der zuständigen Einzugsstelle verlassen hat. Das hilft ihm aber auch nicht weiter, wenn das Vertragsverhältnis mit dem vermeintlichen freien Mitarbeiter beendet ist und deshalb kein Lohnabzug mehr durchgeführt werden kann.

595 Eine andere als die oben beschriebene Möglichkeit der Erstattung von Arbeitnehmer-Beittragsanteilen hat der Arbeitgeber nicht, es sei denn, daß ausnahmsweise die Voraussetzung des § 826 BGB für einen Schadenersatzanspruch gegeben sind (BAG, 14.1.1988, DB 1988, 1550). Insbesondere ist es den Vertragspartnern nicht möglich, für diesen Fall die Vereinbarung zu treffen, daß der Mitarbeiter zu einer Beitragserstattung verpflichtet sei. Gemäß § 32 SGB I ist eine solche privatrechtliche Vereinbarung nichtig.

596 Erfahrungsgemäß stellt sich das Problem oft erst nach längerer Handhabung des Vertragsverhältnisses, wenn der Dienstverpflichtete plötzlich in eine Notlage gerät, dann Ansprüche aus der Sozialversicherung geltend machen möchte und so das sozialrechtliche Statusverfahren veranlaßt. Hier können erhebliche Beitragsnachforderungen auf den Dienstberechtigten zukommen. Es ist deshalb ratsam, bei Zweifeln, den Status eines Dienstberechtigten, für den keine Sozialversicherungsbeiträge abgeführt werden sollen, sogleich bei Beginn des Vertragsverhältnisses bei der Einzugsstelle prüfen zu lassen.

2.5.2 Arbeitsrecht

597 In arbeitsrechtlicher Hinsicht führt die unzutreffende Beurteilung des rechtlichen Status eines vermeintlich freien Mitarbeiters für den Arbeitgeber in dreierlei Hinsicht zu unangenehmen Folgen:

598 – Zum einen ist **das gesamte Arbeitsrecht** bei der Ausgestaltung des Vertragsverhältnisses **zu beachten.** Unerheblich ist, ob der „Auftraggeber", genauer, der Arbeitgeber dies wollte oder nicht. Ist das Rechtsverhältnis zwischen den Vertragspartnern ein Arbeitsverhältnis, so sind in jedem Fall die unter Rdn. 618 ff beschriebenen Regelungen maßgeblich. Der Dienstverpflichtete ist insbesondere als Arbeitnehmer „mitzuzählen", soweit arbeitsrechtliche Vorschriften für ihre Anwendbarkeit auf eine bestimmte Anzahl von Belegschaftsmitgliedern abstellen, z.B. nach § 23 Abs. 1 KSchG ist das Kündigungsschutzgesetz für sämtliche Arbeitnehmer eines Betriebs erst dann anwendbar, wenn dort in der Regel mindestens 6 Arbeitnehmer (ohne die Auszubildenden) beschäftigt sind und ihre Arbeitsverhältnisse bereits 6 Monate bestehen. Ein Betriebsrat kann nach § 1 BetrVG nur in Betrieben mit in der Regel mindestens 5 ständigen wahlberechtigten Arbeitnehmern, von

denen 3 wählbar sind, errichtet werden. Nach § 99 Abs. 1 BetrVG hat
der Betriebsrat bei personellen Einzelmaßnahmen (Einstellung, Eingruppierung, Umgruppierung, Versetzung) ein Mitbestimmungsrecht,
wenn im Betrieb in der Regel mehr als 20 wahlberechtigte Arbeitnehmer beschäftigt sind. Ist der vermeintlich freie Mitarbeiter tatsächlich
Arbeitnehmer, so wird auch er von einem bestehenden Betriebsrat
repräsentiert, und es sind auch für seine Person Beteiligungsrechte des
Betriebsrats zu beachten, z.B. Anhörung des Betriebsrats vor dem Ausspruch der Kündigung.

Wurde der Status eines Arbeitnehmers im Rahmen einer arbeitsrechtli-   **599**
chen Leistungsklage (vgl. Rdn. 558) festgestellt, so sind die im ggf.
stattgebenden Urteil ausgesprochenen Leistungspflichtigen (meist Zah-
lungspflichten) zu erfüllen. Es ist auch durchaus möglich, daß der
Arbeitgeber für vergangene Zeiten dem Arbeitnehmer **Nachzahlungen**
zu leisten hat, z.B. Entgeltfortzahlung im Krankheitsfall, falls der
Arbeitnehmer krank war und keine Lohn- bzw. Gehaltsfortzahlung
erhalten hat, und diese Ansprüche noch nicht verjährt oder durch auf
das Arbeitsverhältnis anzuwendende Tarifvorschriften verfallen sind.
Ansprüche auf Arbeitsvergütung und auf andere anstelle oder als Teil
des Lohns vereinbarte Leistungen verjähren in zwei Jahren, wobei diese
Verjährungsfrist mit dem Ende des Jahres beginnt, in dem der
Anspruch fällig geworden ist (§ 196 Abs. 1 Ziff. 8, 9, § 201 BGB).

– Eine weitere unangenehme Konsequenz der unzutreffenden Qualifika-   **600**
tion des rechtlichen Status des vermeintlich freien Mitarbeiters für den
Arbeitgeber kann darin bestehen, daß er nicht abgeführte Sozialversicherungsbeiträge nachzuentrichten hat, ohne in allen Fällen den Arbeitnehmer in Regreß nehmen zu können. Eine Erstattung rückständiger
Arbeitnehmeranteile zur Sozialversicherung kann der Arbeitgeber vom
Arbeitnehmer nur im sog. Lohnabzugsverfahren, also durch Einbehalt
von Teilen des geschuldeten Arbeitsentgelts geltend machen. Ist das
Arbeitsverhältnis beendet und kann folglich kein Zahlungsabzugsver-
fahren durchgeführt werden, so ist ein Erstattungsanspruch des Arbeitgebers ausgeschlossen (BAG, 12.10.1977, NJW 1978, 1766).

– Haben der Dienstberechtigte und Dienstverpflichtete in der Annahme,   **601**
der Dienstverpflichtete sei freier Mitarbeiter ein höheres Entgelt vereinbart als für die Erbringung der Arbeit als Arbeitnehmer bezahlt würde,
da der freie Mitarbeiter sich selbst und insbesondere in voller Höhe um

seine sozialversicherungsrechtliche Absicherung zu kümmern hat, so ist
es nicht möglich, diese bewußt höhere Vergütung auf das „normale"
Maß zu reduzieren. Der Arbeitgeber muß also nicht nur nach diesem
höheren Arbeitsentgelt berechnete Sozialversicherungsbeiträge nachzahlen und künftig weiterzahlen, sondern er muß, soweit der Arbeitnehmer mit einer vertraglichen Reduzierung des Arbeitsentgelts nicht
einverstanden ist, dieses höhere Entgelt auch künftig weiterzahlen. In
Betracht kommt hier lediglich der Ausspruch einer Änderungskündigung.

2.5.3 Steuerrecht

602 Wird im Rahmen einer Betriebsprüfung oder auf Grund der Aktenlage
vom Finanzamt das Dienstverhältnis nicht als freie Mitarbeit anerkannt,
sondern als Arbeitsverhältnis behandelt, so **ändert das Finanzamt rückwirkend die Besteuerung.**

2.5.3.1 Steuerliche Folgen für den Dienstverpflichteten

603 Im Rahmen der Einkommensteuer stellen die Einnahmen aus dem
Arbeitsverhältnis Einkünfte aus nichtselbständiger Arbeit gemäß § 19
Abs. 1 EStG dar. Sie unterliegen dem Lohnsteuerabzug nach § 38 EStG,
d.h. der Arbeitgeber muß die Lohnsteuer für Rechnung des Arbeitnehmers einbehalten und an das Finanzamt abführen. Zu diesem Zweck hat
der Arbeitnehmer seine Lohnsteuerkarte dem Arbeitgeber vorzulegen.

604 Die bereits vom Dienstverpflichteten bezahlte Einkommensteuer „als
freier Mitarbeiter" wird auf die Lohnsteuer angerechnet.

605 **Weitreichendere Folgen** als bei der Einkommensteuer hat die Annahme
eines Arbeitsverhältnisses bei der Umsatzsteuer. Wie unter 2.3.4.7. ausgeführt, hat der Arbeitnehmer die von ihm bezahlte Umsatzsteuer bei Lieferung oder Leistung für sein Unternehmen als Vorsteuer geltend gemacht.
Geht das Finanzamt nachträglich von einem Arbeitsverhältnis aus, fehlt
dem Dienstverpflichteten die Unternehmereigenschaft nach § 2 UStG.
Der Vorsteuerabzug ist daher ausgeschlossen. Das Finanzamt erläßt einen
Umsatzsteuerbescheid, der die infolge des nun unterbleibenden Vorsteuerabzugs noch zu zahlende Umsatzsteuer festsetzt. Der Arbeitnehmer

kann dagegen nicht einwenden, daß er als Nichtunternehmer nicht umsatzsteuerpflichtig. Diesem Einwand steht § 14 Abs. 3 UStG entgegen. Danach schuldet auch ein Nichtunternehmer die Umsatzsteuer, die er in einer Rechnung gesondert ausgewiesen hat.

Keine Probleme bereitet die Behandlung der Gewerbesteuer bei der nachträglichen Annahme eines Arbeitsverhältnisses. Der Gewerbesteuermeßbescheid und der Gewerbesteuerbescheid werden durch das Finanzamt bzw. die Gemeinde aufgehoben. Die bereits gezahlte Gewerbesteuer wird von der Gemeinde erstattet.   **606**

2.5.3.2 Steuerliche Folgen für den Dienstberechtigten

Für die Jahre, in denen der „freie Mitarbeiter" seine Einkünfte bereits versteuert hat, ergeben sich **für den Arbeitgeber** hinsichtlich der Einkommensteuer bzw. Lohnsteuer **keine großen Auswirkungen**. Die bisher als Betriebsausgaben gebuchten Honorare für Fremdleistungen finden nun als Lohnaufwand Eingang in die **Betriebsausgaben**. Der als Lohnaufwand zu buchende Betrag ist um die 15 % Umsatzsteuer zu erhöhen, die auf das Honorar des freien Mitarbeiters zu berechnen war.   **607**

Für den Zeitraum, für den eine Versteuerung der Einkünfte noch nicht erfolgt ist, hat der Arbeitgeber das Lohnsteuerabzugsverfahren durchzuführen.   **608**

Im Bereich der Umsatzsteuer hat die nachträgliche Annahme eines Arbeitsverhältnisses zur Folge, daß die dem Arbeitgeber vom Beschäftigten in Rechnung gestellte Umsatzsteuer nicht mehr dem Vorsteuerabzug unterliegt. Nach § 15 Abs. 1 UStG ist für den Vorsteuerabzug Voraussetzung, daß die Umsatzsteuer von einem Unternehmer in Rechnung gestellt worden ist. Durch den fehlenden Vorsteuerabzug erhöht sich für den Arbeitgeber die zu zahlende Umsatzsteuer. Er muß Umsatzsteuer **nachzahlen**.   **609**

2.6 Beteiligung des Betriebsrats bei der Beschäftigung freier Mitarbeiter

610 Der Betriebsrat ist Repräsentant der im Betrieb beschäftigten Arbeitnehmer, Auszubildenden und der in der Heimarbeit Beschäftigten, die in der Hauptsache für den Betrieb arbeiten. Die dem Betriebsrat im Betriebsverfassungsgesetz eingeräumten Mitwirkungsrechte beziehen sich auf die Rechte und Interessen der von ihm repräsentierten Mitarbeiter. Freie Mitarbeiter sind gerade nicht Arbeitnehmer, sondern selbständige Geschäftspartner des Arbeitgebers, so daß sie von der personellen betriebsverfassungsrechtlichen Zuständigkeit des Betriebsrats **nicht erfaßt werden**.

611 Soweit aber durch den Arbeitseinsatz betriebsfremder Personen, also auch freier Mitarbeiter, die Rechte und Interessen **der Betriebsbelegschaft** berührt werden, können Mitwirkungsrechte des Betriebsrats im Hinblick auf die Interessen der von ihm repräsentierten Arbeitnehmer berührt sein. Nach § 80 Abs. 1 BetrVG hat der Betriebsrat u.a. darüber zu wachen, daß „die zugunsten der Arbeitnehmer geltenden Gesetze, Verordnungen, Unfallverhütungsvorschriften, Tarifverträge und Betriebsvereinbarungen durchgeführt werden". Er ist nach § 80 Abs. 2 BetrVG zur Durchführung seiner Aufgaben nach dem BetrVG vom Arbeitgeber umfassend und rechtzeitig zu unterrichten. Die zur Durchführung seiner Aufgaben erforderlichen Unterlagen sind ihm auf Verlangen zur Verfügung zu stellen.

612 Neben dieser allgemeinen Aufgabenbeschreibung des Betriebsrats ist bei der Beschäftigung freier Mitarbeiter insbesondere sein Mitbestimmungsrecht bei personellen Einzelmaßnahmen nach § 99 BetrVG von Bedeutung. Danach hat der Arbeitgeber in Betrieben mit in der Regel mehr als 20 wahlberechtigten Arbeitnehmern den Betriebsrat vor jeder Einstellung, Eingruppierung, Umgruppierung und Versetzung zu unterrichten, dem Betriebsrat die erforderlichen Bewerbungsunterlagen vorzulegen und Auskunft über die Person der Beteiligten zu geben. Desweiteren hat der Arbeitgeber dem Betriebsrat unter Vorlage der erforderlichen Unterlagen Auskunft über die Auswirkungen der geplanten Maßnahme zu geben und seine Zustimmung zu dieser Maßnahme einzuholen. Bei Einstellungen und Versetzungen hat der Arbeitgeber insbesondere den in Aussicht genommenen Arbeitsplatz und die vorgesehene Eingruppierung mitzuteilen.

Führt der Arbeitgeber eine personelle Einzelmaßnahme i.S.d. § 99 **613**
BetrVG durch, ohne daß der Betriebsrat zugestimmt hat, so sind drei
Fallgruppen zu unterscheiden (Schaub § 241 VI):

– Hat der Arbeitgeber die personelle Einzelmaßnahme ohne Unterrich- **614**
  tung des Betriebsrats durchgeführt, so wird bei einer Einstellung die
  zivilrechtliche Wirksamkeit des abgeschlossenen Arbeitsvertrages durch
  die fehlende Zustimmung des Betriebsrats **nicht berührt** (BAG,
  2.7.1980, DB 1981, 272). Nach § 101 BetrVG kann der Betriebsrat beim
  Arbeitsgericht beantragen, den Arbeitgeber zu verpflichten, die personelle Einzelmaßnahme aufzuheben.

– Hat der Betriebsrat die personelle Einzelmaßnahme vor Äußerung des **615**
  Betriebsrats und vor Ablauf der Wochenfrist nach § 99 Abs. 3 durchgeführt und widerspricht der Betriebsrat nicht, so **gilt seine Zustimmung
  als erteilt.** Verweigert der Betriebsrat seine Zustimmung, so können
  sich die Rechte aus §§ 100, 101 BetrVG ergeben.

– Führt der Arbeitgeber die personelle Einzelmaßnahme, z.B. eine Einstel- **616**
  lung, durch, obwohl der Betriebsrat ordnungsgemäß widersprochen hat,
  so kann er nach §§ 100, 101 BetrVG vorgehen. Der Arbeitgeber kann die
  Ersetzung der Zustimmung des Betriebsrats beim Arbeitsgericht beantragen (Beschlußverfahren nach § 2 ArbGG). Liegt kein in § 99 Abs. 2
  BetrVG aufgeführter Grund vor, der den Betriebsrat zur Zustimmungs-
  verweigerung berechtigt, so hat das Arbeitsgericht die Zustimmung zu
  ersetzen. Der Arbeitgeber hat im Verfahren darzulegen und zu beweisen,
  daß die vom Betriebsrat angeführten Widerspruchsgründe nicht vorliegen.
  Lehnt das Gericht die Ersetzung der Zustimmung des Betriebsrats ab
  oder stellt es rechtskräftig fest, daß die Maßnahme offensichtlich aus sachlichen Gründen nicht dringend erforderlich war, so endet die vorläufige
  personelle Maßnahme mit Ablauf von zwei Wochen nach Rechtskraft die
  Entscheidung. Von diesem Zeitpunkt an darf die personelle Maßnahme
  nicht aufrecht erhalten werden. Im Zusammenhang mit der Beschäftigung
  freier Mitarbeiter ist hier insbesondere das Mitbestimmungsrecht des
  Betriebsrats bei Einstellungen zu beachten. Das Bundesarbeitsgericht vertritt in seiner Rechtsprechung einen relativ **weiten Einstellungsbegriff.**
  So hat der Betriebsrat nach Ansicht des Gerichts „nach § 99 BetrVG mit-
  zubestimmen, wenn Personen in den Betrieb eingegliedert werden, um
  zusammen mit den im Betrieb schon beschäftigten Arbeitnehmern den
  arbeitstechnischen Zweck des Betriebes durch weisungsgebundene Tätig-

keit zu verwirklichen. Auf das Rechtsverhältnis, in dem diese Personen zum Arbeitgeber stehen, kommt es nicht an. Es ist unerheblich, ob sie durch die Eingliederung und Weisungsgebundenheit zu Arbeitnehmern werden (BAG, 15.4.1986, DB 1986, 2497). In einer weiteren Entscheidung zu dieser Problematik nahm das Bundesarbeitsgericht drei Jahre später an, daß eine nach § 99 BetrVG zustimmungspflichtige Einstellung schon dann vorliegt, „wenn Personen in den Betrieb eingegliedert werden, um zusammen mit den im Betrieb schon beschäftigten Arbeitnehmern den arbeitstechnischen Zweck des Betriebes durch weisungsgebundene Tätigkeit zu verwirklichen. Maßgebend ist, ob die von diesen Personen zu verrichtende Tätigkeit ihrer Art nach eine weisungsgebundene Tätigkeit ist, die der Verwirklichung des arbeitstechnischen Zwecks des Betriebes zu dienen bestimmt ist und daher vom Arbeitgeber organisiert werden muß. Darauf, ob und ggf. von wem diesen Personen tatsächlich Weisungen hinsichtlich dieser Tätigkeit gegeben werden, kommt es nicht an" (BAG, 1.8.1989, DB 1990, 483). Nach dem letztgenannten Urteil kommt es also auf eine weisungsgebundene Tätigkeit des „eingestellten" Beschäftigten nicht an. Dieses Urteil kann für die Beschäftigung von freien Mitarbeitern insofern von Bedeutung sein, als der konkret in Frage stehende freie Mitarbeiter gegenüber dem Dienstberechtigten nicht weisungsgebunden, aber in einem gewissen Maße in den Betrieb eingebunden ist. Da nun die Eingliederung in den Betrieb bzw. eine „funktionsgerecht dienende Teilhabe am Arbeitsprozeß" gegen das Vorliegen eines freien Mitarbeiterverhältnisses spricht empfiehlt es sich, bei einer Beschäftigung freier Mitarbeiter nicht nur deren Teilhabe am Arbeitsprozeß genau zu prüfen, sondern insbesondere auch das Beteiligungsrecht des Betriebsrats. Nach einer Entscheidung des LAG Frankfurt unterliegt die Beschäftigung eines sog. freien Mitarbeiters als Datenschutzbeauftragter der Mitbestimmung des Betriebsrats, wenn eine Eingliederung in die betriebliche Organisation erfolgt. Auf die Frage, ob der „freie Mitarbeiter" in Wahrheit den Status eines Arbeitnehmers hat, kommt es nach Ansicht des Gerichts für die Anwendung des § 99 BetrVG **nicht** an. Eine Eingliederung in die betriebliche Organisation liegt z.B. dann vor, wenn dem freien Mitarbeiter für die Dauer seiner Tätigkeit im Betrieb ein Büro zur Verfügung gestellt wird und er zumindest faktisch nicht frei hinsichtlich Ort und Ziel seiner Tätigkeit ist, weil er auf die unmittelbare Zusammenarbeit mit den im Betrieb beschäftigten Arbeitnehmern angewiesen ist (LAG Frankfurt/M. 28.2.1989). Ausführlich zu dieser Problematik Hunold, S. 100 ff.

3. Das Arbeitsverhältnis

3.1 Arbeitsrecht

Stellt sich heraus, daß das zwischen den Vertragspartnern bestehende 617
Rechtsverhältnis wegen der Umstände, unter denen es tatsächlich durchgeführt wird, ein Arbeitsverhältnis und kein „freies-Mitarbeiter-Verhält-
nis" ist, so gelten in vollem Umfang die arbeitsrechtlichen Vorschriften
und Grundsätze.

3.1.1 Gestaltungsfaktoren des Arbeitsverhältnisses

Das Arbeitsverhältnis ist grundsätzlich ein sog. Dauerschuldverhältnis, 618
bei dem während seines Bestehens ständig neue Leistungs-, Neben- und
Schutzpflichten entstehen (Palandt, vor § 241 5 a). Es wird durch den
Abschluß eines Arbeitsvertrages begründet. Ob ein Arbeitsverhältnis vorliegt, ergibt sich primär aus dem Vertragsinhalt. Ist nach den Vertragsabsprachen kein Arbeitsverhältnis von den Parteien gewollt, so kann dennoch ein solches vorliegen, wenn die tatsächliche Durchführung der
Rechtsbeziehung zwischen Dienstberechtigtem und Dienstverpflichtetem
der eines Arbeitsverhältnisses gleicht.
Die rechtliche Ausgestaltung des Arbeitsverhältnisses, d.h. die Regelung
bestimmter das Arbeitsverhältnis betreffender Fragen, erfolgt nicht nur
durch den Vertrag, sondern ebenso durch z.T. zwingende, z.T. abdingbare gesetzliche Vorschriften. Ebenso können Tarifverträge und
Betriebsvereinbarungen den Inhalt eines Arbeitsverhältnisses mitbe-
stimmen. Auch die sog. betriebliche Übung, der sog. betriebliche
Gleichbehandlungsgrundsatz und das Direktionsrecht des Arbeitgebers
können die aus dem Arbeitsvertrag folgenden Rechte und Pflichten prä-
zisieren.
War von den Vertragsparteien ein „freies Mitarbeiter-Verhältnis"
gewollt, ergibt sich aber aus der tatsächlichen Durchführung des Rechtsverhältnisses, daß ein Arbeitsverhältnis vorliegt, so sind die Vorschriften
und sonstigen Gestaltungsfaktoren des Arbeitsrechts zu beachten. Der
vermeintliche „freie Mitarbeiter" kann sich grundsätzlich im **vollen
Umfang** darauf berufen.

3.1.1.1 Grundsätzliches zum Arbeitsvertrag

619 Der Arbeitsvertrag ist, wie bereits erwähnt (vgl. Rdn. 24), eine besondere Form des Dienstvertrages. Wie jeder Vertrag wird auch der Arbeitsvertrag durch Antrag und Annahme geschlossen (§§ 145 BGB ff). Nicht nötig ist, daß der Vertrag als Arbeitsvertrag bezeichnet wird. Selbst wenn der Vertrag z.B. als ein „Vertrag über freie Mitarbeit" bezeichnet wurde, besteht zwischen den Vertragspartnern ein Arbeitsverhältnis, wenn sich dies aus der Durchführung des Rechtsverhältnisses ergibt. Auf die Wirksamkeit des Vertrages hat seine Bezeichnung keinen Einfluß. Die Parteien müssen sich lediglich einig sein, daß der Arbeit Leistende für den Arbeit Vergebenden gegen Barzahlung gewisse, nicht notwendigerweise genau umschriebene Aufgaben zu erledigen hat. Mehr ist für den wirksamen Abschluß eines Arbeitsvertrages grundsätzlich nicht erforderlich. Es ist nicht einmal nötig, für die geschuldete Arbeit eine bestimmte Vergütung zu vereinbaren. Nach § 612 Abs. 1 BGB gilt eine Vergütung „als stillschweigend vereinbart, wenn die Dienstleistung den Umständen nach nur gegen eine Vergütung zu erwarten ist", und dies ist bei Arbeiten für eine andere Person in der Regel der Fall. Problematisch kann es werden bei einer Leistungserbringung unter Verwandten, Freunden oder in einem ehelichen oder eheähnlichen Verhältnis. Hier sind die Umstände des Einzelfalles entscheidend. Allein aus der Tatsache, daß ein Ehepartner im Betrieb des anderen mitarbeitet, kann nicht auf die Unentgeltlichkeit der Leistungserbringung geschlossen werden. Auch unter Ehepartnern sind Arbeitsverträge möglich. Sie müssen sich allerdings im Rahmen dessen bewegen, insbesondere auch im Hinblick auf die Höhe der Vergütung, was unter Fremden vereinbart worden wäre. Für die Unentgeltlichkeit einer Leistungserbringung kann es ein Indiz sein, wenn eine Vergütung erst später, insbesondere nach einem Zerwürfnis gefordert wird (Palandt § 612, 2 a).

620 Wurde die Höhe der Vergütung nicht vertraglich geregelt, so ist nach § 612 Abs. 2 BGB bei Bestehen einer Taxe die taxmäßige Vergütung, bei Fehlen einer Taxe die übliche Vergütung als vereinbart anzusehen. Unter Taxen sind nach Bundes- oder Landesrecht zugelassene festgelegte Gebühren (Vergütungssätze), die Höchst- oder Mindestsätze darstellen, zu verstehen, z.B. die Gebührenordnungen für Ärzte und Zahnärzte. Da angesichts der großen Bandbreite möglicher Arbeitsleistungen nur für einen geringen Teil derartige „Taxen" bestehen, kommt es in den meisten Fällen auf die „übliche Vergütung" an. Damit ist die in der jeweiligen

Gegend und Branche übliche Vergütung gemeint. Wurde, wie es in den meisten Fällen üblich ist, das Arbeitsverhältnis für die Arbeitserbringung in einem bestimmten Betrieb eingegangen, so ist bei Fehlen einer ausdrücklichen Entgeltregelung die Vergütung zu zahlen, die im Betrieb für vergleichbare Tätigkeiten gewährt wird. Entlohnt der Arbeitgeber seine Arbeitnehmer grundsätzlich nach einem Tarifvertrag oder auch in bestimmter Höhe über den Tarifsätzen, so hat er einem neu eintretenden Arbeitnehmer das gleiche Arbeitsentgelt zu bezahlen, wenn keine anderslautenden abweichenden Regelungen getroffen werden. Liegt der Betrieb im räumlichen und fachlichen Geltungsbereich eines Tarifvertrages, und finden dessen Regelungen etwa wegen fehlender Tarifbindung der Arbeitsvertragsparteien auf das Arbeitsverhältnis keine Anwendung, so ist regelmäßig die tarifliche Vergütung die übliche Vergütung. Etwas anderes kann allerdings dann gelten, wenn die vom Arbeitnehmer geschuldete Tätigkeit üblicherweise über Tarif bezahlt wird. Kommt es zwischen Arbeitgeber und Arbeitnehmer über die Höhe einer „üblichen Vergütung" zum Streit, so ist der Arbeitnehmer darlegungs- und beweispflichtig (Schaub § 67 VI 3). Haben die Parteien im Glauben, das Rechtsverhältnis eines freien Mitarbeiters begründet zu haben, u.U. eine höhere Vergütung vereinbart, erweist sich das Rechtsverhältnis aber tatsächlich als Arbeitsverhältnis, so ist der Arbeitgeber grundsätzlich an die getroffene Vergütungsvereinbarung gebunden.

621   Der Abschluß eines Arbeitsvertrages bedarf in der Regel **keiner besonderen Form**, also auch nicht der Schriftform. Der Abschluß eines schriftlichen Arbeitsvertrags ist aber schon aus Gründen der Klarheit und u.U. Beweisbarkeit zu empfehlen!

622   Die Erklärungen der Vertragspartner können also mündlich, schriftlich und sogar durch schlüssiges Verhalten abgegeben werden. Erforderlich ist nur, daß sie sich über den wesentlichen Inhalt des Vertrages, also über die zu erbringende Arbeitsleistung, einigen. (Anders ist es beim Ausbildungsvertrag. Nach § 4 BBiG hat der Auszubildende unverzüglich nach Abschluß des Berufsausbildungsvertrages, spätestens vor Beginn der Ausbildung, den wesentlichen Inhalt des Vertrages schriftlich niederzulegen und dem Auszubildenden und ggf. dessen gesetzlichen Vertreter eine Ausfertigung davon unverzüglich auszuhändigen. Die Rechtswirksamkeit des Ausbildungsvetrages hängt davon aber **nicht** ab.)

623 Den Arbeitsvertragsparteien ist es allerdings unbenommen, für den Arbeitsvertrag die Einhaltung der Schriftform zu vereinbaren (gewillkürte Schriftform). In diesem Fall ist zu unterscheiden, ob diese Vereinbarung die Wirkung haben soll, daß das Schriftformerfordernis Voraussetzung für die Gültigkeit des Vertrages sein soll (konstitutive Bedeutung), oder ob die vereinbarte Schriftform nur dazu dient, das bereits mündlich wirksam Vereinbarte schriftlich zu fixieren (deklaratorische Bedeutung).

624 Im ersteren Fall ist, wenn keine anderweitigen Abreden getroffen wurden, die Vertragsurkunde von beiden Teilen eigenhändig durch Namensunterschrift zu unterzeichnen. Ergibt die Vertragsauslegung, daß der Schriftformvereinbarung eine konstitutive Bedeutung zukommt, so führt nach § 125 Satz 2 BGB die Nichteinhaltung der vereinbarten Form im Zweifel zur Nichtigkeit des Vertrages.

625 Kommt der Schriftformvereinbarung dagegen nur deklaratorische Bedeutung zu, so ist der Arbeitsvertrag auch dann wirksam, wenn er nicht mehr schriftlich niedergelegt wird. Wird die Arbeit aufgenommen bevor der Arbeitsvertrag absprachegemäß schriftlich niedergelegt wurde, so ist im Zweifel davon auszugehen, daß die Schriftformvereinbarung nur deklaratorische Wirkung haben soll. Um Zweifel über die Wirkung einer Schriftformvereinbarung auszuschließen, sollte in den Vertragstext eine klärende Aussage aufgenommen werden.

626 Unabhängig davon, ob einer Schriftformvereinbarung eine konstitutive oder nur eine deklaratorische Bedeutung zukommt, hat ein schriftlich abgeschlossener Arbeitsvertrag die **Vermutung der Vollständigkeit und Richtigkeit** für sich. Das bedeutet, daß der Vertragspartner, der sich auf eine Vereinbarung beruft, die nicht in der Vertragsurkunde enthalten ist, für das Vorliegen einer entsprechenden mündlichen Nebenabrede darlegungs- und beweispflichtig ist. Gelingt ihm dies, so ist im Falle einer deklaratorischen Schriftformvereinbarung die mündliche Nebenabrede wirksam. Im Falle einer konstitutiven Schriftformvereinbarung, ist die mündliche Nebenabrede unwirksam (BAG, 9.2.1972, AP Nr. 1 zu § 4 BAT) und es ist zu prüfen, ob nicht der gesamte Arbeitsvertrag nach § 139 BGB nichtig ist.

627 Häufig wird in schriftlichen Verträgen vereinbart, daß Änderungen und Ergänzungen des Vertrages ebenfalls der Schriftform bedürfen. Eine derartige Vereinbarung kann im Wege einer gegenseitigen, auch formlosen

Vereinbarung aufgehoben werden (BAG, 10.1.1989, DB 1989, 1628). Das bedeutet, daß trotz Vorliegens einer solchen Schriftformvereinbarung eine nur mündlich getroffene Abrede ebenfalls wirksam sein kann. Das Problem für denjenigen, der sich auf diese mündliche Abrede beruft, dürfte in aller Regel in deren Beweisbarkeit liegen.

Die oft anzutreffende Meinung, man arbeite ohne Arbeitsvertrag, obwohl **628** man tatsächlich eine Arbeitsleistung erbringt und dafür auch eine Vergütung erhält, **ist nicht richtig!** Wer für einen anderen gegen Bezahlung arbeitet, handelt, auch ohne schriftliche Vereinbarung und ohne ausdrückliche Abreden in aller Regel aufgrund eines Arbeitsvertrages, der durch schlüssiges Handeln, z.B. durch Arbeitserbringung und Bezahlung, wirksam geschlossen werden kann. Hinzuweisen ist in diesem Zusammenhang insbesondere darauf, daß auch in diesen Fällen der Arbeitnehmer Anspruch auf bezahlten Urlaub, grundsätzlich auch auf Entgeltfortzahlung im Krankheitsfall usw. hat. Insbesondere kann ein nur mündlich oder nur durch schlüssiges Verhalten zustandegekommener Arbeitsvertrag von keinem Vertragspartner „von heute auf morgen" beendet werden. Liegt kein Grund für eine außerordentliche Kündigung nach § 626 BGB vor, so muß sowohl der Arbeitgeber als auch der Arbeitnehmer die gesetzlichen bzw. tariflichen Kündigungsfristen einhalten.

Ist ein Arbeitsvertrag aus welchen Gründen auch immer nichtig, z.B. wegen **629** Geschäftsunfähigkeit eines Vertragspartners, und wurde die Arbeit dennoch aufgenommen, so besteht zwischen den vermeintlichen Arbeitsvertragsparteien ein sog. **faktisches Arbeitsverhältnis.** Ein solches wird grundsätzlich wie ein aufgrund eines wirksamen Arbeitsvertrages zustandekommenes Arbeitsverhältnis behandelt, mit der Folge, daß der Arbeitnehmer Anspruch auf Lohn, bezahlten Urlaub usw. hat. Für die Zukunft entfaltet ein faktisches Arbeitsverhältnis jedoch keine Bindungswirkung. Es kann von jedem Partner jederzeit durch einseitige Erklärung beendet werden, ohne daß die Voraussetzungen einer fristlosen Kündigung gegeben sein müssen (BAG, 7.12.1961, BAGE 12, 104). Etwaige Kündigungsbeschränkungen, z.B. Schwangerschaft einer Arbeitnehmerin, bestehen nicht.

3.1.1.2 Grundsätzliches zum Tarifvertrag

Ein Tarifvertrag kann **nur** zwischen Gewerkschaften und Arbeitgebervereinigungen bzw. einzelnen Arbeitgebern wirksam vereinbart (vgl. § 2 **630**

Abs. 1 TVG). Gewerkschaften und Arbeitgebervereinigungen i.S.d. Tarifvertragsgesetzes sind nur die sog. Koalitionen. Es muß sich also um Ver-
einigungen handeln, die zum Zwecke der Erhaltung und Förderung der
Arbeitsbedingungen privatrechtlich, mit körperschaftlicher Organisation
aufgebaut sind. Sie müssen auf einige Dauer angelegt, gegnerfrei und geg-
nerunabhängig, auch unabhängig von Staat, Parteien und Kirchen, sein
und über den Bereich von einzelnen Unternehmen hinausgehen (ausführlich dazu: Zöllner/Loritz, Arbeitsrecht, § 34, m.w.N.).

631   Ein Tarifvertrag hat grundsätzlich einen normativen und einen schuld-
rechtlichen Teil. Letzterer regelt Rechte und Pflichten der Tarifparteien,
d.h. der Gewerkschaft und des Arbeitgeberverbandes bzw. Arbeitgebers, die den Tarifvertrag geschlossen haben. Von unmittelbarer Bedeutung für tarifgebundene (vgl. Rdn. 633) Arbeitgeber und Arbeitnehmer
ist der normative Teil. In ihm werden insbesondere Arbeitsbedingungen
durch Rechtsnormen geregelt, die den Inhalt, den Abschluß und die
Beendigung von Arbeitsverhältnissen betreffen. Daneben gibt es Tarifnormen für betriebliche und betriebsverfassungsrechtliche Fragen (vgl.
§ 1 Abs. 2 TVG).

632   Unter den Tarifnormen bilden die Inhaltsnormen die größte Gruppe.
Dazu zählen etwa Normen über die Entgelthöhe, die Bemessung von
Akkorden, Zulagen, Prämien, Gratifikationen, Urlaub, Art und Weise der
Kündigung, Kündigungsfristen, Ausgleichszahlungen, Vorschriften über
die Arbeitszeit oder auch über die gesetzlichen Vorschriften zur Entgelt-
fortzahlung im Krankheitsfall hinausgehende Bestimmungen.

633   Die Normen eines Tarifvertrages sind aber **nur dann** für ein Arbeitsverhältnis **verbindlich, wenn beide** Partner des Arbeitsvertrages **tarifgebunden sind.** Auf Arbeitnehmerseite ist derjenige Arbeitnehmer
tarifgebunden, der Mitglied der Gewerkschaft ist, die den in Frage stehenden Tarifvertrag abgeschlossen hat. Auf Arbeitgeberseite ist tarifgebunden, wer selbst als Arbeitgeber mit einer Gewerkschaft einen Tarifvertrag abgeschlossen hat (sog. Firmentarifvertrag) bzw. der Arbeitgebervereinigung angehört, die Tarifvertragspartner ist. Ist nur einer der
Arbeitsvertragsparteien tarifgebunden, so kann der Tarifvertrag **keine**
Rechtswirkung für das Arbeitsverhältnis entfalten. Nur wenn beide Seiten tarifgebunden sind, d.h. wenn der Arbeitnehmer Mitglied der tarif-
schließenden Arbeitgebervereinigung bzw. selbst Tarifvertragspartner
ist, gelten die tariflichen Bestimmungen unmittelbar.

Unrichtig ist die Auffassung, daß „Tarife" stets für alle Arbeitnehmer einer Branche in einem bestimmten Gebiet gelten. Selbstverständlich ist es möglich, daß z.B. der Arbeitgeber einen nicht tarifgebundenen Arbeitnehmer „nach Tarif bezahlt". Dazu ist er aber nur dann verpflichtet, wenn im Arbeitsvertrag die Bezahlung „nach Tarif" vereinbart ist oder der für die jeweilige Branche einschlägige Tarifvertrag insgesamt für das Arbeitsverhältnis gelten soll. Würde die Geltung tariflicher Bestimmungen vertraglich vereinbart, so gilt der Inhalt des Tarifvertrages nicht unmittelbar und zwingend, wie es § 4 Abs. 1 TVG bestimmt, sondern kraft vertraglicher Vereinbarung. So ist es etwa möglich, durch den Ausspruch einer Änderungskündigung von der vertraglichen Verpflichtung zur Bezahlung von Tariflohn „loszukommen". Würde der Tarifvertrag unmittelbar gelten, wie es bei beiderseitiger Tarifbindung der Fall ist, so wäre dies nicht möglich. Sind nämlich die Regelungen eines Tarifvertrages auf ein Arbeitsverhältnis kraft Tarifrecht maßgeblich, so kann von ihnen durch einzelvertragliche Abreden zwischen Arbeitgeber und Arbeitnehmer nur dann abgewichen werden, wenn die Abweichungen dem Arbeitnehmer günstiger sind als die tariflichen Bestimmungen (sog. Günstigkeitsprinzip). Beispiel: Beträgt der für einen Arbeitnehmer zutreffende Tariflohn 20 DM pro Stunde, so können die Arbeitsvertragspartner keine Stundenlohn von 18 DM vertraglich festsetzen. Unbenommen ist es ihnen, die Leistung des Arbeitnehmers mit 22 DM pro Stunde zu vergüten.

634

Ein Tarifvertrag gilt ausnahmsweise auch für nicht tarifgebundene Arbeitgeber und Arbeitnehmer, wenn er in einem förmlichen Verfahren vom Bundesminister für Arbeit und Sozialordnung bzw. von einem Landesarbeitsministerium für allgemeinverbindlich erklärt wurde (vgl. § 5 TVG). Durch die Allgemeinverbindlicherklärung eines Tarifvertrages werden dessen Normen auf alle Arbeitsverhältnisse erstreckt, die in den räumlichen, betrieblichen und fachlichen Geltungsbereich des Tarifvertrages fallen. Auf die Tarifgebundenheit des bzw. der Arbeitsvertragspartner kommt es nicht an.

635

3.1.1.3 Grundsätzliches zur Betriebsvereinbarung

Betriebsvereinbarungen können nur zwischen dem Arbeitgeber und einem Betriebsrat i.S.d. Betriebsverfassungsgesetzes geschlossen werden. Nach § 1 BetrVG werden in Betrieben mit in der Regel mindestens fünf ständig wahlberechtigten Arbeitnehmern (wahlberechtigt sind alle Arbeit-

636

nehmer, die das 18. Lebensjahr vollendet haben), von denen drei wählbar sind, Betriebsräte gewählt. Wählbar ist, wer sechs Monate dem Betrieb angehört oder als in Heimarbeit Beschäftigter in der Hauptsache für den Betrieb arbeitet. Das Betriebsverfassungsgesetz gibt die Möglichkeit, bei Erfüllen der gesetzlichen Voraussetzungen, Betriebsräte zu wählen, macht dies aber nicht zur Pflicht. Wollen Arbeitnehmer einen Betriebsrat gründen, so darf der Arbeitgeber die Wahl des Betriebsrats und deren Vorbereitung nicht behindern.

637 Durch den Abschluß von Betriebsvereinbarungen können Arbeitgeber und Betriebsrat betriebliche Regelungen aufstellen, die für die Arbeitsverhältnisse der Belegschaftsmitglieder – auch wenn sie „ursprünglich" als freie Mitarbeiter eingestellt wurden – unmittelbare Wirkung haben. Auch für Betriebsvereinbarungen gilt nach herrschender Meinung das Günstigkeitsprinzip (BAG, GS, 16.9.1986, AP Nr. 17 zu § 77 BetrVG 1972, Dietz/ Richardi, Bd. II, § 77 Anm. 98), d.h. einzelvertragliche Abweichungen vom Inhalt einer Betriebsvereinbarung sind nur zu Gunsten des Arbeitnehmers möglich.

638 Besteht in einem Betrieb ein Betriebsrat, so hat der Arbeitgeber in Angelegenheiten, in denen der Betriebsrat ein sog. erzwingbares Mitbestimmungsrecht hat, diesen, am besten durch den Abschluß einer Betriebsvereinbarung, zu beteiligen. § 87 Abs. 1 BetrVG enthält einen abschließenden (Dietz/Richardi, Bd. II, vor § 87 Anm. 10 f), zwölf Nummern umfassenden Katalog von für den Betriebsablauf bedeutsamen oder mit dem Betrieb in engem Zusammenhang stehenden Angelegenheiten. In diesen zwölf Angelegenheiten hat der Betriebsrat ein gleichwertiges Mitbestimmungsrecht. Nach einer weit verbreiteten Meinung steht dieses Mitbestimmungsrecht des Betriebsrats nur bei kollektiven Maßnahmen (BAG, 11.11.1987, NZA 1987, 207). Eine kollektive Maßnahme liegt dann vor, wenn sich Regelungen abstrakt auf den ganzen Betrieb oder eine Arbeitnehmergruppe oder auf einen Arbeitsplatz (nicht auf einen Arbeitnehmer) beziehen.

639 Die Besonderheit des Beteiligungsrechts des Betriebsrats in den Fällen des § 87 Abs. 1 BetrVG liegt darin, daß er eine Einigung mit dem Arbeitgeber **erzwingen kann.** Eine alleinige Regelung des Arbeitgebers einer der in § 87 Abs. 1 BetrVG genannten Angelegenheiten ist gegen den Willen des Betriebsrats **nicht möglich.** Der Arbeitgeber ist gezwungen, mit dem Betriebsrat eine Einigung herbeizuführen. Kommt eine solche nicht durch

gütliche Verhandlungen zustande, so ist ein Verfahren vor der Einigungs-
stelle durchzuführen, deren Spruch die Einigung zwischen Arbeitgeber
und Betriebsrat ersetzt.

Das Mitbestimmungsrecht des Betriebsrats nach § 87 Abs. 1 BetrVG   640
besteht u.a. in folgenden Angelegenheiten:

– Fragen der Ordnung des Betriebes und des Verhaltens der Arbeitneh-   641
  mer im Betrieb;

– Beginn und Ende der täglichen Arbeitszeit einschließlich der Pausen   642
  sowie Verteilung der Arbeitszeit auf die einzelnen Wochentage;

– vorübergehende Verkürzung oder Verlängerung der betriebsüblichen   643
  Arbeitszeit;

– Zeit, Ort und Art der Auszahlung der Arbeitsentgelte;   644

– Aufstellung allgemeiner Urlaubsgrundsätze und des Urlaubsplans   645
  sowie die Festsetzung der zeitlichen Lage des Urlaubs für einzelne
  Arbeitnehmer, wenn zwischen dem Arbeitgeber und den beteiligten
  Arbeitnehmern kein Einverständnis erzielt wird.

Arbeitsentgelte und sonstige Arbeitsbedingungen, die durch Tarifvertrag   646
geregelt sind oder üblicherweise durch Tarifvertrag geregelt werden, können nicht Gegenstand einer Betriebsvereinbarung sein. Etwas anderes gilt
nur, wenn der Abschluß einer solchen Betriebsvereinbarung im Tarifvertrag ausdrücklich gestattet ist (§ 77 Abs. 3 BetrVG), sog. Öffnungsklau-
sel.

3.1.1.4 Grundsätzliches zur betrieblichen Übung

Im täglichen Betriebsgeschehen können sich im Laufe der Zeit Gewohn-   647
heiten und Bräuche entwickeln, aufgrund derer der Arbeitgeber
bestimmte Leistungen seinen Arbeitnehmern gewährt, das Weisungsrecht
ausübt oder andererseits die Arbeitnehmer ihre vertraglichen Arbeits-
und Nebenpflichten erfüllen müssen. Solche Vorgänge können zu einer
betrieblichen Übung erwachsen (Schaub § 111 I 1). Auch wenn über die
rechtsdogmatische Begründung der betrieblichen Übung noch Meinungsverschiedenheiten bestehen, so ist sie doch seit längerem als möglicher

Gestaltungsfaktor eines Arbeitsverhältnisses anerkannt (vgl. Backhaus, AuR 1983, 65). Nach der wohl herrschenden Meinung ist für die Entstehung einer betrieblichen Übung ein Verpflichtungswille des Arbeitgebers erforderlich. Entscheidend ist dabei der aus dem Verhalten des Arbeitgebers zu schließende Wille, nicht aber die subjektive Vorstellung des Arbeitgebers. Gewährt er freiwillige Leistungen mehrmals hintereinander (eine dreimalige Wiederholung dürfte ausreichen) ohne Vorbehalt, so entsteht den Arbeitnehmern aus dem Arbeitsvertrag, konkretisiert durch die betriebliche Übung, ein Anspruch auf den künftigen Erhalt dieser Leistung. Begründet der Arbeitgeber wissentlich eine betriebliche Handhabe, und dürfen die Arbeitnehmer nach Treu und Glauben aus seinem Verhalten darauf schließen, die Leistung auch künftig zu erhalten, so liegt eine betriebliche Übung vor. Maßgebend ist, wie die Arbeitnehmer das Verhalten des Arbeitgebers verstehen dürfen (BAG, 3.8.1982, BB 1983, 1285).

648 Gegenstand einer betrieblichen Übung kann grundsätzlich all das sein, was auch arbeitsvertraglich geregelt werden kann. Nicht selten behandeln Arbeitgeber auch nicht tarifgebundene Arbeitnehmer „nach Tarif". In solchen Fällen wird man von einer stillschweigenden Verweisung auf den angewendeten Tarifvertrag ausgehen können, wenn der Arbeitgeber dessen Bestimmungen für einen längeren Zeitraum gleichbleibend auf alle Arbeitnehmer anwendet. Die Arbeitnehmer können dann aber nicht nur die für sie positiven Bestimmungen in Anspruch nehmen, sondern müssen auch nachteilige Regelungen, z.B. über Kündigungsfristen oder tarifliche Verfallfristen, gegen sich gelten lassen (Schaub § 111 II 2).

649 Infolge betrieblicher Übung bestehende Ansprüche stehen auch ohne ausdrückliche Vereinbarung neu in den Betrieb eintretenden Arbeitnehmern zu. Sollen sie vom Genuß der durch eine betriebliche Übung geschaffenen Ansprüche ausgenommen werden, so ist dies **bei Vertragsschluß** zu sagen. Eine den Arbeitnehmern ungünstige betriebliche Übung muß ein neu eintretender Arbeitnehmer gegen sich gelten lassen, wenn sie ihm bei Abschluß des Arbeitsvertrages bekannt war und nach den Umständen davon ausgegeben werden konnte, daß er in sie einwilligt. Das gleich gilt, wenn der neu eintretende Arbeitnehmer die betriebliche Übung hätte kennen können. Hat aber der neu eintretende Arbeitnehmer die ungünstige betriebliche Übung nicht gekannt und brauchte er sie auch nicht zu kennen, so wird diese betriebliche Übung ihm gegenüber nicht wirksam (Schaub § 111 I 4).

3.1.1.5 Grundsätzliches zum betrieblichen Gleichbehandlungsgrundsatz

Der betriebliche Gleichbehandlungsgrundsatz verpflichtet den Arbeitge- **650**
ber, alle Arbeitnehmer gleichzubehandeln; für freie Mitarbeiter gilt dieser
Grundsatz nicht. **Differenzierungen** dürfen nicht willkürlich, sondern
nur aus sachlichen Gründen vorgenommen werden. Der Gleichbehandlungsgrundsatz ist anwendbar bei allen Maßnahmen, die der **einseitigen
Gestaltungsmacht** des Arbeitgebers unterliegen, insbesondere also bei
freiwillig und generell gewährten Leistungen, z.B. außertarifliche Zulagen, Gratifikationen oder sonstigen sozialen Leistungen. Der Arbeitgeber
kann frei darüber entscheiden, ob er freiwillige Leistungen erbringen will.
Macht er es aber, so ist es ihm verwehrt, einzelne Arbeitnehmer oder
Gruppen von Arbeitnehmern ohne sachlichen Grund von allgemein gültigen, begünstigenden Regelungen auszunehmen oder schlechter zu stellen
(BAG, 9.9.1981, DB 1982, 119). Der Gleichbehandlungsgrundsatz steht
jedoch der Vereinbarung inhaltlich anderslautender Einzelarbeitsverträge
nicht entgegen. Vereinbart der Arbeitgeber z.B. mit mehreren Arbeitnehmern, die grundsätzlich die gleiche Arbeit leisten, unterschiedliche Lohn-
höhen, so steht dem der Gleichbehandlungsgrundsatz nicht entgegen,
auch wenn eine solche Verhaltensweise im Hinblick auf den betrieblichen
Frieden nicht ratsam ist. Die individuelle Begünstigung einzelner Arbeitnehmer ist durch den Gleichbehandlungsgrundsatz nicht ausgeschlossen.
Vereinbart der Arbeitgeber mit einzelnen Arbeitnehmern längere Kündigungsfristen als für die Arbeitsverhältnisse mit anderen Arbeitnehmern
gelten, so können sich die anderen Arbeitnehmer auf die verlängerten
Kündigungsfristen nicht berufen (LAG Schleswig/Holstein, 4.9.1986, DB
1987, 442).

3.1.1.6 Grundsätzliches zum Direktionsrecht des Arbeitgebers

Aufgrund des Direktionsrechts kann der Arbeitgeber die im Arbeitsver- **651**
trag nur allgemein umschriebene Arbeitspflicht konkretisieren. Werden
Arbeitsbedingungen nicht durch anderweitige Gestaltungsfaktoren des
Arbeitsverhältnisses bestimmt, so kann der Arbeitgeber die Arbeitsbedingungen einseitig kraft seines Direktionsrechts bestimmen. Das bedeutet,
daß er dem Arbeitnehmer **im Rahmen der vertraglich vereinbarten
Tätigkeit** Weisungen erteilen kann, insbesondere hinsichtlich Art, Zeit
und Ort der Arbeitsleistung und des Verhaltens im Betrieb. Besteht im
Betrieb ein Betriebsrat, so kann, je nach Regelungsgegenstand, das Mitbe-

stimmungsrecht des Betriebsrats, z.B. hinsichtlich der Lage der täglichen Arbeitszeit (vgl. § 87 Abs. 1 Nr. 2 BetrVG) dem einseitigen Weisungsrecht des Arbeitgebers entgegenstehen. Soweit das Direktionsrecht des Arbeitgebers reicht, muß der Arbeitnehmer dessen Weisungen Folge leisten. Das Direktionsrecht findet seine Grenzen im Inhalt des Arbeitsvertrages. Das bedeutet, daß der Arbeitgeber dem Arbeitnehmer nur solche Weisungen erteilen kann, die sich im Rahmen dessen halten, zu dem sich der Arbeitnehmer im Arbeitsvertrag verpflichtet hat. So kann z.B. (im Normalfall) der Arbeitgeber von einem Kraftfahrer nicht verlangen, das Lager aufzuräumen.

3.1.2 Entgelt ohne Arbeitsleistung

652 Auch für das durch einen Arbeitsvertrag begründete Dauerschuldverhältnis gilt der allgemeine zivilrechtliche Grundsatz „ohne Leistung keine Gegenleistung". Ist einem Schuldner die Leistungserbringung nicht möglich, so wird der Gläubiger von seiner Verpflichtung zur Gegenleistung frei. Für das Arbeitsleben bedeutet dies:„Ohne Arbeit kein Lohn". Wegen der existenziellen Bedeutung der persönlichen Arbeit für den Arbeitnehmer wird dieser Grundsatz im Arbeitsrecht durch eine Reihe gesetzlicher Bestimmungen insbesondere dann durchbrochen, wenn der Arbeitnehmer die Nichtleistung der Arbeit nicht zu vertreten hat.

3.1.2.1 Die Entgeltfortzahlung im Krankheitsfall

653 Wird ein Arbeiter – nicht ein freier Mitarbeiter – infolge unverschuldeter Krankheit arbeitsunfähig, so hat er nach § 1 LFZG für die Dauer von 6 Wochen Anspruch auf Fortzahlung des Arbeitsentgeltes. Angestellte fallen nicht unter den Anwendungsbereich dieses Gesetzes. Für sie ergibt sich aber eine entsprechende Rechtslage aus § 616 BGB, § 63 HGB oder § 133 c GewO. Auch wenn diese Vorschriften nicht den Begriff Krankheit kennen, so ist eine Krankheit dennoch sowohl ein persönlicher Hinderungsgrund i.S.d. § 616 BGB als auch ein Unglück i.S.d. § 63 HGB und § 133 c GewO. Voraussetzung für den Anspruch eines Angestellten auf Entgeltfortzahlung im Krankheitsfall ist auch nach diesen Vorschriften, daß die Krankheit nicht durch ein Verschulden des Arbeitnehmers bedingt ist. Während allerdings Arbeiter erst dann einen Anspruch auf Lohnfortzahlung haben, wenn die Krankheit nach Beginn der Beschäftigung auftritt, so besteht für Angestellte ein Gehaltsfortzahlungsanspruch bereits nach Abschluß des Arbeitsvertrages. Erkrankt also ein Angestellter zwischen dem Abschluß eines Arbeitsvertrages und dem vorgesehenen Termin der Arbeitsaufnahme, so hat er Anspruch auf Entlohnung ohne überhaupt die Arbeit aufgenommen zu haben. Dieser Anspruch besteht allerdings erst ab dem Tag des vereinbarten Dienstantritts und nur für den zu diesem Zeitpunkt noch nicht abgelaufenen Teil der 6-Wochenfrist.

Ist ein Arbeitnehmer (Arbeiter oder Angestellter) beim Abschluß des Arbeitsvertrages bereits arbeitsunfähig krank, so hat er keinen Anspruch auf Entgeltfortzahlung im Krankheitsfall, wenn im Zeitpunkt der vereinbarten Arbeitsaufnahme die Arbeitsunfähigkeit noch fortbesteht. Dies gilt selbst dann, wenn der Arbeitnehmer die Arbeit noch aufnimmt, dann aber doch die Arbeitsleistung nicht mehr erbringen kann (BAG, 26.7.1989, DB 1989, 2490). Für die Frage der krankheitsbedingten Arbeitsunfähigkeit kommt es nämlich nicht auf die persönliche Vorstellung des Arbeitnehmers von seinem Gesundheitszustand an, sondern es ist eine **objektiv-medizinische Beurteilung** geboten. Im objektiv-medizinischen Sinne liegt Arbeitsunfähigkeit aber nicht erst dann vor, wenn der Arbeitnehmer völlig außerstande ist, die zugesagte Arbeit auszuführen, sondern bereits dann, wenn er die Arbeit nur unter der Gefahr antreten oder fortsetzen kann, daß sich sein Gesundheitszustand in Kürze verschlechtert. **654**

Ein Arbeitnehmer ist arbeitsunfähig krank, wenn er aufgrund seines Gesundheitszustandes gehindert ist, die ihm aufgrund des Arbeitsvertrages obliegende Arbeitsleistung zu erbringen. Die häufigsten Fälle sind folgende: **655**

– Der Arbeitnehmer kann seine Arbeit überhaupt nicht verrichten; **656**

– er könnte der Arbeit zwar nachgehen, aber nur mit der Gefahr, daß sich sein Gesundheitszustand in Kürze verschlechtert; **657**

– dem Arbeitnehmer ist infolge der notwendigen Krankenpflege die Arbeitsleistung unzumutbar und damit unmöglich; **658**

– dem Arbeitnehmer wird vom Arzt zur Vermeidung eines Rückfalls oder zur Festigung der Gesundheit ein Fernbleiben von der Arbeit empfohlen (Müller-Schön, S. 1 (3)). **659**

660 Der Anspruch auf Entgeltfortzahlung im Krankheitsfall ist ausgeschlossen, wenn der Arbeitnehmer die Krankheit selbst verschuldet hat. Bei der Prüfung des Verschuldens ist nicht nur auf vertragliche Pflichtverletzungen abzustellen, sondern auf das sog. Verschulden gegen sich selbst. Danach ist eine Krankheit dann verschuldet, wenn der Arbeitnehmer gröblich gegen das von einem verständigen Menschen im eigenen Interesse zu erwartende Verhalten verstoßen hat **und** es unbillig wäre, die Folgen dieses Verhaltens auf den Arbeitgeber abzuwälzen. Eine Krankheit ist dann als selbstverschuldet anzusehen, wenn sie durch ungewöhnlich leichtfertiges oder mutwilliges Verhalten verursacht wurde. Leicht fahrlässiges Verhalten genügt noch nicht. Die Behauptungs- und Beweislast für ein Verschulden des Arbeitnehmers trägt der Arbeitgeber.

661 Hinzuweisen ist darauf, daß es im Entgeltfortzahlungsrecht kein Teilverschulden und damit keine teilweise Zuerkennung eines Entgeltfortzahlungsanspruchs je nach dem Grad des Verschuldens gibt. Ist die zur Arbeitsunfähigkeit führende Krankheit verschuldet, besteht kein Entgeltfortzahlungsanspruch. Ist die Krankheit nicht verschuldet, steht dem Arbeitnehmer der volle Anspruch auf Lohn- bzw. Gehaltsfortzahlung zu.

Einzelfälle:

662 – Ein Verschulden liegt in der Regel vor, wenn der Arbeitnehmer im betrunkenen Zustand mit dem Auto fährt und einen Unfall verursacht, bei dem er verletzt wird. Läßt sich der Arbeitnehmer von einem alkoholisierten Kraftfahrer mitnehmen und kommt es zu einem Verkehrsunfall, bei dem Arbeitnehmer verletzt wird, so ist diese Verletzung selbst verschuldet, wenn der Arbeitnehmer bei Antritt der Fahrt erkannte, daß der Fahrer nicht mehr fahrtauglich war. Ein Verschulden liegt sogar dann vor, wenn sich der Arbeitnehmer auf einem Volksfest so betrinkt, daß er nicht mehr beurteilen kann, ob der Fahrer eines Kraftfahrzeuges, mit dem er mitfährt, ebenfalls wegen Alkoholgenusses fahruntüchtig ist (LAG Frankfurt/M., 24.4.1989, DB 1989, 2031).

663 – Trunksucht und ihre Folgen können je nach Lage des Einzelfalls verschuldet sein. Im Hinblick auf medizinische Erkenntnisse lehnt das Bundesarbeitsgericht in seiner neueren Rechtsprechung einen Erfahrungssatz ab, wonach Alkoholismus stets verschuldet sei (BAG, 1.6.1983, DB 1983, 2420). Trunksucht könne auf der Persönlichkeit des

Erkrankten, seiner Umwelt, aber auch auf einem Verschulden beruhen. Für die Beurteilung des Verschuldens ist das Verhalten heranzuziehen, das vor dem Zeitpunkt liegt, ab dem der Arbeitnehmer alkoholabhängig wurde. Hat sich ein alkoholkranker Arbeitnehmer einer stationären Entziehungskur unterzogen, bei der er über die Gefahren des Alkohols für sich aufgeklärt wurde und ist es ihm anschließend gelungen, mehrere Monate abstinent zu bleiben, so kann ein schuldhaftes Verhalten vorliegen, wenn er sich wieder dem Alkohol zuwendet und dadurch erneut arbeitsunfähig krank wird (BHG, 11.11.1987, DB 1988, 402). Ein alkoholabhängiger Arbeitnehmer kann schuldhaft i.S.d. lohnfortzahlungsrechtlichen Bestimmungen handeln, wenn er in noch steuerungsfähigem Zustand mit dem Auto zur Arbeit fährt, während der Arbeitszeit in erheblichem Maße Alkohol zu sich nimmt und nach Dienstende im betrunkenen Zustand einen Verkehrsunfall verursacht, bei dem er verletzt wird (BAG, 30.3.1988, BB 1988, 1464).

– Sportunfälle sind in der Regel nicht verschuldet, wenn sie sich im Rahmen einer normalen sportlichen Betätigung ereignen. Ein Verschulden kann aber insbesondere dann vorliegen, wenn es sich um eine besonders gefährliche Sportart handelt, oder die Sportart die Leistungsfähigkeit des Arbeitnehmers erheblich übersteigt. Nach der Ansicht des Bundesarbeitsgerichts ist eine Sportart als besonders gefährlich anzusehen, wenn bei objektiver Betrachtung das Verletzungsrisiko so groß ist, daß auch ein gut ausgebildeter Sportler bei sorgfältiger Beachtung der Regeln dieses Risiko nicht vermeiden kann (BAG, 7.10.1981, DB 1982, 706). Wer sich unbeherrschbaren Gefahren und damit einem besonders hohen Verletzungsrisiko aussetzt, handelt leichtsinnig und unvernünftig und damit schuldhaft i.S.d. Entgeltfortzahlungsrechts. Drachenfliegen ist nach Ansicht des BAG keine besonders gefährliche Sportart, wenn es regelgerecht betrieben wird. **664**

– Ein Arbeitnehmer, der bei der Arbeit eine vorgesehene Schutzkleidung (z.B. Sicherheitsschuhe, Schutzhelm, Knieschützer) nicht trägt, obwohl ihm die Notwendigkeit deren Benutzung bekannt ist, hat wegen Verschuldens keinen Anspruch auf Entgeltfortzahlung im Krankheitsfall, wenn die Nichtbenutzung der Schutzkleidung zu einer Arbeitsunfähigkeit wegen Krankheit führt. So hat das Arbeitsgericht Passau einem Fliesenleger einen Lohnfortzahlungsanspruch versagt, der sich bei Betonarbeiten zur Arbeitsunfähigkeit führende Hautätzungen an den Knien zugezogen hatte (Arbeitsgericht Passau, 18.11.1988, BB 1989, **665**

70). Der Fliesenleger hatte es abgelehnt, Knieschützer zu tragen, obwohl Arbeitskollegen ihn auf die damit verbundenen Gefahren hingewiesen und ihm Knieschützer angeboten hatten.

666 Die Höhe des während der krankheitsbedingten Arbeitsunfähigkeit fortzuzahlenden Arbeitsentgelts richtet sich nach dem sog. **Lohnausfallprinzip.** So ist nach § 2 Lohnfortzahlungsgesetz dem Arbeitnehmer „das ihm bei der für ihn maßgebenden regelmäßigen Arbeitszeit zustehende Arbeitsentgelt fortzuzahlen. Ausgenommen sind Auslösungen, Schmutzzulagen und ähnliche Leistungen, soweit der Anspruch auf sie im Falle der Arbeitsunfähigkeit davon abhängig ist, ob und in welchem Umfang der Arbeitnehmer Aufwendungen, die durch diese Leistungen abgegolten werden sollen, tatsächlich entstanden sind und dem Arbeiter solche Aufwendungen während der Arbeitsunfähigkeit nicht entstehen. Erhält der Arbeiter Akkordlohn oder eine sonstige auf das Ergebnis der Arbeit abgestellte Vergütung, so ist der von dem Arbeiter in der für ihn maßgebenden regelmäßigen Arbeitszeit erzielbare Durchschnittsverdienst fortzuzahlen". Wird während der Dauer der Arbeitsunfähigkeit im Betrieb verkürzt gearbeitet und wäre deshalb das Arbeitsentgelt des Arbeiters im Falle seiner Arbeitsfähigkeit gemindert worden, so ist dieses verminderte Arbeitseinkommen der Berechnung des fortzuzahlenden Entgelts zugrunde zu legen. Überstunden während des Entgeltfortzahlungszeitraums sind dann regelmäßige Arbeitszeit, wenn sie im Falle der Arbeitsfähigkeit mit einer gewissen Stetigkeit und Dauer angefallen wären. Für den einen oder anderen Tag angeordnete Überstunden erfüllen diese Voraussetzung im allgemeinen nicht (BAG, 3.5.1989, NZA 1989, 885).

667 Der Anspruch auf Entgeltfortzahlung im Krankheitsfall besteht nur dann, wenn die Arbeitsverhinderung ausschließlich durch die krankheitsbedingte Arbeitsunfähigkeit verursacht worden ist. Hätte der Arbeitnehmer auch dann kein Arbeitseinkommen verdient, wenn er gesund geblieben wäre, so besteht insofern kein Anspruch auf Entgeltfortzahlung im Krankheitsfall. Fällt in die Zeit der Arbeitsunfähigkeit ein Feiertag, so erhält der Arbeitnehmer Entgeltfortzahlung, da er, wenn er gesund geblieben wäre, die Arbeitszeit, die infolge des Feiertags ausgefallen ist, nach den Vorschriften des Gesetzes zur Regelung der Lohnzahlung an Feiertagen vom Arbeitgeber bezahlt bekommen hätte. Die Frage, ob der Entgeltfortzahlungsanspruch eines erkrankten Arbeitnehmers auch Feiertagszuschläge umfaßt, wenn ein Feiertag im Krankheitszeitraum gelegen ist, hängt davon ab, ob er bei Nichterkrankung an diesem Feiertag gearbeitet hätte oder nicht. Hätte er an diesem Feiertag gearbeitet, dann wäre ihm ein Anspruch auf Erhalt der Feiertagszuschläge zugestanden. Der Entgeltfortzahlungsanspruch umfaßt dann auch die wegen der Krankheit nicht verdienten Feiertagszuschläge. Hätte der Arbeitnehmer an dem Feiertag nicht gearbeitet, dann hätte er auch keinen Anspruch auf die Zuschläge erworben, so daß er im Krankheitsfall auch keinen Anspruch auf entsprechend erhöhte Entgeltfortzahlung hat.

Nach § 3 Abs. 1 Lohnfortzahlungsgesetz ist ein Arbeitnehmer verpflichtet, die Arbeitsunfähigkeit und deren voraussichtliche Dauer dem Arbeitgeber unverzüglich anzuzeigen und vor Ablauf des dritten Kalendertages nach Beginn der Arbeitsunfähigkeit eine ärztliche Bescheinigung nachzureichen. Eine entsprechende gesetzliche Nachweispflicht besteht für Angestellte zwar nicht, jedoch ergibt sich eine solche meist aus tariflichen, betrieblichen oder einzelvertraglichen Regelungen. Unabhängig vom Bestehen einer Nachweisfplicht ist es aber Sache des Angestellten, die Anspruchsvoraussetzungen für die Gehaltsfortzahlung im Krankheitsfall dem Arbeitgeber nachzuweisen (vgl. Schaub § 98 VI 4). **668**

Über die Dauer der Arbeitsunfähigkeit entscheidet der Arzt. Gibt die ärztliche Bescheinigung für das Ende der Arbeitsunfähigkeit lediglich einen Kalendertag an, so wird damit in der Regel die Arbeitsunfähigkeit bis zum Ende der üblichen Arbeitszeit des betreffenden Arbeitnehmers an diesem Kalendertag bescheinigt (BAG, 12.7.1989, NZA 1989, 927). Nach einer aufsehenerregenden Entscheidung des LAG München beweist eine ärztliche Arbeitsunfähigkeitsbescheinigung nicht, daß der Arbeitnehmer tatsächlich arbeitsunfähig krank ist (LAG München, 9.11.1988, DB 1989, 631). Der Arbeitgeber könne jederzeit die Erkrankung mit Nichtwissen bestreiten und die Lohnfortzahlung bis zum Nachweis der Krankheit verweigern. Er müsse dazu keine Umstände darlegen, die zu ernsthaften Zweifeln an der Erkrankung Anlaß geben. Mit diesem Urteil wich das LAG München von der herrschenden Meinung ab, wonach eine ärztliche Arbeitsunfähigkeitsbescheinigung einen hohen Beweiswert und eine tatsächliche, wenn auch keine unwiderlegliche Vermutung der Richtigkeit für sich habe. Das Bundesarbeitsgericht hat sich der Rechtsauffassung des LAG München nicht angeschlossen und ausdrücklich klargestellt, daß einer ordnungsgemäß ausgestellten ärztlichen Arbeitsunfähigkeitsbeschenigung ein **hoher Beweiswert** zukommt. Sie ist der für Arbeiter gesetzlich vorgesehene und gewichtigste Beweis für die Tatsache einer krankheitsbedingten Arbeitsunfähigkeit. Der Beweiswert einer ärztlichen **669**

Arbeitsunfähigkeitsbescheinigung ergibt sich nach Ansicht des Bundesarbeitsgerichts aus der Lebenserfahrung. Der Richter hat im Normalfall den Beweis der Arbeitsunfähigkeit als erbracht anzusehen, wenn der Arbeiter im Rechtsstreit eine solche Bescheinigung vorlegt. Der Arbeitgeber, der eine ärztliche Arbeitsunfähigkeitsbescheinigung nicht gegen sich gelten lassen will, muß im Rechtsstreit Umstände darlegen **und** beweisen, die zu ernsthaften und begründeten Zweifeln an der behaupteten krankheitsbedingten Arbeitsunfähigkeit Anlaß geben. Sind solche Umstände dargetan und gegebenenfalls bewiesen, ist eine erschöpfende und in sich widerspruchsfreie Würdigung aller Umstände erforderlich, die für oder gegen die Erkrankung in der fraglichen Zeit sprechen. Dabei kann es dem Arbeitnehmer obliegen, weiteren Beweis für die Arbeitsunfähigkeit zu erbringen (BAG, 15.7.1992 – 5 AZR 312/91).

670 Hält sich ein Arbeiter bei Beginn der Arbeitsunfähigkeit im Ausland auf, so ist er verpflichtet, auch seinem Krankenversicherungsträger die Arbeitsunfähigkeit und deren voraussichtliche Dauer unverzüglich anzuzeigen (vgl. § 3 Abs. 2 LFZG). Erkrankt er in einem Land, mit dem ein Sozialversicherungsabkommen besteht, z.B. Türkei, so erfüllt der Arbeiter seine Nachweispflicht gegenüber dem Arbeitgeber dadurch, daß er dem ausländischen Sozialversicherungsträger eine Arbeitsunfähigkeitsbescheinigung des behandelnden Arztes zuleitet. Er ist daneben nicht verpflichtet, dem Arbeitgeber eine Arbeitsunfähigkeitsbescheinigung nachzusenden (LAG Köln, 4.1.1989, NZA 1989, 599).

671 Keinen Lohnfortzahlungsanspruch haben u.a. Arbeiter (für Angestellte gilt dies nicht),

672 – deren Arbeitsverhältnis, ohne ein Probearbeitsverhältnis zu sein, für eine bestimmte Zeit, maximal 4 Wochen, begründet ist (§ 1 Abs. 3 Nr. 1 LFZG),

673 – deren regelmäßige Arbeitszeit wöchentlich 10 Stunden oder monatlich 45 Stunden nicht übersteigt (§ 1 Abs. 3 Nr. 2 LFZG).

674 Es erscheint jedoch wenig ratsam, sich als Arbeitgeber auf die Vorschrift des § 1 Abs. 3 Nr. 2 LFZG zu berufen und einem Arbeiter oder einer Arbeiterin, deren regelmäßige Arbeitszeit wöchentlich 10 Stunden oder monatlich 45 Stunden nicht übersteigt, die Lohnfortzahlung im Krankheitsfall zu verweigern. Der Europäische Gerichtshof hat entschieden, daß Art.

119 EWGV dahin auszulegen sei, daß er einer nationalen Regelung entgegensteht, die es den Arbeitgebern gestattet, von der Lohnfortzahlung im Krankheitsfall diejenigen Arbeitnehmer auszuschließen, deren regelmäßige Arbeitszeit wöchentlich 10 Stunden oder monatlich 45 Stunden nicht übersteigt, wenn diese Maßnahme wesentlich mehr Frauen als Männer trifft, es sei denn, der Mitgliedstaat legt dar, daß die betreffende Regelung durch objektive Faktoren, die nichts mit einer Diskriminierung aufgrund des Geschlechts zu tun haben, gerechtfertigt ist (EuGH, 13.7.1989, NZA 1990, 437). Auf der Grundlage dieses Urteils entschied das Arbeitsgericht Oldenburg, daß der Ausschluß geringfügig Beschäftigter von der Lohnfortzahlung gegen das Lohngleichheitsgebot des EWG-Vertrages verstößt und verurteilte einen Arbeitgeber, einer Arbeiterin, deren regelmäßige wöchentliche Arbeitszeit 10 Stunden betrug, den Lohn während einer krankheitsbedingten Arbeitsunfähigkeit weiterzubezahlen (ArbG Oldenburg, 14.12.1989, NZA 1990, 438).

Auch nach der neuesten Rechtsprechung des Bundesarbeitsgerichts steht **675** geringfügig beschäftigten Arbeitern und Arbeiterinnen ein Anspruch auf Lohnfortzahlung im Krankheitsfall zu (BAG, 9.10.1991, NZA 1992, 259). Die Vorschrift des § 1 Abs. 3 Nr. 2 LFZG, die diesen Beschäftigten einen solchen Anspruch versagt, ist nach dem Spruch des Bundesarbeitsgerichts nicht mehr anzuwenden. Das bedeutet, daß der Grundsatz, wonach ein Arbeiter, der nach Aufnahme der tatsächlichen Beschäftigung in Folge einer nicht selbst verschuldeten Krankheit arbeitsunfähig wird, für die Dauer von sechs Wochen Anspruch auf Lohnfortzahlung hat, für alle Arbeiter und Arbeiterinnen gilt, unabhängig von der Dauer ihrer regelmäßigen Arbeitszeit.

Kann ein Arbeiter aufgrund gesetzlicher Vorschriften (z.B. § 823 BGB, **676** §§ 7, 18 StVG) von einem Dritten Schadenersatz wegen des Verdienstausfalles beanspruchen, der ihm durch die von Dritten verschuldeten Arbeitsunfähigkeit entstanden ist, so geht dieser Anspruch auf den Arbeitgeber über, soweit er dem Arbeitnehmer Lohnfortzahlung gewährt (§ 4 LFZG). Wurde ein Arbeiter etwa bei einem von einem Dritten verursachten Verkehrsunfall verletzt und schließt er mit diesem bzw. mit dessen Haftpflichtversicherung einen sog. Abfindungsvergleich, so verhindert er damit, daß Schadenersatzansprüche wegen des Verdienstausfalles nach § 4 LFZG auf den Arbeitgeber übergehen. Der Arbeitgeber kann in einem solchen Fall eine Lohnfortzahlung verweigern. Dies gilt jedenfalls dann, wenn der Arbeiter beim Abschluß des Abfindungsvergleichs damit rechnen mußte, daß aus dem Schadensfall noch Folgen in Form weiterer Erkrankungen auf ihn zukommen können, die ihrerseits den Arbeitgeber zur Lohnfortzahlung verpflichten würden (BAG, 7.12.1988, NZA 1989, 306). Läßt sich also ein Arbeiter durch den Abschluß eines Vergleichs darauf ein, daß gegen Zahlung einer Abfindung ein Schadensfall haftungsrechtlich abschließend geregelt ist, ihm also keine weiteren Ansprüche zustehen sollen, falls ihm noch Schäden entstehen, so kann er sich derartige Schäden in Form eines Lohnausfalls nicht vom Arbeitgeber im Wege der Lohnfortzahlung im Krankheitsfall ersetzen lassen.

3.1.2.2 Der Erholungsurlaub

677 Alle Arbeitnehmer (Arbeiter und Angestellte, sowie die zu ihrer Berufsausbildung Beschäftigten, arbeitnehmerähnliche Personen und in der Heimarbeit Beschäftigte und ihnen Gleichgestellte) haben einen gesetzlichen Anspruch auf Erholungsurlaub nach den Vorschriften des Bundesurlaubsgesetzes. Da freie Mitarbeiter selbständig tätig sind, haben sie keinen gesetzlichen Anspruch auf bezahlten Erholungsurlaub. „Machen sie Urlaub", so haben sie keinen gesetzlichen Anspruch auf Weiterbezahlung der Vergütung. Der **gesetzliche Mindesturlaub** beträgt jährlich mindestens **18 Werktage**, wobei als Werktage die Kalendertage gelten, die nicht Sonn- oder gesetzliche Feiertage sind. Samstage, an denen ohnehin nicht gearbeitet wird, sind danach als Urlaubstage mitzuzählen. De facto umfaßt der gesetzliche Mindesturlaub für Vollzeitbeschäftigte drei Wochen. Tarifliche Urlaubsansprüche gehen meist erheblich über die Dauer des gesetzlichen Mindesturlaubs hinaus. Ist aber auf ein Arbeitsverhältnis kein Tarifvertrag anwendbar, und ergibt sich auch aus dem Arbeitsvertrag keine längere Urlaubsdauer, so hat der Arbeitnehmer in jedem Fall Anspruch auf den gesetzlichen Mindesturlaub. Vertragliche Abreden, die die Dauer des Mindesturlaubs verringern oder ihn ganz ausschließen, sind unwirksam. Der Anspruch auf den vollen Erholungsurlaub besteht erstmals nach 6-monatigem Bestehen des Arbeitsverhältnisses. Auf diese sog. Wartezeit werden Zeiten angerechnet, die der Arbeitnehmer in einem arbeitnehmerähnlichen Verhältnis oder in der Ausbildung beim Arbeitgeber verbracht hat. Vor Ablauf der 6-monatigen Wartezeit, entsteht für jeden vollen Monat des Bestehens des Arbeitsverhältnisses ein Anspruch auf 1/12 des Jahresurlaubs, wenn

– der Arbeitnehmer in dem laufenden Urlaubsjahr keinen vollen Urlaubsanspruch mehr erwerben kann, z.B. weil er erst in der zweiten Jahreshälfte die Beschäftigung aufgenommen hat,

– er vor Erfüllen der Wartezeit wieder aus dem Arbeitsverhältnis ausscheidet,

– das Arbeitsverhältnis nach erfüllter Wartezeit in der ersten Hälfte eines Kalenderjahres beendet wird (vgl. § 5 BUrlG).

Hat ein Arbeitnehmer die 6-monatige Wartezeit erfüllt, so kann er bereits zu Beginn eines neuen Kalenderjahres den gesamten Jahresurlaub in Anspruch nehmen. Beendet er dann aber im Laufe des ersten Kalender-halbjahres das Arbeitsverhältnis, so kann der Arbeitgeber das für den bereits in Anspruch genommenen ganzen Jahresurlaub gewährte Urlaubsentgelt vom ausscheidenden Arbeitnehmer nicht zurückfordern. Anders kann es dann sein, wenn der Arbeitnehmer sich den ganzen Jahresurlaub relativ früh im Kalenderjahr gewähren ließ, obwohl er schon wußte, daß er das Arbeitsverhältnis bald danach beenden wird (Schaub § 102 IV 4). **678**

Für die Dauer des gesetzlichen Erholungsurlaubs hat der Arbeitnehmer Anspruch auf Weiterzahlung der Vergütung (sog. Urlaubsentgelt). Diese bemißt sich nach § 11 BUrlG nach dem durchschnittlichen Arbeitsverdienst, das der Arbeitnehmer in den letzten 13 Wochen vor Beginn des Urlaubs erhalten hat. Kam es in diesem Zeitraum infolge von Kurzarbeit, Arbeitsausfällen und unverschuldeter Arbeitsversäumnis zu Verdienstkürzungen, so sind diese nicht zu berücksichtigen. Das Urlaubsentgelt ist vor Antritt des Urlaubs dem Arbeitnehmer auszuzahlen. **679**

Streng zu trennen vom Urlaubsentgelt, auf das der Arbeitnehmer einen gesetzlichen, nicht abdingbaren Anspruch hat, ist das sog. Urlaubsgeld. Auf letzteres besteht kein gesetzlicher Anspruch! Vereinbarungen über den Erhalt von Urlaubsgeld sind in zahlreichen Tarifverträgen enthalten. **680**

Bei der zeitlichen Festlegung des Urlaubs sind die Urlaubswünsche des Arbeitnehmers zu berücksichtigen, wenn ihnen nicht dringende betriebliche Belange oder die Urlaubswünsche anderer Arbeitnehmer, die unter sozialen Gesichtspunkten den Vorrang verdienen (schulpflichtige Kinder, wenn der Urlaub während der Ferienzeit genommen werden soll), entgegenstehen. Grundsätzlich ist der Urlaub zusammenhängend zu gewähren. Ist dies aus dringenden betrieblichen oder in der Person des Arbeitnehmers liegenden Gründen nicht möglich, und hat der Arbeitnehmer Anspruch auf Urlaub von mehr als 12 Tagen (d.h. wenn das Arbeitsverhältnis schon länger als 6 Monate besteht), so muß einer der Urlaubsteile mindestens 12 zusammenhängende Werktage (Samstage sind mitzuzählen) umfassen. In **681** keinem Fall hat der Arbeitnehmer das Recht, nicht gewährten Urlaub eigenmächtig anzutreten. Ein solches Verhalten könnte den Arbeitgeber, ggf. nach Abmahnung, zum Ausspruch einer Kündigung berechtigen.

682 Zu beachten ist, daß der Urlaub grundsätzlich im laufenden Kalenderjahr gewährt und genommen werden muß. Eine Übertragung auf das nächste Kalenderjahr ist nur möglich, wenn dringende betriebliche oder in der Person des Arbeitnehmers liegende Gründe dies rechtfertigen. In einem solchen Fall muß der Urlaub in den ersten drei Monaten des nächsten Kalenderjahres gewährt und genommen werden. Eine davon abweichende Regelung enthält § 17 Abs. 2 BErzGG, wonach der Arbeitgeber dem Arbeitnehmer/der Arbeitnehmerin den Resturlaub nach dem Erziehungsurlaub im laufenden oder im nächsten Jahr zu gewähren hat, wenn dieser den ihm zustehenden Erholungsurlaub vor dem Beginn des Erziehungsurlaubs nicht oder nicht vollständig erhalten hat. Hinzuweisen ist auch darauf, daß der Arbeitgeber den Erholungsurlaub, der einem Arbeitnehmer für das Urlaubsjahr zusteht, für jeden vollen Kalendermonat, für den der Arbeitnehmer Erziehungsurlaub nimmt, um 1/12 kürzen kann.

683 Kann der Erholungsurlaub wegen Beendigung des Arbeitsverhältnisses nicht mehr ganz oder teilweise genommen werden, so ist er vom Arbeitgeber abzugelten. Eine Abgeltung des Urlaubs während eines bestehenden Arbeitsverhältnisses ist unwirksam. Hat der Arbeitgeber dennoch den Urlaub abgegolten oder anstelle des Urlaubs eine höhere Vergütung bezahlt, so kann der Arbeitnehmer, auch wenn die Urlaubsabgeltung bzw. Mehrbezahlung in seinem Einverständnis erfolgte, den Urlaub dennoch geltend machen (BAG, 29.5.1965, AP Nr. 1 zu § 7 BUrlG). Man wird davon ausgehen können, daß in einem solchen Fall die bereits gezahlte Urlaubsabgeltung nicht mehr zurückgefordert werden kann. Etwas anderes kann dann gelten, wenn die Initiative zur rechtswidrigen Urlaubsabgeltung vom Arbeitnehmer ausgegangen ist. Hat der Arbeitnehmer den Arbeitgeber gedrängt, ihm unzulässigerweise die Urlaubsabgeltung zu bezahlen, so wird er den abgegoltenen, aber dennoch weiterbestehenden Urlaubsanspruch wohl nicht durchsetzen können.

684 Wechselt ein Arbeitnehmer während des Jahres den Arbeitsplatz und hat er im ersten Arbeitsverhältnis schon den gesamten Jahresurlaub erhalten, so kann er vom neuen Arbeitgeber keinen weiteren Urlaub verlagen (vgl. § 6 Abs. 1 BUrlG). Ist im neuen Arbeitsverhältnis der Urlaubsanspruch höher, so kann der Arbeitnehmer für die überschießenden Tage nur aus der entsprechenden Dauer des neuen Arbeitsverhältnisses weiteren Urlaub vom neuen Arbeitgeber fordern. Hat der Arbeitnehmer beim ersten Arbeitgeber noch nicht den gesamten Jahresurlaub erhalten, so steht ihm für die Dauer des noch nicht gewährten Resturlaubs ein Anspruch auf Urlaubsabgeltung zu. Der Arbeitgeber kann aber die Urlaubsabgeltung verweigern, soweit der Arbeitnehmer von seinem neuen Arbeitgeber Urlaub verlangen kann (BAG, 5.11.1970, NJW 1971, 534). In jedem Fall ist der Arbeitgeber verpflichtet, bei Beendigung des Arbeitsverhältnisses dem Arbeitnehmer eine Bescheinigung über den im laufenden Kalenderjahr gewährten oder abgegoltenen Urlaub auszuhändigen.

Auch Schüler und Studenten sind Arbeitnehmer i.S.d. Bundesurlaubsgeset- **685** zes, wenn sie während der Schul- oder Semesterferien in einem Betrieb arbeiten, und die allgemeinen Begriffsmerkmale des Arbeitnehmers auf sie zutreffen. Daher haben auch sie einen unabdingbaren Urlaubsanspruch. Wegen der Kürze des Arbeitsverhältnisses, z.B. ein Monat, kann ihnen nur ein Teilurlaubsanspruch zustehen. Da Ferienarbeiter regelmäßig vor dem Erfüllen der 6-monatigen Wartezeit aus dem Arbeitsverhältnis ausscheiden, beträgt der Teilurlaubsanspruch 1/12 des Jahresurlaubs für jeden vollen Monat des Bestehens des Arbeitsverhältnisses. Bruchteile von Urlaubstagen, die mindestens 1/2 Tag ergeben, sind auf volle Urlaubstage aufzurunden. Das bedeutet, daß ein Ferienarbeiter, der einen Monat arbeitet, einen Urlaubsanspruch von 2 Werktagen hat (18 : 12 = 1,5, ergibt aufgerundet 2).

3.1.2.3 Arbeitsausfall wegen gesetzlicher Feiertage

Fällt wegen eines gesetzlichen Feiertages Arbeitszeit aus, so haben alle **686** Arbeitnehmer, also Angestellte und Arbeiter, nicht so freie Mitarbeiter, Anspruch gegen ihren Arbeitgeber auf Zahlung des Arbeitsentgelts, das sie erzielt hätten, wenn nicht wegen des Feiertages die Arbeit ausgefallen wäre. Dieser Anspruch besteht nicht, wenn der Arbeitnehmer am letzten Arbeitstag vor oder am ersten Arbeitstag nach dem Feiertag unentschuldigt der Arbeit ferngeblieben ist (vgl. § 1 des Gesetzes zur Regelung der Lohnzahlung an Feiertagen).

3.1.2.4 Die Entgeltfortzahlung bei Arbeitsverhinderung aus persönlichen Gründen

Eine ausdrückliche gesetzliche Regelung der Frage, ob und ggf. wie lange **687** Arbeitnehmer Anspruch auf bezahlte Arbeitsfreistellung haben, wenn ihnen aus persönlichen Gründen die Arbeitserbringung nicht möglich oder nicht zumutbar ist, z.B. Eheschließung, Tod eines nahen Angehörigen, Krankheit eines minderjährigen Kindes, Umzug, gibt es nicht. In derartigen Fällen kann sich ein Anspruch des Arbeitnehmers aus § 616 Abs. 1 BGB ergeben, der, wenn er nicht abbedungen wurde, für alle Dienstverhältnisse gilt. Diese Vorschrift bestimmt, daß der zur Dienstleistung Verpflichtete seinen Anspruch auf Vergütung nicht dadurch verliert, „das er für eine verhältnismäßig nicht erhebliche Zeit durch einen in seiner Person liegenden Grund ohne sein Verschulden an der Dienstleistung verhindert wird". Es müssen also drei Voraussetzungen erfüllt werden:

688 – Der Arbeitnehmer muß aus persönlichen Gründen an der Arbeitsleistung gehindert sein. Ein solches subjektives, persönliches Leistungshindernis liegt nicht erst dann vor, wenn der Arbeitnehmer zur Arbeitsleistung außerstande ist, sondern bereits dann, wenn ihm die Arbeit nach Treu und Glauben **nicht zugemutet werden kann** (BAG, 25.10.1973, AP Nr. 43 zu § 616 BGB). Stehen objektive Hindernisse, z.B. Fehlen einer Berufsausübungserlaubnis, der Erbringung der Arbeitsleistung entgegen, so scheidet ein Anspruch aus § 616 Abs. 1 BGB aus. Subjektive, einen Anspruch nach § 616 Abs. 1 BGB eröffnende Leistungshindernisse liegen nur dann vor, wenn sie in der Person des jeweiligen Arbeitnehmers liegen. Werden von einem Hindernis, das der Arbeitserbringung entgegensteht, mehrere Arbeitnehmer betroffen, z.B. Sperrung einer Straße, Verkehrsstau, Erdrutsch, Schnee oder Glatteis, so liegt kein in der Person des Arbeitnehmers liegender Verhinderungsgrund und damit kein Anspruch aus § 616 BGB vor (BAG, 8.9.1982, NJW 1983, 1078). In folgenden Fällen wurde von der Rechtsprechung das Vorliegen eines persönlichen Hindergrundes anerkannt:

689 * Geburten, Todesfälle in der Familie,

690 * kirchliche und standesamtliche Trauung des Arbeitnehmers,

691 * Goldene Hochzeit der Eltern,

692 * Arztbesuche, wenn der Termin vom Arbeitnehmer nicht zu beeinflussen ist und deshalb nicht auf einen Zeitpunkt außerhalb der Arbeitszeit gelegt werden konnte.

– Der Verhinderungsgrund darf vom Arbeitnehmer nicht verschuldet 693
worden sein. Ein Verschulden i.S.d. § 616 Abs. 1 BGB liegt dann vor,
wenn ein gröblicher Verstoß gegen das von einem verständigen Menschen zu erwartende Verhalten vorliegt (Schaub § 97 II 2).

– Die Arbeitsverhinderung aus persönlichen Gründen darf sich nur auf 694
eine verhältnismäßig nicht erhebliche Zeit erstrecken. Soweit keine
tarifvertraglichen oder arbeitsvertraglichen Vereinbarungen über
Arbeitsfreistellungen aus persönlichen Gründen vorliegen, kann die
Beantwortung dieser Frage schwierig sein (allerdings enthalten zahlreiche Tarifverträge dahingehende Bestimmungen).

Nach Schaub (§ 97 II 3) ist der Zeitraum unter Berücksichtigung der 695
Umstände des Einzelfalles zu bestimmen, wobei als Kriterien in
Betracht kommen:

* Das Verhältnis von Verhinderungzeit zur Gesamtdauer des Arbeits- 696
verhältnisses unter Berücksichtigung der bereits vergangenen und
noch zu erwartenden Zeit,

* die Länge der Kündigungsfrist und 697

* die für den Verhinderungsgrund objektiv notwendige Zeit. 698

Nicht zu berücksichtigen ˙ sind nach Schaub die Dringlichkeit der 699
Arbeit, die Notwendigkeit, eine Ersatzkraft zu beschaffen oder die
Zahl der verhinderten Arbeitnehmer.

Bei mehreren verschiedenen persönlichen Hinderungsgründen entsteht 700
grundsätzlich ein neuer Anspruch auf Arbeitsfreistellung. Bei einer
mehrfachen Arbeitsverhinderung wegen desselben Hinderungsgrundes
wird nach Schaub (a.a.O.) eine Zusammenrechnung und damit eine
Beschränkung der Freistellungsdauer erfolgen können, wenn der
Arbeitnehmer im Verhältnis zur Arbeitsverhinderung nicht eine angemessene Zeit gearbeitet hat. Ist die Arbeitsverhinderung nicht nur von
relativ kurzer Dauer, so scheidet ein Freistellungsanspruch nach § 616
Abs. 1 BGB aus. Eine Anrechnung wenigstens der Zeit, die nach den
Umständen des Falles als „verhältnismäßig nicht erheblich" anzusehen
wäre, ist nicht möglich.

701 Liegen die Voraussetzungen des § 616 Abs. 1 BGB vor, so bleibt der Vergütungsanspruch des Arbeitnehmers ungeschmälert bestehen. Er bekommt das Arbeitsentgelt, das er erhalten hätte, wäre er nicht aus einem persönlichen Grund an der Arbeitserbringung gehindert worden.

702 Ist ein Arbeitnehmer wegen der **Pflege eines erkrankten Kindes** an der Arbeitserbringung gehindert, so kann sich ein Entgeltfortzahlungsanspruch aus § 616 Abs. 1 BGB ergeben. Nach der bisherigen Rechtsprechung kam ein solcher Anspruch nur in Betracht, wenn das Kind das 8. Lebensjahr noch nicht vollendet hatte, und keine andere im Haushalt des Arbeitnehmers lebende Person die Pflege übernehmen konnte. Der Anspruch war je Kind auf 5 Arbeitstage im Kalenderjahr beschränkt.

703 Seit 1. Januar 1992 haben in der gesetzlichen Krankenversicherung versicherte Arbeitnehmer Anspruch auf Krankengeld, wenn es nach ärztlichem Zeugnis erforderlich ist, daß sie zur Beaufsichtigung, Betreuung oder Pflege ihres erkrankten und versicherten Kindes der Arbeit fernbleiben, eine andere in ihrem Haushalt lebende Person sich nicht um das Kind kümmern kann und das Kind das 12. Lebensjahr noch nicht vollendet hat. Der Anspruch auf Krankengeld besteht in jedem Kalenderjahr für jedes Kind längstens für 10 Arbeitstage, für Alleinerziehende längstens für 20 Arbeitstage. Insgesamt besteht der Anspruch maximal für 25 bzw. 50 Arbeitstage pro Kalenderjahr. Besteht ein solcher Anspruch auf Krankengeld, so besteht gleichzeitig für die gleiche Dauer ein unabdingbarer Anspruch gegen den Arbeitgeber auf unbezahlte Arbeitsfreistellung, soweit nicht aus dem gleichen Grund ein Anspruch auf bezahlte Arbeitsfreistellung besteht (vgl. § 45 SGB V).

704 Nicht gesetzlich geregelt wurde allerdings, unter welchen Voraussetzungen und insbesondere für welche Dauer ein arbeitsrechtlicher Anspruch auf bezahlte Arbeitsfreistellung besteht. Mangels anderweitiger gesetzlicher Regelungen läßt sich deshalb die Auffassung vertreten, daß der Anspruch auf bezahlte Arbeitsfreistellung weiterhin auf fünf Arbeitstage je Kind pro Kalenderjahr besteht (so wohl auch Schaub § 97 II 1 b), wobei allerdings die Altersgrenze des zu pflegenden Kindes entsprechend der sozialversicherungsrechtlichen Vorschrift des § 45 SGB V auf 12 Jahre anzuheben ist. Eine Rechtsprechung zu dieser Thematik ist nicht bekannt.

3.1.2.5 Annahmeverzug des Arbeitgebers

Nach § 615 Satz 1 BGB kann der Dienstverpflichtete für nicht geleistete 705
Dienste die vereinbarte Vergütung verlangen, ohne zur Nachleistung verpflichtet zu sein, wenn sich der Dienstberechtigte in Annahmeverzug befindet. Ein Annahmeverzug des Arbeitgebers liegt vor, wenn er das ordnungsgemäße Angebot des Arbeitnehmers, die Arbeit zu erbringen, nicht annimmt, indem er den Arbeitnehmer nicht beschäftigt, etwa weil er ihm keine Arbeit überträgt, keine Geräte oder kein Arbeitsmaterial zur Verfügung stellt oder ihm das Betreten des Betriebsgeländes untersagt. Ob den Arbeitgeber ein Verschulden für die Nichtermöglichung der Arbeitsleistung trifft, ist ohne Bedeutung. Kann der Arbeitnehmer etwa nicht beschäftigt werden, weil ein LKW, der die zu verarbeitenden Materialien geladen hatte, in einen Unfall verwickelt wurde, bei dem die Materialien zugrunde gingen, so ist der Arbeitgeber dennoch zur Zahlung des vereinbarten Arbeitsentgelts verpflichtet.

Der Arbeitgeber gerät aber nur dann in Annahmeverzug, wenn der 706
Arbeitnehmer seine Dienste ordnungsgemäß angeboten hat. Dazu ist in der Regel erforderlich, daß er am Arbeitsplatz erscheint. Ein wörtliches Angebot arbeiten zu wollen, genügt dann, wenn der Arbeitgeber erklärt hat, die Dienste des Arbeitnehmers nicht anzunehmen, oder wenn er eine erforderliche Mitwirkungshandlung, z.B. Bereitstellen von Geräten und Material, unterläßt. Die Frage, wann ein ordungsgemäßes Angebot vorliegt, das den Arbeitgeber in Annahmeverzug bringen kann, ist insbesondere im Zusammenhang mit arbeitgeberseitigen Kündigungen von Bedeutung. Hier ist in der Rechtsprechung des Bundesarbeitsgerichts eine Entwicklung zu beobachten, die sich manchmal nur schwer mit den Vorschriften des BGB über den Annahmeverzug (§§ 293 BGB ff) untermauern läßt.

Hat ein Arbeitgeber nach Ausspruch einer (unwirksamen) Kündigung 707
unmißverständlich erklärt, daß er den Arbeitnehmer auf keinen Fall mehr beschäftigen möchte, und bietet der Arbeitnehmer seine Arbeitsleistung nur mündlich an, so gerät der Arbeitgeber in Annahmeverzug und muß für die Dauer der Nichtbeschäftigung des Arbeitnehmers dessen Vergütung nachzahlen, wenn er in einem Kündigungsschutzprozeß unterliegt. Ein Arbeitsangebot des Arbeitnehmers kann man auch in einem Widerspruch des Arbeitgebers gegen die Kündigung oder in der Erhebung einer Kündigungsschutzklage erblicken (BAG, 26.8.1971, DB 1971, 1971). In

seiner jüngeren Rechtsprechung vertritt nun das BAG sogar die Ansicht, daß bei einer unwirksamen Kündigung der Arbeitnehmer überhaupt kein Angebot zur Arbeitserbringung machen muß, sondern vielmehr der Arbeitgeber ihn zur Arbeitsaufnahme aufzufordern hat (BAG, 21.3.1985, DB 1985, 1744).

708 Der Arbeitgeber kommt trotz eines ordnungsgemäßen Angebots des Arbeitnehmers zur Arbeitserbringung nicht in Annahmeverzug, wenn der Arbeitnehmer zur Arbeitsleistung imstande war (vgl. § 297 BGB), etwa weil er wegen schlechter Witterungsverhältnisse nicht in den Betrieb kommen konnte. Befindet sich der Arbeitgeber in Annahmeverzug, so hat der Arbeitnehmer Anspruch auf Bezahlung, ohne seinerseits zur Nacharbeit verpflichtet zu sein. Er muß sich nach § 615 Satz 2 BGB aber den Wert desjenigen anrechnen lassen, was er infolge des Unterbleibens der Dienstleistung erspart, z.B. Fahrtkosten, oder durch anderweitige Verwendung seiner Dienste, z.B. Aushilfsarbeiten bei einem anderen Arbeitgeber, erwirbt oder zu erwerben böswillig unterläßt. Eine Böswilligkeit in diesem Sinne kann aber nicht schon dann angenommen werden, wenn der Arbeitnehmer eine ihm an sich mögliche Ersatzarbeit nicht annimmt. Dagegen begründet die Ablehnung einer angebotenen gleichwertigen Arbeit, deren Übernahme mit keinen wesentlichen weiteren Nachteilen verbunden ist, in aller Regel eine Anrechnungspflicht.

3.1.3 Haftung des Arbeitnehmers

3.1.3.1 Haftung des Arbeitnehmers gegenüber dem Arbeitgeber

709 Arbeitgeber und Arbeitnehmer stehen sich auf dem Boden des Zivilrechts als Vertragspartner gegenüber, so daß grundsätzlich auch haftungsrechtlich zwischen ihnen die allgemeinen Vorschriften und Regeln des Zivilrechts, z.B. über positive Vertragsverletzung, gelten. Eine uneingeschränkte Haftung des Arbeitnehmers für Schäden, die er dem Arbeitgeber schuldhaft zufügt (ohne Verschulden des Schädigers kommen Schadenersatzansprüche nur bei den Tatbeständen der sog. Gefährdungshaftung, z.B. §§ 7, 18 StVG, in Betracht), wäre in sehr vielen Fällen übermäßig und unangemessen. Gerade wenn jemand über längere Zeit die gleiche Arbeit verrichtet, ist es nicht unwahrscheinlich, daß nicht ständig bei allerhöchster Konzentration gearbeitet wird. Desweiteren sind Arbeitnehmern oftmals Sachen anvertraut, z.B. Computeranlagen, Lastkraftwagen nebst Ladung, deren Wert in keinem Verhältnis mehr zu ihrem Einkommen stehen. Um eine unbillige Haftung des Arbeitnehmers für von ihm verursachte Schäden zu vermeiden, wurden in Rechtsprechung und Lehre Regeln entwickelt, wonach der Arbeitnehmer in Abweichung von § 276 BGB nicht für jede Fahrlässigkeit haften muß. Nach den Grundsätzen über die sog. gefahr- oder schadensgeneigte Arbeit wird die Haftung des Arbeitnehmers grundsätzlich wir folgt abgestuft:

– Bei ganz leichter Fahrlässigkeit haftet der Arbeitnehmer nicht;   710

– verursacht er den Schaden vorsätzlich oder grob fahrlässig, so haftet er   711
  im vollen Umfang;

– in dem dazwischenliegenden Bereich erfolgt eine Schadensteilung zwi-   712
  schen Arbeitgeber und Arbeitnehmer. Die Ersatzpflicht des Arbeitnehmers wird unter Berücksichtigung aller Umstände des Falles, insbesondere auch des Verschuldensmaßes, der Schadenshöhe und der Risikoverteilung, gemindert.

Nach der bisherigen Rechtsprechung des Bundesarbeitsgerichts kommt   713
eine **Minderung der Schadenersatzpflicht** nur in Betracht, wenn der
Schaden bei der Verrichtung einer sog. gefahren- oder schadensgeneigten
Arbeit entstanden ist. Eine gefahrgeneigte Arbeit liegt dann vor, wenn die
vom Arbeitnehmer zu erbringende Arbeit ihrer Art nach eine besonders
große Wahrscheinlichkeit in sich birgt, daß Versehen unterlaufen und
dadurch Schäden verursacht werden, die zum Arbeitseinkommen des
Arbeitnehmers in unangemessenem Verhältnis stehen (Palandt, § 611, 14
b aa). Bei der Beantwortung der Frage, ob eine gefahrgeneigte Arbeit vorliegt, ist nicht auf die generelle Gefährlichkeit der Arbeit abzustellen, z.B.
Fahren eines LKW, sondern es ist die konkrete Situation entscheidend, in
der der Schaden entstanden ist. So stellt das Fahren eines Kraftfahrzeuges
zwar in vielen Fällen eine gefahrgeneigte Arbeit dar (vgl. BAG,
24.11.1987, NZA 1988, 579), jedoch kann sich eine andere Beurteilung
ergeben, wenn der Arbeitnehmer z.B. ohne eilig ein Ziel erreichen zu
müssen, auf einer verkehrsarmen, übersichtlichen Straße bei trockener
Bahn und klarer Sicht fährt.

Die Frage, ob eine Haftungsminderung des Arbeitnehmers auf Fälle der   714
schadensgeneigten Arbeit beschränkt bleiben soll oder auf jede betrieblich

veranlaßte Arbeit ausgedehnt werden kann, ist derzeit dem Gemeinsamen Senat des Bundesarbeitsgerichts zur Beantwortung vorgelegt (BAG, Vorlagebeschluß des 8. Senats vom 12.10.1989, NZA 1990, 95).

3.1.3.2 Haftung des Arbeitnehmers gegenüber Arbeitskollegen

715 Nach § 637 RVO sind bei einem Arbeitsunfall Schadenersatzansprüche eines Arbeitnehmers gegen einen den Arbeitsunfall verursachenden Arbeitskollegen ausgeschlossen, wenn dieser den Schaden nicht vorsätzlich herbeigeführt hat, und der Unfall sich nicht während der Teilnahme am allgemeinen Verkehr ereignet hat. Das bedeutet, daß im Normalfall ein Arbeitnehmer wegen eines Personenschadens, den er etwa durch Unachtsamkeit verursacht hat, einem Arbeitskollegen gegenüber nicht haftet. Anders ist es bei Sachschäden, da § 637 RVO nur für Personenschäden gilt. Fügt ein Arbeitnehmer einem Arbeitskollegen einen Sachschaden zu, so haftet er grundsätzlich im vollen Umfang, kann aber, falls der Schaden bei einer gefahrgeneigten Arbeit entstanden ist, einen Freistellungsanspruch gegen den Arbeitgeber haben (vgl. Rdn. 716).

3.1.3.3 Haftung des Arbeitnehmers gegenüber Dritten

716 Fügt ein Arbeitnehmer während der Arbeit einem nicht betriebsangehörigen Dritten einen Schaden zu, so ist er diesem gegenüber nach den Vorschriften des Deliktrechts ersatzpflichtig. Eine Haftungsminderung gegenüber dem Dritten nach den Grundsätzen der gefahrgeneigten Arbeit ist nicht möglich, da der Dritte und der Arbeitnehmer in keinerlei vertraglichen Beziehungen stehen und den Dritten keine Schutz- und Rücksichtspflichten gegenüber dem Arbeitnehmer treffen (BGH, 19.9.1989, AP Nr. 99 zu § 611 BGB Haftung des Arbeitnehmers). Da dies bei der Verrichtung einer gefahrgeneigten Arbeit einer gerechten Risikoverteilung von Arbeitgeber und Arbeitnehmer zuwiderliefe, steht dem Arbeitnehmer in solchen Fällen ein Freistellungsanspruch gegen den Arbeitgeber zu. Er kann vom Arbeitgeber verlangen, ihn von der Inanspruchnahme durch den geschädigten Dritten in der Höhe freizustellen, in der dem Arbeitnehmer eine Haftungsminderung zuerkannt würde, hätte er den Schaden dem Arbeitgeber zugefügt. Hat der Arbeitnehmer dem geschädigten Dritten bereits Ersatz geleistet, so kann er vom Arbeitgeber insofern Erstattung verlangen.

3.1.4 Beendigung des Arbeitsverhältnisses

Ein Arbeitsvertrag wird, wenn keine anderweitigen Bestimmungen getrof-   **717**
fen werden, auf unbestimmte Zeit geschlossen. Das durch den Arbeitsvertrag begründete Dauerschuldverhältnis zwischen Arbeitgeber und Arbeitnehmer kann von jedem Vertragteil durch den Ausspruch einer Kündigung (ordentliche oder außerordentliche) oder durch den Abschluß eines
Aufhebungsvertrages beendet werden. Wurde das Arbeitsverhältnis zulässigerweise nur für eine bestimmte Dauer geschlossen, so endet es ohne
weiteres mit Ablauf der Zeit, für die es eingegangen wurde. Das Arbeitsverhältnis endet auch, wenn der Arbeitnehmer stirbt, da dieser seine
Dienste grundsätzlich in Person zu leisten hat. Beim Tod des Arbeitgebers endet das Arbeitsverhältnis im Zweifel nicht. Anders ist es, wenn
sich aus den Umständen des konkreten Arbeitsverhältnisses ergibt, z.B.
bei einer Pflegerin, daß der Tod des Arbeitgebers das Arbeitsverhältnis
auflöst (vgl. Schaub § 121 II 6).

3.1.4.1 Grundsätzliches zur Kündigung

Ein unbefristetes Dauerschuldverhältnis, wie es das Arbeitsverhältnis im   **718**
Regelfall ist, kann durch eine ordentliche Kündigung beendet werden. Im
Normalfall ist bei einer ordentlichen Kündigung eine Kündigungsfrist
einzuhalten (vgl. §§ 620 Abs. 2, 622 BGB). Ist allerdings das Arbeitsverhältnis befristet, so ist, wenn nichts anderes vereinbart wurde, ein ordentliche Kündigung nicht möglich. Einem freien Mitarbeiter, der nur für ein
bestimmtes Projekt „eingestellt" wurde, muß nach Abschluß der Arbeiten
nicht gekündigt werden; er erhält eben keine Anschlußaufträge. Etwas
anderes kann sein, wenn er „auf Dauer", etwa auf der Grundlage eines
unbefristeten Dienstvertrages, tätig ist, dann muß dieser Dienstvertrag
gekündigt werden.

Kündigt der Arbeitnehmer ordentlich, so muß kein besonderer Kündi-   **719**
gungsgrund vorliegen. Bei einer arbeitgeberseitigen Kündigung ist dies
nur dann der Fall, wenn das Kündigungsschutzgesetz nicht anwendbar
ist, d.h. wenn das Arbeitsverhältnis mit dem zu kündigenden Arbeitnehmer noch nicht 6 Monate bestanden hat (vgl. § 1 Abs. 1 KSchG)
oder wenn im Betrieb weniger als 6 Arbeitnehmer beschäftigt werden
(vgl. § 23 Abs. 2 KSchG) (Knorr/ Bichlmeier/ Kremhelmer, Die Kündigung, S. 100).

720 Ist ein Arbeitnehmer – nicht so ein freier Mitarbeiter – in einem Betrieb oder Unternehmen ohne Unterbrechung länger als 6 Monate beschäftigt und arbeiten im Betrieb in der Regel mehr als 5 Arbeitnehmer ausschließlich der Auszubildenden, so ist das Kündigungsschutzgesetz anwendbar. Nach § 1 Abs. 1 KSchG ist eine arbeitgeberseitige Kündigung unwirksam, wenn sie sozial ungerechtfertigt ist. Dies ist sie insbesondere dann, „wenn sie nicht durch Gründe, die in der Person oder in dem Verhalten des Arbeitnehmers liegen, oder durch dringende betriebliche Erfordernisse, die einer Weiterbeschäftigung des Arbeitnehmers in diesem Betrieb entgegenstehen, bedingt ist" (§ 1 Abs. 2 Satz 1 KSchG).

721 – Personenbedingte Kündigungsgründe sind solche, die auf den persönlichen Eigenschaften und Fähigkeiten des Arbeitnehmers beruhen, z.B. mangelnde körperliche oder geistige Eignung, aber auch Erkrankungen, die die Einsatzfähigkeit des Arbeitnehmers ganz erheblich mindern. Eine krankheitsbedingte Kündigung erfordert eine genaue Abwägung der beiderseitigen Interessen, wobei ein strenger Maßstab anzulegen ist. Werden die betrieblichen Interessen durch lange krankheitsbedingte Fehlzeiten in der Vergangenheit und nach einer entsprechenden Prognose für die Zukunft unzumutbar beeinträchtigt, so kann eine personenbedingte Kündigung in Betracht kommen (BAG, 2.11.1983, NJW 1984, 1836).

722 **Unzutreffend** ist die weit verbreitete Meinung, daß während einer Krankheit dem Arbeitnehmer nicht gekündigt werden darf. Eine **Krankheit schützt** den Arbeitnehmer **nicht** vor dem Ausspruch einer Kündigung durch den Arbeitgeber.

723 – Eine **verhaltensbedingte** Kündigung bedarf grundsätzlich einer vorherigen Abmahnung. Die Abmahnung ist eine unmißverständliche Aufforderung an den Vertragspartner, ein vertragswidriges und damit unzulässiges Verhalten unverzüglich abzustellen. Eine bestimmte Form ist nicht vorgeschrieben. Da aber eine aus verhaltensbedingten Gründen ausgesprochene Kündigung in der Regel ohne vorhergehende Abmahnung unwirksam ist, und in einem Kündigungsschutzprozeß der Arbeitgeber den Ausspruch einer Abmahnung nachweisen muß, ist es zu empfehlen, diese schriftlich zu erklären (Knorr/Bichlmeier/Kremhelmer, Die Kündigung S. 66 ff).

724 Der Arbeitnehmer muß den Inhalt der Abmahnung positiv verstehen. Deshalb reicht bei ausländischen Arbeitnehmern der Zugang der

Abmahnung allein nicht aus (BAG, 9.8.1984, DB 1984, 2703). Aber auch einem ausländischen Arbeitnehmer kann nach Treu und Glauben verwehrt sein, sich darauf zu berufen, den Inhalt des Abmahnungsschreibens nicht verstanden zu haben, wenn er sich nicht bemüht hat, Aufschluß über den Inhalt des Schreibens zu erhalten.

Eine verhaltensbedingte Kündigung kann nur dann erfolgen, wenn der **725** Kündigungsgrund **Einfluß auf das Betriebsgeschehen** hat. Ein Verhalten des Arbeitnehmers außerhalb des Arbeitsverhältnisses kann grundsätzlich keine verhaltensbedingte Kündigung rechtfertigen. Stets sind die Interessen von Arbeitgeber und Arbeitnehmer gegeneinander abzuwägen. Dabei sind auf Seiten des Arbeitgebers insbesondere die Arbeits- und Betriebsdisziplin, die Aufrechterhaltung der Funktionsfähigkeit des Betriebs und des Unternehmens, der Eintritt eines Vermögensschadens, Wiederholungsgefahr, Schädigung des Ansehens des Arbeitgebers oder Unternehmers oder der Schutz der übrigen Belegschaft zu berücksichtigen. Auf Seiten des Arbeitnehmers sind u.a. Art, Schwere, Häufigkeit der vorgeworfenen Pflichtwidrigkeit, das frühere Verhalten des Arbeitnehmers, ein Mitverschulden des Arbeitgebers, die Dauer der Betriebszugehörigkeit, Lebensalter, Umfang von Unterhaltsverpflichtungen, die Arbeitsmarktlage in die Abwägung mit einzubeziehen (vgl. Schaub § 130 I 4). Ob ein Verhalten des Arbeitnehmers nach Ausspruch einer Abmahnung, die allerdings zu keiner Verhaltensänderung des Arbeitnehmers geführt hat, den Ausspruch einer verhaltensbedingten Kündigung rechtfertigt, ist stets an den Umständen des konkreten Falles zu prüfen. Beispiele für verhaltensbedingte Kündigungsgründe:

* Beleidigende Äußerungen gegenüber dem Arbeitgeber oder Vorge- **726** setzten können eine Kündigung rechtfertigen. Allerdings muß nicht jede böse, in Verärgerung gemachte Äußerung eine Beleidigung darstellen. Gerade bei diesem Kündigungsgrund kommt den Umständen des konkreten Falles besondere Bedeutung zu, z.B. Gesprächssituation, Ort und Zeitpunkt der Äußerung, im Betrieb übliche Umgangsformen.

* Tätlichkeiten gegenüber dem Arbeitgeber rechtfertigen in der Regel **727** eine außerordentliche verhaltensbedingte Kündigung. Bei Tätlichkeiten unter Arbeitnehmern kann eine Kündigung des Angreifers in Betracht kommen.

728   * Diebstähle oder Unterschlagungen im Betrieb zerstören im allgemeinen das Vertrauensverhältnis zwischen Arbeitgeber und Arbeitnehmer derartig, daß in der Regel ohne vorherige Abmahnung eine verhaltensbedingte ordentliche, u.U. sogar eine außerordentliche Kündigung gerechtfertigt ist. Das Bundesarbeitsgericht hat eine Kündigungsschutzklage einer Arbeitnehmerin abgewiesen, der gekündigt worden war, weil sie ein zum Verkauf angebotenes Kuchenstück selbst gegessen hat, ohne es zu bezahlen (BAG, 17.5.1984, NZA 1985, 91).

729   * Schwarzfahrten mit einem vom Arbeitgeber überlassenen Fahrzeug können im allgemeinen eine Kündigung rechtfertigen, insbesondere dann, wenn der Arbeitgeber die Treibstoffkosten trägt (Schaub § 130 II 30).

730   * Ist während der Arbeitszeit der Genuß von Alkohol verboten, so können Zuwiderhandlungen im allgemeinen eine Kündigung rechfertigen. Ist der Arbeitnehmer alkoholkrank, so gelten die Grundsätze über eine Kündigung wegen Krankheit.

731   – Eine **betriebsbedingte** Kündigung kann sich aus innerbetrieblichen oder aus außerbetrieblichen Gründen ergeben. Innerbetriebliche Gründe können vorliegen z.B. bei Rationalisierungsmaßnahmen oder Produktionseinstellungen. Außerbetriebliche Gründe können z.B. Auftragsmangel, Umsatzrückgang oder Unrentabilität sein. Kündigt der Arbeitgeber aus betriebsbedingten Gründen, so ist es nicht ausreichend, wenn er den Kündigungsgrund nur schlagwortartig, z.B. Auftragsrückgang, umschreibt. Er muß seine Angaben zum Kündigungsgrund so darlegen, daß der Arbeitnehmer sie mit Gegentatsachen bestreiten, und das Gericht sie überprüfen kann (BAG, 20.2.1986, NZA 1986, 823). Der Arbeitgeber hat die Tatsachen zu beweisen, die die Kündigung bedingen. Ist einem Arbeitnehmer aus betriebsbedingten Gründen gekündigt worden und liegen tatsächlich dringende betriebliche Erfordernisse vor, so ist die Kündigung aber dennoch nicht sozial gerechtfertigt, wenn der Arbeitgeber bei der Auswahl des Arbeitnehmers soziale Gesichtspunkte nicht oder nicht ausreichend berücksichtigt hat. Auf Verlangen des Arbeitnehmers muß der Arbeitgeber die Gründe angeben, die zu der getroffenen sozialen Auswahl geführt haben.

Bei einer betriebsbedingten Kündigung ist ihre soziale Rechtfertigung 732
auf zwei Ebenen zu prüfen: So sind einerseits die dringenden betrieblichen Erfordernisse und andererseits die konkrete Auswahl des zu kündigenden Arbeitnehmers zu beurteilen. Der Arbeitnehmer hat die Tatsachen zu beweisen, die die Kündigung wegen Mißachtung oder Geringachtung sozialer Gesichtspunkte als sozial ungerechtfertigt erscheinen lassen.

Hält ein Arbeitnehmer die ihm erklärte Kündigung nicht für sozial 733
gerechtfertigt, so kann er Kündigungsschutzklage beim Arbeitsgericht erheben. Dies hat unbedingt innerhalb von drei Wochen nach Zugang der Kündigung zu erfolgen. Wird die Rechtsunwirksamkeit einer sozial ungerechtfertigten Kündigung nicht rechtzeitig geltend gemacht, so gilt die Kündigung als von Anfang an rechtswirksam, falls sie nicht aus einem anderen Grunde, z.B. fehlende Anhörung des Betriebsrats, rechtsunwirksam ist. Das bedeutet, daß sich ein Arbeitnehmer nicht mehr erfolgreich auf eine fehlende soziale Rechtfertigung einer Kündigung berufen kann, wenn er die 3-Wochen-Frist versäumt. Dadurch wird in sehr vielen Fällen die Erfolgsaussicht einer Kündigungsschutzklage erheblich reduziert. Nur in Ausnahmefällen kann eine verspätete Klage nach § 5 KSchG zugelassen werden.

Bestimmte Arbeitnehmergruppen genießen einen besonderen Kündi- 734
gungsschutz. Es sind dies insbesondere Betriebsrats- und Jugendvertretermitglieder, Schwerbehinderte, Frauen währen der Schwangerschaft und bis zum Ablauf von 4 Monaten nach der Entbindung und Arbeitnehmer, die sich im Erziehungsurlaub befinden.

Einem Betriebsrats- oder Jugendvertretungsmitglied kann nicht ordent- 735
lich gekündigt werden. Eine außerordentliche fristlose Kündigung ist nur möglich, wenn ihr der Betriebsrat zugestimmt hat oder das Arbeitsgericht die verweigerte Zustimmung des Betriebsrats auf Antrag des Arbeitgebers ersetzt. Auch einem Mitglied eines Wahlvorstands oder einem Wahlbewerber kann nur außerordentlich mit Zustimmung des Betriebsrats bzw. mit deren Ersetzung durch das Arbeitsgericht gekündigt werden.

Das Arbeitsverhältnis eines Schwerbehinderten kann der Arbeitgeber nur 736
nach vorheriger Zustimmung der Hauptfürsorgestelle durch Kündigung beenden.

185

737 Nach § 9 Abs. 1 MuSchG kann einer Frau während der Schwangerschaft und bis zum Ablauf von vier Monaten nach der Entbindung nicht gekündigt werden, wenn dem Arbeitgeber zur Zeit der Kündigung die Schwangerschaft oder die Entbindung bekannt war oder innerhalb von zwei Wochen nach Zugang der Kündigung mitgeteilt wird. Entscheidend ist, daß die Frau zur Zeit der Kündigung schwanger ist. Es genügt nicht, wenn sie erst innerhalb von zwei Wochen nach Zugang der Kündigungserklärung schwanger wird. Dieses Kündigungsverbot gilt nach Ablauf des 5. Monats der Schwangerschaft nicht für Frauen, die vom Arbeitgeber im Familienhaushalt mit hauswirtschaftlichen, erzieherischen oder pflegerischen Arbeiten in einer ihre Arbeitskraft voll in Anspruch nehmenden Weise beschäftigt werden.

738 Das Kündigungsverbot nach § 9 MuSchG gilt sowohl für ordentliche als auch für außerordentliche Kündigungen. Nur wenn die für Arbeitsschutz zuständige oberste Landesbehörde oder die von ihr bestimmte Stelle (z.B. in Bayern die Gewerbeaufsichtsämter) in besonderen Fällen die Kündigung ausnahmsweise für zulässig erklären, kann einer Schwangeren oder einer Frau innerhalb von 4 Wochen nach der Entbindung gekündigt werden. Voraussetzung ist allerdings, daß die erforderliche behördliche Zustimmung vor Ausspruch der Kündigung eingeholt wurde. Eine nachträgliche behördliche Genehmigung einer bereits erklärten Kündigung ist nicht möglich. Die Kündigung bleibt unwirksam.

739 Befindet sich eine Arbeitnehmerin im gesetzlichen Erziehungsurlaub nach dem Bundeserziehungsgeldgesetz, so kann der Arbeitgeber während dieser Zeit das Arbeitsverhältnis nicht kündigen. Etwas anderes gilt nur dann, wenn die für den Arbeitsschutz zuständige oberste Behörde oder die von ihr bestimmte Stelle (in Bayern die Gewerbeaufsichtsämter) in besonderen Fällen die Kündigung ausnahmsweise für zulässig erklärt hat (vgl. § 18 BErzGG). Der Kündigungsschutz nach § 18 BErzGG gilt selbstverständlich auch für Arbeitnehmer, die von der Möglichkeit des Erziehungsurlaubs Gebrauch machen. Die Erziehungsurlaubsberechtigte kann unter Wahrung einer Kündigungsfrist von drei Monaten zum Ende des Erziehungsurlaubs das Arbeitsverhältnis kündigen.

740 Soll ein auf unbestimmte Zeit eingeganenes Arbeitsverhältnis durch eine ordentliche Kündigung beendet werden, so sind Kündigungsfristen zu beachten (Neuregelung der Kündigungsfristen, vgl. Rdn. 745ff).

Nach § 622 Abs. 1 BGB kann das Arbeitsverhältnis eines Angestellten **741**
„unter Einhaltung einer Kündigungsfrist von sechs Wochen zum Schluß
eines Kalendervierteljahres gekündigt werden. Eine kürzere Kündigungsfrist kann einzelvertraglich nur vereinbart werden, wenn sie einen Monat
nicht überschreitet und die Kündigung nur für den Schluß eines Kalendermonats zugelassen wird". Wurde im Arbeitsvertrag mit einem Angestellten nicht von der Möglichkeit nach § 622 Abs. 1 Satz 2 BGB
Gebrauch gemacht, so kann diesem Angestellten nur zum Quartalsende
gekündigt werden. Beispiel: Entscheidet sich der Arbeitgeber am 30. Mai,
einem Angestellten zu kündigen, so ist dies frühestens zum 30. September
möglich.

Nur durch Tarifvertrag können kürzere Kündigungsfristen als die genann- **742**
ten vereinbart werden. Ist ein Angestellter nur zur vorübergehenden Aus-
hilfe beschäftigt, so können kürzere als die genannten Kündigungsfristen
auch einzelvertraglich vereinbart werden. Dies gilt nicht, wenn das
Arbeitsverhältnis über die Zeit von drei Monaten hinaus fortgesetzt wird
(vgl. § 622 Abs. 4 BGB).

Beschäftigt ein Arbeitgeber in der Regel mehr als zwei Angestellte, aus- **743**
schließlich der zu ihrer Berufsausbildung Beschäftigten, so darf der
Arbeitgeber nach § 2 des Gesetzes über die Fristen für die Kündigung
von Angestellten einem Angestellten, den er mindestens fünf Jahre
beschäftigt hat, nur mit einer Frist von mindestens drei Monaten zum
Schluß eines Kalendervierteljahres kündigen. Die Kündigungsfrist erhöht
sich nach einer Beschäftigungsdauer von acht Jahren auf vier Monate,
nach einer Beschäftigungsdauer von zehn Jahren auf fünf Monate und
nach einer Beschäftigungsdauer von zwölf Jahren auf sechs Monate. Bei
der Berechnung der Beschäftigungsdauer werden Dienstjahre, die vor
Vollendung des 25. Lebensjahres liegen, nicht berücksichtigt. Bei der Feststellung der Zahl der beschäftigten Angestellten sind nur Angestellte zu
berücksichtigen, deren regelmäßige Arbeitszeit wöchentlich 10 Stunden
oder monatlich 45 Stunden übersteigt. Auch bei diesen verlängerten Kündigungsfristen ist eine Kündigung nur zum Quartalsende möglich.

Das Arbeitsverhältnis eines Arbeiters kann nach § 622 Abs. 2 BGB **744**
„unter Einhaltung eines Kündigungsfrist von zwei Wochen gekündigt
werden. Hat das Arbeitsverhältnis in demselben Betrieb oder Unternehmen fünf Jahre bestanden, so erhöht sich die Kündigungsfrist auf einen
Monat zum Monatsende, hat es zehn Jahre bestanden, so erhöht sich die

Kündigungsfrist auf zwei Monate zum Monatsende, hat es zwanzig Jahre bestanden, so erhöht sich die Kündigungsfrist auf drei Monate zum Ende eines Kalendervierteljahres; bei der Berechnung der Beschäftigungsdauer werden Zeiten, die vor der Vollendung des 25. Lebensjahres liegen, nicht berücksichtigt".

745 Nach Ansicht des Bundesverfassungsgerichts ist § 622 Abs. 2 BGB mit dem allgemeinen Gleichheitssatz unvereinbar, soweit hiernach die Kündigungsfristen für Arbeiter kürzer sind als für Angestellte (BVerfG, 30.5.1990, DB 1990, 1565). Das Gericht beauftragte den Gesetzgeber, bis zum 30.6.1993 eine mit dem Grundgesetz in Einklang stehende **Neuregelung** zu schaffen. Bis zum Inkrafttreten einer solchen Neuregelung sind anhängige Verfahren, bei deren Entscheidung es auf die verfassungswidrige Vorschrift ankommt, von den Gerichten auszusetzen.

746 Diesem Auftrag soll nun mit dem „Gesetz zur Vereinheitlichung der Kündigungsfristen von Arbeitern und Angestellten" (Kündigungsfristengesetz – KündFG) Rechnung getragen werden. Nach der Konzeption des Kündigungsfristengesetzes soll für alle Arbeitnehmer, also Arbeiter und Angestellte, eine „Grundkündigungsfrist" von vier Wochen gelten. Auf Kündigungstermine zum Quartalsende, wie sie bisher für Angestellte in den alten Ländern gelten, wird verzichtet (vgl. Rdn. 748). Bei einer Kündigung durch den Arbeitgeber soll künftig schon nach einer zweijährigen Betriebszugehörigkeit eine verlängerte Kündigungsfrist zu beachten sein. Im einzelnen soll die Kündigungsfrist betragen, wenn das Arbeitsverhältnis in dem Betrieb oder Unternehmen

– zwei Jahre bestanden hat, einen Monat zum Ende eines Kalendermonats,
– fünf Jahre bestanden hat, zwei Monate zum Ende eines Kalendermonats,
– acht Jahre bestanden hat, drei Monate zum Ende eines Kalendermonats,
– zehn Jahre bestanden hat, vier Monate zum Ende eines Kalendermonats,
– zwölf Jahre bestanden hat, fünf Monate zum Ende eines Kalendermonats,
– fünfzehn Jahre bestanden hat, sechs Monate zum Ende eines Kalendermonats,
– zwanzig Jahre bestanden hat, sieben Monate zum Ende eines Kalendermonats.

747 Bei der Berechnung der Betriebszugehörigkeit sollen, wie jetzt auch, nur die Zeiten nach der Vollendung des 25. Lebensjahres des Arbeitnehmers berücksichtigt werden.

Nach Anrufung des Vermittlungsausschusses von Bundestag und Bundes- **748**
rat beträgt die Grundkündigungsfrist nun vier Wochen „zum 15. oder
zum Ende eines Kalendermonats".

Treten im Verlauf eines Arbeitsverhältnisses Umstände auf, die die gegen- **749**
seitigen Beziehungen zwischen Arbeitgeber und Arbeitnehmer so sehr
belasten, daß eine **weitere Zusammenarbeit unzumutbar** ist, so kann
eine sofortige Beendigung des Arbeitsverhältnisses in Betracht kommen.
Dazu steht jedem Arbeitsvertragspartner die Möglichkeit einer außerordentlichen Kündigung zur Verfügung. Jeder Vertragsteil kann ein Arbeitsverhältnis nach § 626 Abs. 1 BGB aus wichtigem Grund ohne Einhaltung
einer Kündigungsfrist kündigen, „wenn Tatsachen vorliegen, aufgrund
derer dem Kündigenden unter Berücksichtigung aller Umstände des Einzelfalles und unter Abwägung der Interessen beider Vetragsteile die Fortsetzung des Dienstverhältnisses bis zum Ablauf der Kündigungsfrist oder
bis zu der vereinbarten Beendigung des Dienstverhältnisses nicht zugemutet werden kann". In aller Regel erfolgt eine außerordentliche Kündigung fristlos. Sie kann aber auch ausnahmsweise unter Einräumung einer
Kündigungsfrist (sog. soziale Auslauffrist) ausgesprochen werden. Will
der Arbeitgeber eine außerordentliche Kündigung mit einer Auslauffrist
verbinden, etwa weil er sich noch um eine Ersatzkraft bemühen muß, so
hat er dies eindeutig zum Ausdruck zu bringen (LAG, Frankfurt/M.
16.6.1983, BB 1984, 786). Grundsätzlich ist der Arbeitgeber bei Vorliegen
eines wichtigen Grundes nicht verpflichtet, eine Auslauffrist einzuhalten
(Knorr/Bichlmeier/Kremhelmer, Die Kündigung S. 101).

Eine außerordentliche Kündigung kann allerdings **nur** innerhalb von **750**
zwei Wochen erfolgen, wobei diese Frist mit dem Zeitpunkt beginnt, in
dem der Kündigungsberechtigte von den für die Kündigung maßgeblichen Tatsachen erfährt. Der Kündigende muß dem anderen Teil auf Verlangen den Kündigungsgrund unverzüglich schriftlich mitteilen (vgl. § 626
Abs. 2 BGB). Wird die Kündigung durch ein vertragswidriges Verhalten
des anderen Vertragspartners veranlaßt, so ist dieser zum Ersatz des Schadens verpflichtet, den der andere, kündigende Teil durch die Aufhebung
des Dienstverhältnisses erleidet. Kündigt der Arbeitnehmer wegen einer
schuldhaften Vertragsverletzung des Arbeitgebers außerordentlich, so
besteht sein zu ersetzender Schaden im entgangenen Entgelt, entgangenen
Sonderzuwendungen usw. Eine entgangene Abfindung nach §§ 9, 10
KSchG soll nach Ansicht des LAG Hamm nicht zum ersatzfähigen Schaden gehören (LAG Hamm, 12.6.1984, NZA 1985, 159). Kündigt der

Arbeitgeber wegen einer schuldhaften Vertragsverletzung des Arbeitnehmers außerordentlich, so können als ersatzfähiger Schaden höhere Aufwendungen für eine besser bezahlte Ersatzkraft oder entgangener Gewinn geltend gemacht werden (BAG, 27.1.1972, AP Nr. 2 zu § 252 BGB). Der Schadensersatzanspruch des Arbeitgebers ist nach Schaub (§ 125 II 3) auf die Dauer der ordentlichen Kündigungsfrist begrenzt. Haben beide Vertragsteile einen wichtigen Grund für eine außerordentliche Kündigung, so ist ein Schadenersatzanspruch ausgeschlossen.

751 Besteht im Betrieb ein **Betriebsrat**, so ist dieser nach § 102 BetrVG vor Ausspruch einer Kündigung, sowohl einer ordentlichen wie auch einer außerordentlichen, **zu hören**. Der Arbeitgeber hat ihm die Kündigungsgründe mitzuteilen. Eine ohne Anhörung des Betriebsrats ausgesprochene Kündigung ist unwirksam. Der Betriebsrat kann innerhalb einer Woche einer ordentlichen Kündigung widersprechen, wenn

752 – der Arbeitgeber bei der Auswahl des zu kündigenden Arbeitnehmers soziale Gesichtspunkte nicht oder nicht ausreichend berücksichtigt hat,

753 – der zu kündigende Arbeitnehmer an einem anderen Arbeitsplatz im selben Betrieb oder in einem anderen Betrieb des Unternehmens weiterbeschäftigt werden kann,

754 – die Weiterbeschäftigung des Arbeitnehmers nach zumutbaren Umschulungs- oder Fortbildungsmaßnahmen möglich ist,

755 – die Kündigung gegen eine Richtlinie über die personelle Auswahl bei Einstellungen, Versetzungen, Umgruppierungen und Kündigungen (§ 95 BetrVG) verstößt oder

756 – eine Weiterbeschäftigung des Arbeitnehmers unter geänderten Vertragsbedingungen möglich ist und der Arbeitnehmer sein Einverständnis hiermit erklärt hat (vgl. § 102 Abs. 3 BetrVG).

757 Ein Widerspruch des Betriebsrats gegen eine Kündigung hindert den Arbeitgeber aber nicht am Ausspruch der Kündigung, sondern verpflichtet ihn nur, dem Arbeitnehmer mit der Kündigung eine Abschrift der Stellungnahme des Betriebsrats zuzuleiten. Dem frist- und ordnungsgemäßen Widerspruch des Betriebsrats kommt aber insofern Bedeutung zu, als der Arbeitgeber, wenn der Arbeitnehmer Kündigungsschutzklage erhoben hat, auf Verlangen des Arbeitnehmers diesen nach Ablauf der Kündigungsfrist bis zum rechtskräftigen Abschluß des Rechtsstreits zu unveränderten Arbeitsbedingungen weiterbeschäftigen muß.

3.1.4.2 Grundsätzliches zum Aufhebungsvertrag

Ein Arbeitsverhältnis kann, wie jedes Dauerschuldverhältnis, auch einver-   **758**
nehmlich durch den Abschluß eines sog. Aufhebungsvertrages beendet werden. Ein solcher Aufhebungsvertrag ist formlos wirksam, außer ein Tarifvertrag, eine Betriebsvereinbarung oder der Arbeitsvertrag sieht für eine Aufhebung des Arbeitsverhältnisses die Wahrung der Schriftform vor. Ist für die Kündigung Schriftform vorgesehen, so ist nicht davon aus- zugehen, daß dieses Formerfordernis auch für einen Aufhebungsvertrag gilt. Ein Aufhebungsvertrag kann auch stillschweigend abgeschlossen werden. Jedoch ist an das Verhalten, aus dem auf einen Willen zum Abschluß eines Aufhebungsvertrages geschlossen werden soll, ein stren- ger Maßstab anzulegen (Schaub § 122 II 2). Dem Schweigen des Arbeit- nehmers auf eine Kündigung oder der wortlosen Entgegennahme der Arbeitspapiere kann in der Regel noch kein Einverständnis mit einer ein- vernehmlichen Aufhebung des Arbeitsvertrages entnommen werden. Anders kann es sein, wenn der Arbeitnehmer die Kündigung ausdrück- lich annimmt (LAG Berlin, 18.8.1975, BB 1975, 1388).

Bei der inhaltlichen Ausgestaltung des Aufhebungsvertrages sind die   **759**
Arbeitsvertragsparteien grundsätzlich frei. So können sie vereinbaren, daß das Arbeitsverhältnis mit sofortiger Wirkung oder auch erst nach Ablauf einer Frist enden soll. Häufig werden auch Abfindungsregelungen in einen Aufhebungsvertrag aufgenommen.

Schließt ein Arbeitnehmer mit seinem Arbeitgeber einen Aufhebungsver-   **760**
trag, so muß er sich im klaren sein, daß das **Kündigungsschutzgesetz nicht anwendbar** ist. Hätte der Arbeitgeber ihm gekündigt, so könnte er den Schutz dieses Gesetzes in Anspruch nehmen. Auch sonstige Regelun- gen, die den Ausspruch einer Kündigung voraussetzen, z.B. betriebliche Abfindungsregelungen, sind grundsätzlich beim Abschluß eines Aufhe- bungsvertrages nicht anwendbar. Zum Abschluß eines Aufhebungsvertra- ges ist es auch **nicht nötig**, den Betriebsrat vorher anzuhören. Kündi- gungsverbote, z.B. nach den Vorschriften des Mutterschutzgesetzes, des

Bundeserziehungsgeldgesetzes, des Schwerbehindertengesetzes, finden keine Anwendung.

761 Hinzuweisen ist darauf, daß ein Arbeitnehmer, der einen Aufhebungsvertrag unterzeichnet, nach den Vorschriften des Arbeitsförderungsgesetzes für den Erhalt von Arbeitslosengeld mit einer Sperrzeit belegt werden kann.

3.1.4.3 Grundsätzliches zum befristeten Arbeitsverhältnis

762 Ein Arbeitsverhältnis kann auch für eine bestimmte Dauer, d.h. befristet eingegangen werden. In einem solchen Fall endet es automatisch ohne Ausspruch einer Kündigung oder sonstigen Erklärung mit Ablauf der Zeit, für die es eingegangen wurde (vgl. § 620 Abs. 1 BGB). Nach der Rechtsprechung des Bundesarbeitsgerichts muß für die Wirksamkeit einer Befristung ein sachlich rechtfertigender Grund bestehen (BAG, 5.9.1970, AP Nr. 34 zu § 620 BGB Befristeter Arbeitsvertrag). Typische Befristungsgründe sind z.B. Urlaubsvertretungen, Krankheitsvertretungen, Mutterschaftsvertretungen oder auch zeitlich begrenzter übermäßiger Arbeitsanfall.

763 Die Befristung eines Arbeitsverhältnisses ist insbesondere dann unwirksam, wenn Kündigungsschutzvorschriften umgangen werden, z.B. durch Abschluß mehrerer befristeter Arbeitsverhältnisse hintereinander, wobei dem Befristungsgrund des letzten Arbeitsverhältnisses große Bedeutung zukommt. Die Unwirksamkeit einer derartigen Befristung hat nicht zur Folge, daß der Arbeitsvertrag als solcher unwirksam ist, sondern das Arbeitsverhältnis gilt als unbefristet eingegangen.

764 Nach § 1 Abs. 1 BeschFG ist es bis zum 31.12.1995 zulässig, „die einmalige Befristung des Arbeitsvertrages bis zur Dauer von 18 Monaten zu vereinbaren, wenn

1. der Arbeitnehmer neu eingestellt wird oder

765 2. der Arbeitnehmer im unmittelbaren Anschluß an die Berufsausbildung nur vorübergehend weiterbeschäftigt werden kann, weil kein Arbeitsplatz für einen unbefristeten einzustellenden Arbeitnehmer zur Verfügung steht".

Eine Neueinstellung i.S. dieser Vorschrift liegt nicht vor, wenn zu einem   **766**
vorhergehenden befristeten oder unbefristeten Arbeitsvertrag mit demselben Arbeitgeber ein enger sachlicher Zusammenhang besteht. Dies ist insbesondere dann anzunehmen, wenn zwischen den Arbeitsverträgen ein
Zeitraum von weniger als vier Monaten liegt.

Kann nach den Vorschriften des Beschäftigungsförderungsgesetzes ein   **767**
Arbeitsverhältnis befristet abgeschlossen werden, so ist dies für die Dauer
von 18 Monaten zulässig. Hat der Arbeitgeber seit höchstens 6 Monaten
eine Erwerbstätigkeit aufgenommen, die er nach § 138 AO dem Finanzamt mitzuteilen hat oder beschäftigt der Arbeitgeber nur zwanzig oder
weniger Arbeitnehmer, ausschließlich der Auszubildenden, so verlängert
sich die zulässige Befristungsdauer auf zwei Jahre.

Liegen die Voraussetzungen des § 1 BeschFG vor, so ist es **nicht** zusätz-   **768**
lich **nötig, daß für die Befristung ein sachlich rechtfertigender Grund
gegeben ist**.

3.1.4.4 Grundsätzliches zur Anfechtung

Wie jedes Rechtsgeschäft kann auch ein Arbeitsvertrag wegen Irrtums   **769**
(§ 119 BGB), wegen Täuschung oder Drohung (§ 123 BGB) angefochten
werden. Die Anfechtung ist dem Vertragspartner gegenüber zu erklären.
Die Wahrung einer bestimmten Form ist gesetzlich nicht vorgeschrieben.
Das Recht zur Anfechtung kann mit dem Recht zum Ausspruch einer
außerordentlichen Kündigung konkurrieren. Jedoch ist darauf hinzuweisen, daß zwischen einer Anfechtungserklärung und dem Ausspruch einer
Kündigung erhebliche rechtliche Unterschiede bestehen. So dient die
Anfechtung dazu, ein von Anfang an fehlerhaftes Rechtsgeschäft zu beseitigen, während mit der außerordentlichen Kündigung ein ursprünglich
ordnungsgemäßes Rechtsgeschäft, das nachträglich durch das Verhalten
einer Partei in unzumutbarer Weise belastet wurde, beendet werden soll.
Eine außerordentliche Kündigung muß innerhalb von zwei Wochen nach
dem Zeitpunkt, in dem der Kündigungsberechtigte von den für die Kündigung maßgebenden Tatsachen erfährt, ausgesprochen werden. Eine
Anfechtung wegen Irrtums hat ohne schuldhaftes Zögern unverzüglich zu
erfolgen, nachdem der Anfechtungsberechtigte vom Anfechtungsgrund
Kenntnis erlangt hat. Die Frist für eine Anfechtung wegen Täuschung
oder Drohung beträgt ein Jahr. Sie beginnt im Falle der arglistigen Täu-

schung mit dem Zeitpunkt, in dem der Anfechtungsberechtigte die Täuschung entdeckt, im Falle der Drohung mit dem Zeitpunkt, in dem die Zwangslage aufhört. Eine Anfechtung ist stets ausgeschlossen, wenn seit der Abgabe der anzufechtenden Willenserklärung 30 Jahre verstrichen sind (§ 121 Abs. 2, § 124 Abs. 3 BGB).

770 Nach § 119 Abs. 2 BGB gilt als zur Anfechtung berechtigender Irrtum über den Inhalt einer Erklärung „auch der Irrtum über solche Eigenschaften der Person oder der Sache, die im Verkehr als wesentlich angesehen werden". Welche Eigenschaften einer Person im Bereich des Arbeitsrechts als im Verkehr wesentlich anzusehen sind, hängt von den Umständen des konkreten Falles ab. Verkehrswesentliche Eigenschaften können z.B. die Ehrlichkeit und Vertrauenswürdigkeit eines Kassierers oder die sittliche Unbescholtenheit eines Lehrers sein (vgl. Schaub § 35 II 4). Dagegen wird man z.B. die Wahrheitsliebe bei einem ungelernten Arbeiter nicht als eine verkehrswesentliche Eigenschaft werten können. Die Schwerbehinderung eines Arbeitnehmers ist nur dann ein möglicher Anfechtungsgrund, wenn der Schwerbehinderte für die ins Auge gefaßte Arbeit wegen seiner Behinderung nicht geeignet ist. Allein der besondere Kündigungsschutz oder das Erfordernis der Zustimmung der Hauptfürsorgestelle zu einer Kündigung eines Schwerbehinderten sind keine zur Anfechtung berechtigten verkehrswesentlichen Eigenschaften des Schwerbehinderten.

771 Eine Anfechtung des Arbeitsvertrages wegen arglistischer Täuschung ist nur dann möglich, wenn der Arbeitnehmer auf eine im Vorstellungsgespräch zulässigerweise gestellte Frage bewußt falsch geantwortet hat und er wußte, daß dieser Punkt für die Entscheidung zum Abschluß des Arbeitsvertrages wesentlich ist. Eine **bewußt falsche Antwort** auf eine unzulässigerweise gestellte Frage berechtigt den Arbeitgeber nicht zu einer Anfechtung wegen arglistiger Täuschung. Der Arbeitgeber darf z.B. fragen nach früheren Arbeitsverhältnissen, nach dem bisherigen Einkommen, nach Vorstrafen, soweit sie für das jeweilige Arbeitsverhältnis konkret von Bedeutung sind (z.B. Fragen nach Vermögensdelikten oder Körperverletzungsdelikten bei einer Anstellung bei einem Bewachungsunternehmen). Nach der bisherigen Rechtsprechung des Bundesarbeitsgerichts darf nach dem Bestehen einer Schwangerschaft jedenfalls dann gefragt werden, wenn sich nur Frauen um den ausgeschriebenen Arbeitsplatz bewerben (BAG, 20.2.1986, BB 1986, 1852). Diese Rechtsprechung hat das Bundesarbeitsgericht nun aufgegeben. Es ist jetzt der Ansicht, das die Frage nach der Schwangerschaft vor Einstellung einer Arbeitnehmerin in

der Regel eine unzulässige Benachteiligung wegen des Geschlechts enthält und damit gegen das Diskriminierungsverbot des § 611a BGB verstößt (BAG, 15.10.1992, 1154). Frägt also ein Arbeitgeber unzulässigerweise nach dem Bestehen einer Schwangerschaft, so kann die Bewerberin diese Frage wahrheitswidrig verneinen, ohne damit einen Grund für die Anfechtung des Arbeitsvertrages zu liefern.

Die Anfechtung eines Arbeitsvertrages kann gegen Treu und Glauben verstoßen und aus diesem Grund unbeachtlich sein. Ein solcher Treueverstoß liegt vor, wenn nach den Umständen des Einzelfalles nach langjähriger Tätigkeit der Anfechtungsgrund für die Durchführung des Arbeitsverhältnisses keine Bedeutung mehr hat (BAG, 12.2.1970, NJW 1970, 1565).   **772**

Wird ein Arbeitsvertrag wirksam angefochten bevor der Arbeitnehmer die Arbeit aufnimmt, so ist das Arbeitsverhältnis nach § 142 BGB als von Anfang an nichtig anzusehen. Wurde das Arbeitsverhältnis bereits in Vollzug gesetzt, d.h. hat der Arbeitnehmer bereits gearbeitet, so wird durch die Anfechtung des Arbeitsvertrages das Arbeitsverhältnis entgegen der Regelung des § 142 BGB nicht rückwirkend, sondern nur mit Wirkung für die Zukunft aufgelöst (BAG, 12.2.1970, BB 1970, 883). Die Anfechtung eines Arbeitsvertrages ist auch gegenüber Arbeitnehmern möglich, die einen besonderen Kündigungsschutz, z.B. Schwangere, genießen. Der besondere Kündigungsschutz eines Arbeitgebers steht der Anfechtung des Arbeitsvertrages nicht entgegen.   **773**

3.1.5 Das Teilzeitarbeitsverhältnis

3.1.5.1 Das Teilzeitarbeitsverhältnis ein „normales" Arbeitsverhältnis

Das Teilzeitarbeitsverhältnis ist grundsätzlich ein „vollwertiges" Arbeitsverhältnis. Dies unterscheidet sich von einem Vollzeitarbeitsverhältnis grundsätzlich nur durch die Arbeitszeitdauer des Arbeitnehmers. So sind nach § 2 Abs. 2 BeschFG die Arbeitnehmer teilzeitbeschäftigt, deren regelmäßige Wochenarbeitszeit kürzer ist als die regelmäßige Wochenarbeitszeit vergleichbarer vollzeitbeschäftigter Arbeitnehmer des Betriebes. Ist eine regelmäßige Wochenarbeitszeit nicht vereinbart, so ist die regelmäßige Arbeitszeit maßgeblich, die im Jahresdurchschnitt auf eine Woche fällt. Nach dieser Legaldefinition beantwortet sich die Frage, ob ein Arbeitnehmer vollzeit- oder teilzeitbeschäftigt ist aus dem Verhältnis zwi-   **774**

schen der arbeitsvertraglich vereinbarten und der gesetzlichen bzw. tariflichen Arbeitszeit für den Betrieb. Erforderlich ist, daß die Verkürzung
der Arbeitszeit auf Dauer angelegt ist. So ist regelmäßig bei Kurzarbeit,
vorübergehender Arbeitsfreistellung aus persönlichen Gründen, bei wie-
derholten Eintagsarbeitsverhältnissen und bei Saison- und Kampagnear-
beit grundsätzlich keine Teilzeitarbeit gegeben (Schaub § 44 II 1 c).

775 Da das Teilzeitarbeitsverhältnis ein „vollwertiges" Arbeitsverhältnis ist,
finden die Regelungen des Arbeitsrechts **grundsätzlich in vollem
Umfang** Anwendung. Ausgeschlossen sind nur die Normen, die nach
ihrem Sinn und Zweck auf eine verkürzte Arbeitszeit keine Anwendung
finden können, so z.B. Vorschriften, die die Einhaltung der vollen
Arbeitszeit voraussetzen. Teilzeitarbeitnehmer genießen grundsätzlich die
gleichen Rechte wie Vollzeitbeschäftigte. Die häufig anzutreffende Auffassung, daß Teilzeitbeschäftigte z.B. keinen Anspruch auf Urlaub und
schon gar nicht auf bezahlten Urlaub haben, ist **nicht richtig**. Bei der
Berechnung der Dauer des Teilzeitarbeitsverhältnisses ist nicht auf die tatsächliche Arbeitszeitdauer abzustellen, sonder auf den zeitlichen Bestand
des Arbeitsverhältnisses. Daraus ergibt sich, daß z.B. das Kündigungsschutzgesetz nach 6-monatigem Bestehen auch auf ein Teilzeitarbeitsverhältnis anzuwenden ist (falls im Betrieb regelmäßig mehr als fünf Arbeitnehmer beschäftigt sind), auch wenn der Teilzeitbeschäftigte z.B. nur
zwei Tage in der Woche arbeitet.

776 § 2 Abs. 1 BeschFG bestimmt ausdrücklich, daß der Arbeitgeber einen teilzeitbeschäftigten Arbeitnehmer wegen der reduzierten Arbeitszeitdauer
gegenüber vollzeitbeschäftigten Arbeitnehmern nicht unterschiedlich
behandeln darf. Etwas anderes gilt nur dann, wenn sachliche Gründe eine
unterschiedliche Behandlung rechtfertigen. So sind etwa freiwillige Sozialleistungen grundsätzlich auch Teilzeitkräften zu gewähren. Anders kann es
dann sein, wenn die Gewährung der Sozialleistung mit der Arbeitszeitdauer in Zusammenhang steht. So ist es möglich, Teilzeitbeschäftigten mit
nur einer geringen täglichen Arbeitszeit keinen Zuschuß zum Mittagessen
zu gewähren. Sozialleistungen mit Entgeltcharakter, z.B. Gratifikationen,
können dagegen Teilzeitkräften nicht ohne weiteres vorenthalten werden.
Diese grundsätzliche Gleichbehandlungspflicht von Teilzeit- und Vollzeit-
arbeitnehmern kann auch nicht im Wege von Einzelvereinbarungen umgangen werden. Wurde eine solche Abrede von Arbeitgeber und Teilzeitkraft
getroffen, so ist sie nach § 134 BGB unwirksam.

Schwierigkeiten ergeben sich häufig bei der Berechnung des Urlaubsan- **777**
spruchs von Teilzeitbeschäftigten. Hier sind folgende Grundsätze zu
beachten (es wird vom gesetzlichen Mindesturlaub von 18 Werktagen ausgegangen):

– Arbeitet ein teilzeitbeschäftigter Arbeitnehmer an jedem Wochentag, so **778**
  ergeben sich bei der Berechnung seiner Urlaubsdauer keine Abweichungen gegenüber Vollzeitbeschäftigten, d.h. er hat Anspruch auf 18
  Werktage Erholungsurlaub.

– Arbeitet der teilzeitbeschäftigte Arbeitnehmer nur an einigen Tagen in **779**
  der Woche, so ist sein Urlaubsanspruch anteilig zu kürzen. Dabei hat
  man den für Vollzeitbeschäftigten maßgeblichen Urlaub (hier: 18 Werktage) durch die Anzahl der wöchentlichen Werk- bzw. Arbeitstage
  (hier: 6 Werktage) zu teilen und das Ergebnis mit der Anzahl der
  wöchentlichen Arbeitstage zu multiplizieren, die der Teilzeitbeschäftigte regelmäßig arbeitet.

  Beispiel: Ein Teilzeitbeschäftigter arbeitet regelmäßig nur montags, diens- **780**
  tags und donnerstags. Sein Jahresurlaub nach dem Bundesurlaubsgesetz
  beträgt dann nach obiger Formel neun Werktage (18 : 6 = 3 x 3 = 9).

Auch teilzeitbeschäftigte Arbeitnehmer haben Anspruch auf Bezahlung **781**
der Arbeitszeit, die infolge eines gesetzlichen Feiertages ausfällt. Voraussetzung ist allerdings, daß sie an diesem Tag gearbeitet hätten, wäre kein
gesetzlicher Feiertag gewesen. Unzulässig ist es, die Arbeitszeit, die auf
einen Feiertag entfallen würde, so zu verlegen, daß der teilzeitbeschäftigte
Arbeitnehmer gerade an diesem Feiertag nicht hätte arbeiten müssen.

Hinsichtlich des Anspruchs auf Lohnfortzahlung im Krankheitsfall vgl. **782**
Rdn. 653 ff.

3.1.5.2 Das Job-Sharing-Verhältnis

Vereinbart der Arbeitgeber mit zwei oder mehreren Arbeitnehmern, daß **783**
sich diese einen Arbeitsplatz teilen, so spricht man von „Job-Sharing"
(ausführlich dazu: Eich, Das Job-Sharing-Arbeitsverhältnis, DB 1982, Beilage Nr. 9). Die einzelnen Job-Sharer stehen grundsätzlich **nur zum
Arbeitgeber** in einem Rechtsverhältnis, nicht auch untereinander. Das

Job-Sharing-Verhältnis ist ein Arbeitsverhältnis, so daß die Regelungen des Arbeitsrechts anwendbar sind. Allerdings ist das Direktionsrecht des Arbeitgebers hinsichtlich der Arbeitszeit insofern eingeschränkt, als die einzelnen Job-Sharer die Verteilung der Arbeitszeit untereinander abstimmen können. Nur wenn sie sich nicht einigen können, kann der Arbeitgeber entscheiden, d.h. die Lage der Arbeitszeit festlegen. Die Aufteilung der Arbeitszeit kann unterschiedlich geregelt sein. So ist es möglich, daß die Job-Sharer während einer Schicht nacheinander am selben Arbeitsplatz arbeiten, daß sie abwechselnd an einigen Tagen vollschichtig und an anderen Tagen überhaupt nicht arbeiten oder daß sie sich wöchentlich oder monatlich abwechseln.

784 Empfehlenswert ist es, für die Arbeitsaufteilung einen längerfristigen Arbeitsplan aufzustellen, da sich hinsichtlich der Entgeltfortzahlung Probleme ergeben können, wenn ein Job-Sharer erkrankt. Fehlt ein Arbeitsplan, aus dem sich die infolge der Erkrankung ausgefallene Arbeitszeit ergibt, so wird man davon ausgehen können, daß der erkrankte Job-Sharer im Umfang der früheren Arbeitsleistung an der Arbeit verhindert ist.

785 Nach § 5 Abs. 1 BeschFG sind die einzelnen Job-Sharer nicht verpflichtet, sich gegenseitig zu vertreten. Es bedarf vielmehr für jeden einzelnen Vertretungsfall einer besonderen Vereinbarung. Im voraus kann eine Pflicht zur Vertretung nur für den Fall eines dringenden betrieblichen Bedürfnisses begründet werden, und wenn die Vertretung dem Job-Sharer zumutbar ist. Für die Annahme eines dringenden betrieblichen Bedürfnisses reicht die Lästigkeit eines Arbeitsausfalles alleine nicht aus, sondern es muß die Gefahr bestehen, daß ohne die sofortige Vertretung erhebliche Störungen im Betriebsablauf eintreten.

786 Scheidet ein Job-Sharer aus dem Arbeitsverhältnis aus, so kann dem bzw. den anderen aus diesem Grund nicht gekündigt werden. Möglich ist in einem solchen Fall nur der Ausspruch einer Änderungskündigung.

3.1.5.3 Die kapazitätsorientierte Arbeitszeit

787 Eine weitere Form der Teilzeitarbeit ist die sog. kapazitätsorientierte, oder exakter formuliert, die bedarfsabhängige Arbeitszeit. Von kapazitätsorientierter Arbeitszeit, wie die gängige Formulierung lautet, spricht man,

wenn die Arbeitsvertragspartner für einen bestimmten Zeitraum (Woche, Monat, Jahr) den Umfang der Arbeitsleistung, d.h. die Arbeitszeitdauer, im voraus festlegen, und der Arbeitgeber die Lage der Arbeitszeit im Rahmen des vereinbarten Zeitdeputats durch Abruf bestimmen kann. Welchen Umfang die Arbeitszeit haben soll, bestimmen die Vertragspartner. Treffen sie aber insofern keine ausdrückliche Regelung, so gilt nach § 4 Abs. 1 BeschFG eine wöchentliche Arbeitszeit von zehn Stunden als vereinbart. Haben die Arbeitsvertragspartner auch keine Abmachung über die tägliche Dauer der Arbeitszeit getroffen, so ist der Arbeitgeber nach § 4 Abs. 3 BeschFG verpflichtet, den Arbeitnehmer jeweils für mindestens drei aufeinanderfolgende Stunden zur Arbeitsleistung in Anspruch zu nehmen. Diese Mindestbeschäftigungspflicht besteht nur, wenn die Vertragspartner keine anderweitige Regelung, auch mit einer geringeren Arbeitszeitdauer, getroffen haben.

Im Rahmen einer kapazitätsorientierten Arbeitszeit kann der Arbeitgeber **788** deren Lage einseitig festlegen. Der Arbeitnehmer ist aber nur dann zur Arbeit verpflichtet, wenn der Arbeitgeber ihm die Lage der Arbeitszeit **mindestens vier Tage** im voraus mitteilt. Soll der Arbeitnehmer z.B. am Montag arbeiten, so muß ihm dies spätestens am Mittwoch vorher gesagt werden. Natürlich kann der Arbeitnehmer auch arbeiten, wenn er nicht rechtzeitig zur Arbeitsleistung abgerufen wurde. Weigert er sich aber, so darf dies keine negativen Konsequenzen, z.B. Abmahnung oder Kündigung, nach sich ziehen.

Der Arbeitgeber ist zur Vergütung des gesamten festgelegten Zeitdeputats **789** verpflichtet. Ruft er die Arbeitsleistung nicht oder nicht vollständig ab, so muß er sie dennoch vollständig vergüten. Eine vertragliche Vereinbarung, daß der Arbeitnehmer nur die tatsächlich geleistete Arbeit bezahlt erhält, vermag daran nichts zu ändern. Die Vereinbarung einer kapazitätsorientierten Arbeitszeit ist unzulässig, wenn der Arbeitgeber nur verpflichtet wird, den Arbeitnehmer nur bei Bedarf zu beschäftigen, und es ihm, dem Arbeitgeber, überlassen bleibt, den Umfang (Dauer) und die Lage der Arbeitszeit zu bestimmen. Wird dem Arbeitgeber das Recht eingeräumt, die Dauer der Arbeitszeit festzulegen, so liegt darin eine unzulässige Umgehung des zwingenden Kündigungsschutzes.

Auch bei der Vereinbarung einer kapazitätsorientierten Arbeitszeit gelten **790** die allgemeinen Regeln des Arbeitsrechts. So hat der Arbeitnehmer z.B. Anspruch auf Entgeltfortzahlung im Krankheitsfall und auf bezahlten

Erholungsurlaub. Diese Ansprüche kann der Arbeitgeber nicht dadurch umgehen, daß er den Arbeitnehmer nur für die entsprechende Zeit nicht zur Arbeit abruft und auch deshalb nicht bezahlt. Die Arbeitszeitordnung und andere öffentlich-rechtliche Arbeitsschutzvorschriften sind ebenfalls zu beachten.

3.2 Sozialversicherungsrecht

791 Aus sozialrechtlicher Sicht ist es für das Arbeitsverhältnis kennzeichnend, daß Versicherungspflicht aufgrund der fehlenden Selbständigkeit der ausgeübten Tätigkeit grundsätzlich vorliegt. Nur die Arbeitnehmer als unselbständig Erwerbstätige unterliegen der Versicherungspflicht entsprechend der Zielsetzung sowohl des Arbeits- als auch des Sozialrechts, die abhängig arbeitende Bevölkerung zu schützen.

3.2.1 Beschäftigungsverhältnis als Schlüsselbegriff

792 Daher ist Ausgangspunkt der sozialversicherungsrechtlichen Beurteilung einer jeden Tätigkeit die Frage, ob die Tätigkeit selbständig oder unselbständig ausgeübt wird.

3.2.1.1 Grundsatz

793 Für die Versicherungspflicht der Arbeiter, Angestellten und der zu ihrer Berufsausbildung Beschäftigten ist Voraussetzung, daß sie gegen Entgelt beschäftigt werden. Das gilt für die gesetzliche KV, § 5 Abs. 1 Nr. 1 SGB V, für die RV, § 1 Abs. 1 Nr. 1 SGB VI, die Arbeitslosenversicherung, § 168 Abs. 1 Satz 1 AFG und die gesetzliche UV, § 539 Abs. 1 Nr. 1 RVO. Beschäftigung in diesem Sinne ist nach der Legaldefinition des § 7 Abs. 1 SGB IV „die nicht selbständige Arbeit, insbesondere in einem Arbeitsverhältnis". **Der Begriff der entgeltlichen, nicht selbständigen Beschäftigung** ist damit der Schlüsselbegriff des Sozialversicherungsrechts (BSGE, 27.4.82, 53, 242/244 = BB 1983, 1477/1478; s. auch 2.2.1). Er entspricht dem Begriff des Arbeitsverhältnisses aus dem Arbeitsrecht. Damit stellt sich die Abgrenzung zwischen einer abhängigen zur selbständigen Tätigkeit im Sozialrecht ebenso problematisch dar wie im Arbeitsrecht. Es werden praktisch dieselben Maßstäbe angelegt, wobei sich die

Beurteilung nach den tatsächlichen Verhältnissen richtet und die einzelnen Umstände einer Gesamtbetrachtung unterzogen werden (BSGE 31.10.72; 35, 20/21 = BB 1973, 1038).

Gemäß § 5 Abs. 5 SGB V ist jedoch von der Versicherungspflicht als Beschäftigter **ausgenommen, wer hauptberuflich selbständig erwerbstätig** ist. Damit werden Personen, die hauptberuflich selbständig erwerbstätig sind, von der Versicherungspflicht nach § 5 Abs. 1 Nr. 1 SGB V auch dann nicht erfaßt, wenn sie dessen Voraussetzungen erfüllen. Dadurch wird z. B. vermieden, daß ein versicherungsfreier Selbständiger – der grundsätzlich keine Versicherungsberechtigung in der GKV hat, wenn nicht bestimmte Voraussetzungen erfüllt sind (s. 2.2.3.1.1) – durch Aufnahme einer versicherungspflichtigen Nebenbeschäftigung versicherungspflichtig wird und damit den umfassenden Schutz der GKV erhält. Hauptberuflich ist eine selbständige Erwerbstätigkeit dann, wenn sie von der wirtschaftlichen Bedeutung und dem zeitlichen Aufwand her die übrigen Erwerbstätigkeiten, z. B. aus dem abhängigen Beschäftigungsverhältnis, zusammen deutlich übersteigt und den Mittelpunkt der Erwerbstätigkeit darstellt. Die Regelung des § 5 Abs. 5 SGB V gilt nicht für Leistungsempfänger nach dem AFG, Landwirte, Künstler und Publizisten. Sie sind nach den für diese Personen geltenden Sondervorschriften versicherungspflichtig. **794**

3.2.1.2 Mißglückter Arbeitsversuch

Nach der Rechtsprechung des BSG liegt trotz Arbeitstätigkeit keine Beschäftigung i. S. § 7 SGB IV vor, wenn im konkreten Fall von einem mißglückten Arbeitsversuch auszugehen ist. Dies gilt sowohl für den Fall, daß ein arbeitsrechtlich wirksamer Arbeitsvertrag vorliegt, als auch für den Fall eines faktischen Arbeitsverhältnisses. **Ein mißglückter Arbeitsversuch** liegt vor, „wenn objektiv feststeht, daß der Beschäftigte bei Aufnahme der Arbeit (diese) nur unter schwerwiegender Gefährdung seiner Gesundheit – etwa unter Gefahr der weiteren Verschlimmerung seines Leidens – würde verrichten können, und wenn er die Arbeit entsprechend der darauf zu gründenden Erwartung vor Ablauf einer wirtschaftlich ins Gewicht fallenden Zeit aufgegeben hat" (BSGE 19.12.78, SozR 2200, § 165 RVO Nr. 33 mit weiterem Nachweis). **795**

Die Rechtsfigur des mißglückten Arbeitsversuchs erfaßt damit **Fälle ursprünglicher Arbeitsunfähigkeit.** Sie liegt nicht vor, wenn die Arbeits- **796** unfähigkeit erst nach Aufnahme der Arbeit eintritt, selbst wenn sie in diesem Zeitpunkt – z. B. durch Ansteckung mit einer Infektionskrankheit, die noch nicht zum Ausbruch gekommen ist – bereits angelegt war (BSG SozR 2200, § 165 RVO Nr. 75).

797 Die Beurteilung der ursprünglichen Arbeitsunfähigkeit im Sinne des mißglückten Arbeitsversuchs ist zu beurteilen nach objektiven Kriterien, die retrospektiv, das heißt bei rückschauender Betrachtungsweise und damit nachträglich, festgestellt werden kann, wenn dies aus rein tatsächlichen Gründen innerhalb einer angemessenen Frist nach der Arbeitsaufnahme noch möglich ist (BSG SozR § 165 Nr. 2, 61, 63).

798 Die von der Rechtsprechung entwickelte – wenn auch im sozialversicherungsrechtlichen Schrifttum teilweise abgelehnte – Rechtsfigur des mißglückten Arbeitsversuchs ist aufgrund des auch in der Sozialversicherung geltenden Versicherungsprinzips gerechtfertigt: Danach „(kann) kein am Versicherungsprinzip orientiertes Leistungssystem darauf verzichten ..., daß jeder Versicherte mindestens der Möglichkeit nach zugleich Leistungsempfänger und Beitragszahler ist, niemand also Mitglied der Versichertengemeinschaft werden kann, der von vornherein wegen Arbeitsunfähigkeit als Beitragszahler ausscheidet" (BSG SozR § 165 Nr. 33). Ferner dürfte sich die Notwendigkeit auch aus dem Gesichtspunkt der Mißbrauchsabwehr ergeben (BSG a.a.O.).

799 Die Rechtsfigur spielt praktisch nur im Recht der GKV eine Rolle. Der Grund dafür dürfte darin zu sehen sein, daß Ansprüche gegen die RV oder die Arbeitslosenversicherung regelmäßig an nicht erfüllten Wartezeiten scheitern dürften, welche für die Leistung der GKV nicht Voraussetzung sind. Im Recht der Entgeltfortzahlung liegt – soweit ersichtlich – bisher noch keine höchstrichterliche Rechtsprechung durch das BAG vor. Landesarbeitsgerichte haben unterschiedlich geurteilt (pro: LAG München 2.2.78, EEK I/598; kontra: LAG Berlin 29.3.88, EEK I/952).

800 Nach allgemeiner Meinung ist die Anwendbarkeit dieser Rechtsfigur für den Bereich der UV ausgeschlossen, weil anderenfalls dem Sinn und Zweck der gesetzlichen UV widersprochen würde: Ersetzung der Unternehmerhaftpflicht und Gedanke der Fremdvorsorge der UV im Gegensatz zur Eigenvorsorge in der KV.

3.2.2 Sozialversicherungsrechtliche Seite für den Arbeitgeber

Neben die Pflicht zur Abführung der Lohnsteuer (vgl. Rdn. 962) trifft **801**
den Arbeitgeber eines im abhängigen Beschäftigungsverhältnis tätigen
Arbeitnehmers die Pflicht, für diesen die Sozialversichrungsbeiträge abzuführen. Daneben trifft ihn außerdem gemäß § 98 Abs. 1 Satz 2 SGB X die
allgemeine Pflicht, dem Versicherungsträger über alle Tatsachen Auskunft
zu geben, die für die Erhebung der Beiträge erforderlich sind.

Ansprechpartner für den Arbeitgeber ist in diesen Angelegenheiten als **802**
sog. **Einzugsstelle** gemäß § 28 i SGB IV diejenige KK, bei der die Krankenversicherung für den jeweiligen Arbeitnehmer durchgeführt wird,
regelmäßig die örtliche zuständige AOK oder ein IKK, BKK oder Ersatzkasse. Als Einzugsstelle wird diese KK dann nicht allein für die Erhebung
der Krankenversicherungsbeiträge tätig, sondern auch für die Erhebung
der Beiträge zur RV und zur Arbeitslosenversicherung bei der Bundesanstalt für Arbeit. Sie zieht damit den sog. Gesamtsozialversicherungsbeitrag gem. § 28 d SGB IV ein und leitet die auf die RV und Arbeitslosenversicherung entfallenden Beiträge an die dafür jeweils zuständigen Träger
weiter, § 28 k Abs. 1 SGB IV. Hierfür sind die KK der GKV durch ihre
breite Streuung im Lande prädestiniert, weil dadurch eine große Ortsnähe
zu den Versicherten und deren Arbeitgebern gewährleistet ist. Neben der
wichtigen Aufgabe der Beitragserhebung hat sie der Gesetzgeber daher
auch in § 15 Abs. 1 SGB I als Auskunftsstelle für den gesamten Bereich
der sozialen Angelegenheiten nach dem SGB vorgesehen – neben den
Kreisen und kreisfreien Städten als allgemeine Verwaltungsbehörden.

Aufgrund der umfassenden Aufgaben der KK der GKV als Einzugsstelle **803**
ist sie für den Arbeitgeber daher regelmäßig Ansprechpartner vor allem in
den Bereichen des Meldewesens und der Beitragsabführung. Soweit es um
Angelegenheiten der gesetzlichen UV geht, ist allerdings zu beachten, daß
die Berufsgenossenschaften alle angesprochenen Aufgaben für ihren
Bereich selber wahrnehmen. Entsprechendes gilt für die Sozialversicherung
der Künstler durch die Künstlersozialkasse in Wilhelmshaven: § 37 KSVG.

3.2.2.1 Meldepflichten

Die jeweiligen Sozialversicherungsträger müssen über **Beginn, Verände-** **804**
rungen und **Ende** der Beschäftigung im Sinne § 7 SGB IV und die Höhe

des Entgelts im Sinne § 14 SGB IV Kenntnis haben, um die Versicherung der Arbeitnehmer in der GKV, RV und Arbeitslosenversicherung durchführen zu können. Daher trifft den Arbeitgeber eine Meldepflicht, § 28 a SGB IV, und zwar gegenüber der Einzugstelle. Diese hat gemäß § 28 b SGB IV die Meldungen an die anderen beteiligten Sozialversicherungsträger weiterzuleiten.

805 Nur anhand der Meldungen kann die Einzugsstelle über die Versicherungs- und Beitragspflichten des Beschäftigungsverhältnisses zu den Sozialversicherungszweigen entscheiden. Deshalb hat sie dafür zu sorgen, daß die Meldungen rechtzeitig erfolgen und erforderliche Angaben (vgl. § 28 a Abs. 1 Nr. 1 bis 12 SGB IV) vollständig und richtig sind.

806 Damit der Einzugsstelle die Durchsetzung der ihr zugewiesenen Aufgaben möglich ist, kann sie Verstöße und Nachlässigkeiten gegenüber diesen staatlichen Geboten des Melderechts als **Ordnungswidrigkeit** ahnden. Denn über die im StGB enthaltenen allgemeinen Strafvorschriften hinaus bestehen besondere ordnungsrechtliche Tatbestände. So ist ein Verstoß gegen die o.g. Meldepflichten gemäß § 111 Abs. 1 Nr. 2 SGB IV eine Ordnungswidrigkeit, die gemäß Abs. 4 der Vorschrift mit einer Geldbuße bis zu 5.000,- DM geahndet werden kann.

807 Daneben könne Verstöße gegen die Meldepflicht zu **Schadensersatzansprüchen** der Sozialversicherungsträger gegenüber dem Arbeitgeber führen. Denn einzelne Meldetatbestände sind Schutzgesetze im Sinne des § 823 Abs. 2 BGB. Werden diese schuldhaft verletzt, so hat der Sozialversicherungsträger in Höhe des ihm dadurch entstandenen Schadens gemäß § 823 Abs. 2 BGB in Verbindung mit dem Meldetatbestand einen Ersatzanspruch. So ist zum Beispiel von der Rechtsprechung anerkannt, daß eine unterlassene oder verspätete Mitteilung über das Ende des Beschäftigungsverhältnisses zu einem Ersatzanspruch führt, wenn dadurch noch KV-Leistungen von der KK aufgrund eines vermeintlich noch bestehenden Pflichtversicherungsverhältnisses geleistet wurden, auf die der ausgeschiedene Arbeitnehmer jedoch keinen Anspruch hatte (LG Göttingen, MDR 1955, 358 und LG Saarbrücken, VersR 1976, 387).

808 Verwaltungstechnisch werden die Meldungen nach Maßgabe der gemäß § 28 c SGB IV zu erlassenden Verordnung erfaßt bzw. nach Verordnungen, die bereits aufgrund einer früher geltenden Ermächtigung erlassen wurden. Durch Verordnung ist auch die entsprechende Unterrichtung des

Beschäftigten durch seinen Arbeitgeber geregelt. Es soll hier aber nicht im einzelnen auf die Vorschriften der 2. Datenerfassungs-Verordnung (2. DEVO vom 29.5.80, BGBl I Seite 593) oder der 2. Datenübermittlungs-Verordnung (2. DÜVO vom 29.5.80 BGBl I Seite 616) eingegangen werden. Es mag der Hinweis reichen, daß Meldungen regelmäßig auf bestimmten Vordrucken, deren Gestaltung durch die VO vorgegeben sind, erfolgen sollen und hierbei Fristen zu beachten sind, §§ 2 bis 6 der 2. DEVO. Hierüber informieren die Einzugsstellen, insbesondere die AOKs, die ein entsprechendes Merkblatt für Arbeitgeber gern zur Verfügung stellen.

Abschließend zu diesem Gliederungspunkt sei besonders hingewiesen auf **809** den Meldetatbestand des § 104 Abs. 1 SGB IV: Danach sind auch **geringfügige Beschäftigungen** im Sinne § 8 SGB IV zu melden. Im einzelnen sei zu dem Begriff der geringfügigen Beschäftigung auf die unten nähergemachten Ausführungen verwiesen (3.2.3.1). Die Meldungen für geringfügig Beschäftigte werden bei dem VDR in einer Sonderdatei gespeichert. Dort wird anhand der gesammelten Daten überprüft, ob eventuell ein „geringfügig Beschäftigter" nicht etwa mehrere solcher geringfügigen Beschäftigungen aufgenommen hat, die dazu führen, daß er insgesamt mehr als nur ein geringfügiges Entgelt bezieht und damit sozialversicherungspflichtig wird.

3.2.2.2 Pflicht zur Beitragszahlung

Im Mittelpunkt der folgenden Darstellung stehen Fragen im Zusammen- **810** hang mit dem Gesamtsozialversicherungsbeitrag und dem Einzug durch die zuständige Krankenkasse. Denn die Pflichtbeiträge zur Kranken- und Rentenversicherung sowie zur Bundesanstalt für Arbeit werden von den Krankenkassen als Einzugsstellen erhoben, § 28 h SGB IV.

3.2.2.2.1 Beitragsabzug

Die Gesamtsozialversicherungsbeiträge gemäß § 28 d SGB IV und damit **811** auch die Beiträge für die einzelnen Versicherungszweige werden regelmäßig von dem Arbeitnehmer und dem Arbeitgeber **je zur Hälfte** aufgebracht. Dieser Grundsatz ist für die einzelnen Sozialversicherungszweige in den Vorschriften des § 249 Abs. 1 SGB V, § 168 Abs. 1 Nr. 1 SGB VI und § 167 AFG geregelt. Eine wichtige Ausnahme in der knappschaftlichen Versicherung, in der der Arbeitgeber einen größeren Anteil als der Arbeitnehmer trägt, § 130 Abs. 1 RKG in Verbindung mit Art. 2, § 26 b KnVNG, soll hier nur kurz genannt, kann im übrigen jedoch vernachlässigt werden. Eine für die Praxis wesentliche **Ausnahme** von dem hier genannten Grundsatz besteht

812 1. für Beschäftigte, deren monatliches Arbeitsentgelt 1/7 der monatlichen Bezugsgröße nach § 18 SGB IV nicht übersteigt; solange 1/7 der monatlichen Bezugsgröße den Betrag von 610,- DM unterschreitet, ist dieser Betrag maßgebend,

813 2. für Personen, die ein freiwilliges soziales Jahr im Sinne des Gesetzes zur Förderung eines freiwilligen sozialen Jahres leisten, gemäß § 249 Abs. 2, § 168 SGB VI und § 171 Abs. 1 AFG, welche diese Ausnahmetatbestände für die einzelnen Sozialversicherungszweige im wesentlichen gleich regeln. Danach hat in diesen Ausnahmefällen der Arbeitgeber die Sozialversicherungsbeiträge allein zu tragen.

814 Zu unterscheiden von der Pflicht, die Beiträge im oben beschriebenen Sinne zu tragen, ist die Pflicht, die Beiträge zu zahlen. Denn das Gesetz geht davon aus, daß Zahlungs- und Tragungspflicht nicht identisch sind. Die Pflicht, beide Beitragsanteile an die Einzugsstelle zu zahlen, trifft gemäß § 28 e Abs. 1 SGB IV immer allein den Arbeitgeber. Bei der Abrechnung der Vergütung des Arbeitnehmers zieht er dessen Beitragsanteil daher vom Brutto-Entgelt ab, um ihn zusammen mit dem Arbeitgeber-Anteil bei Fälligkeit der Beiträge an die Einzugsstelle abführen zu können. Diese ist daher Gläubigerin des Gesamtsozialversicherungsbeitrages.

815 Fällig wird die Beitragsforderung nach Maßgabe der Regelung, welche in der Satzung der Krankenkasse vorgesehen ist, welche dem Arbeitgeber als Einzugsstelle gegenübersteht, spätestens jedoch mit dem 15. des Monats, der dem Monat folgt, in welchem die Beschäftigung ausgeübt worden ist bzw. als ausgeübt gilt, § 23 Abs. 1 SGB IV. Für Beiträge, die der Zahlungspflichtige eine Woche nach Fälligkeit noch nicht entrichtet hat, kann die Einzugsstelle **Säumniszuschläge** gemäß § 24 SGB IV erheben.

816 Dies sind jedoch nicht die einzigen Sanktionen, die der Arbeitgeber als säumiger Beitragsschuldner gewärtigen muß.

Darüber hinaus kommt auch in Betracht, daß der Arbeitgeber sich gemäß 817
§ 266 a StGB strafbar macht, wenn er die Gesamtsozialversicherungsbeiträge nicht an die Einzugsstelle zahlt. Tathandlung dieses Straftatbestan-
des ist das „Vorenthalten" von Beiträgen des Arbeitnehmers. Hier wird
also differenziert nach den Arbeitgeber-Beitragsanteilen und den Arbeit-
nehmer-Beitragsanteilen, welche regelmäßig vom Bruttolohn abgezogen
werden, damit sie für den Arbeitnehmer an die Einzugsstelle abgeführt
werden können. Schutzzweck der Vorschrift ist der Schutz der Solidargemeinschaft und die Sicherung des Aufkommens der Sozialversicherungen.
Gleichwohl ist lediglich die Verletzung der Verpflichtung des Arbeitgebers, den Arbeitgeber-Beitragsanteil zur Sozialversicherung abzuführen,
nicht pönalisiert. Dies ist gerechtfertigt dadurch, daß der Arbeitgeber
insoweit nicht in den Rechtskreis der bei ihm beschäftigten Arbeitnehmer
eingreift, was er dann tut, wenn er deren Beitragsanteile nicht an die Einzugsstelle abführt. Im übrigen wäre dies auch insoweit bedenklich, als
dies dem Grundsatz widerspricht, daß die bloße Nichtbezahlung von
Schulden als solche nicht strafbar ist, wenn nicht besondere Umstände
der Täuschung oder des Treuebruchs hinzutreten.

Als Täter kommt nur derjenige in Betracht, der bestimmte persönliche 818
Qualifikationsmerkmale erfüllt: die Eigenschaft als Arbeitgeber. Arbeitgeber können jedoch auch juristische Personen sein, zum Beispiel GmbH
oder Aktiengesellschaft. Da diese als solche nicht deliktsfähig im Sinne
des Strafrechts sind, aber nach außen hin von natürlichen Personen als
deren Organe vertreten werden, wird gemäß § 14 StGB in diesen Fällen
die strafrechtliche Verantwortung nach dem Sonderdelikt des § 266 a
StGB auf diese natürlichen Personen übergeleitet, die dem Arbeitnehmer
gegenüber funktionell als Arbeitgeber auftreten.

In Einzelfällen ist es von der Rechtsprechung entschieden worden, daß 819
zum Beispiel der Konkursverwalter Arbeitgeber ist (OLG Koblenz,
DOK 1955, 397). Gleiches gilt für Nachlaßverwalter, Testamentsvollstrek-
ker sowie Zwangsverwalter (RGZ 135, 197; LG Itzehoe, MDR 1956, 17)
sowie für den gemäß § 106 KO bestellten Sequester (OLG Schleswig,
ZIP 1985, 556).

Da es im Sinne § 266 a StGB nicht erforderlich ist, daß der Arbeitgeber 820
Beiträge einbehält oder zur Weiterleitung an die Einzugsstelle erhalten
hat, reicht bloßes Vorenthalten im Sinne einer Nichtbezahlung aus, so daß
gerade auch die Fälle der sog. „Nettolohnabrede" erfaßt werden. In die-

sen Standardfällen der Schwarzarbeit haben Arbeitgeber und Arbeitnehmer vereinbart, daß keine Sozialversicherungsbeiträge – sowie im übrigen auch keine Lohnsteuer – abgeführt werden sollen. Da in solchen Fällen regelmäßig eine Täuschungshandlung des Arbeitgebers gegenüber der Einzugsstelle im Sinne des Betrugtatbestandes, § 263 StGB, gegeben sein wird, ist insoweit ein Straftatbestand auch hinsichtlich des Arbeitgeberanteils der Beiträge gegeben.

821 Dies ist insoweit von Bedeutung, als beim Vorliegen des Tatbestandes des § 266 a StGB in Verbindung mit § 823 Abs. 2 BGB ein **Schadensersatzanspruch** der Einzugsstelle gegen den Arbeitgeber in Höhe der Arbeitnehmer-Beitragsanteile besteht, bei Vorliegen des Tatbestandes des § 263 StGB in Verbindung mit § 823 Abs. 2 BGB jedoch darüber hinaus ein Schadensersatzanspruch auch hinsichtlich der Arbeitgeber-Beitragsanteile. Zu der strafrechtlichen Sanktion kommt für den Arbeitgeber also auch noch die Verpflichtung, den der Einzugsstelle durch den Beitragsausfall entstandenen Schaden zu ersetzen.

822 Nach weitverbreiteter Auffassung soll es allerdings am Tatbestand des § 266 a StGB fehlen, wenn der Arbeitgeber etwa wegen Zahlungsunfähigkeit keinen Lohn auszahlt, sondern ihn nur gutschreibt. Hier kann dahinstehen, ob insoweit eine tatbestandsmäßige Handlung im Sinne diese Vorschrift fehlt. Denn in diesen Fällen wird dem Arbeitgeber sicherlich kein Vorsatz nachzuweisen sein. Denn Voraussetzung für die Strafbarkeit im Sinne dieser Vorschrift ist ein vorsätzliches Handeln.

3.2.2.2.2 Nachweispflicht

823 Da in einer Reihe von Fällen Versicherungsfreiheit besteht (siehe unten 3.2.3.1, und 3.2.3.2.1) oder eine Befreiung von der Versicherungspflicht in Betracht kommt (siehe unten 3.2.3.2.3 und 3.2.3.3.2) sind nicht immer für alle Beschäftigten eines Betriebes Beiträge zu allen Versicherungszweigen zu zahlen. Zu berücksichtigen ist dabei, daß die Versicherungs- und Beitragspflicht in den einzelnen Versicherungszweigen nicht einheitlich geregelt ist (siehe unten a. a. O.), wenn auch die Meldepflichten einheitlich in den Vorschriften §§ 28 a bis 28 c SGB IV geregelt sind (siehe oben 3.2.2.1). Daher muß die Einzugsstelle hinsichtlich eines jeden Beschäftigungsverhältnisses die Versicherungspflicht zu den einzelnen Sozialversicherungszweigen prüfen und ggf. feststellen, § 28 h Abs. 3 SGB IV.

Entsprechend den Feststellungen zur Versicherungspflicht und dem von ihm zu zahlenden Beiträgen muß der Arbeitgeber der Einzugsstelle regelmäßig monatlich **Beitragsnachweise** einreichen, § 28 f Abs. 3 SGB IV. Dabei hat er bei jedem Beschäftigungsverhältnis nach verschiedenen Beitragsgruppen zu unterscheiden, wie sich aus Anlage 8 zur 2. DEVO ergeben. Gemäß § 4 Abs. 1 der Beitragsüberwachungsverordnung (BÜVO) ist hierfür ein Vordruck zu verwenden (siehe das Muster im Anhang). **824**

Da alle Pflichtbeiträge zur RV und zur Arbeitslosenversicherung zusammen mit denen zur KV in einem Gesamtsozialversicherungsbeitrag abzuführen sind, ist eine Zuordnung des jeweiligen Versicherten zu einer der oben dargestellten Beitragsgruppen erforderlich. Nur so wird die Berechnung des Anteils der beteiligten Versicherungsträger am Gesamtsozialversicherungsbeitrag für die Einzugsstelle ermöglicht. **825**

Die monatliche Beitragsnachweisung ist jedoch nicht zwingend. Wenn der Inhalt der Nachweisung für einen längeren Zeitraum unverändert gilt, kann er auch für einen längeren Zeitraum ausgestellt werden. Ein solcher Dauer-Beitragsnachweis ist entsprechend zu kennzeichnen. Er kommt naturgemäß nur in Betracht für Betriebe ohne personelle Fluktuation, deren Arbeitnehmer ein gleichbleibendes Entgelt erhalten (Näheres zur Beitragsüberwachung bei Schneider, BB 1990, 550 ff). **826**

3.2.2.2.3 Aufzeichnungs- und Verwahrungspflicht

Um eine möglichst vollständige Erhebung der Sozialversichrungsbeiträge zu gewährleisten, gilt gemäß § 28 f Abs. 1 SGB IV eine gesetzliche Aufzeichnungspflicht zu Kontrollzwecken. Die Vorschrift verpflichtet den Arbeitgeber, für jeden Arbeitnehmer **Lohnunterlagen** zu führen, unabhängig davon, ob dieser in einem versicherungspflichtigen Beschäftigungsverhältnis steht oder nicht. Die Regelung entspricht im wesentlichen der Aufzeichnungspflicht im Einkommensteuerrecht, § 41 EStG. Es sind – nach Kalenderjahren – die Lohnunterlagen in deutscher Sprache und im Geltungsbereich des SGB zu führen und bis zum Ablauf des auf die letzte Beitragsprüfung nach § 28 p SGB IV folgenden Jahres geordnet aufzubewahren. Die Regelung gilt allerdings nicht hinsichtlich der in privaten Haushalten Beschäftigten, auch soweit sie versicherungspflichtig sein sollten. **827**

828 Welche konkreten Angaben sich aus den Lohnunterlagen mindestens ergeben müssen, ergibt sich aus der Aufzählung des § 2 Abs. 1 DÜVO:

– den Familien- und Vornamen und ggf. das betriebliche Ordnungsmerkmal,

– das Geburtsdatum,

– die Anschrift,

– den Beginn und das Ende der Beschäftigung,

– die Beschäftigungsart,

– die für die Versicherungsfreiheit oder die Befreiung von der Versicherungspflicht maßgebenden Angaben,

– das Arbeitsentgelt nach § 14 des Vierten Buches Sozialgesetzbuch, seine Zusammensetzung und zeitliche Zuordnung,

– das beitragspflichtige Arbeitsentgelt bis zur Beitragsbemessungsgrenze der Rentenversicherung, seine Zusammensetzung und zeitliche Zuordnung,

– den Beitragsgruppenschlüssel,

– die Einzugsstelle für den Gesamtsozialversicherungsbeitrag,

– den vom Beschäftigten zu tragenden Anteil am Gesamtsozialversicherungsbeitrag, nach Beitragsgruppen getrennt,

– die für die Erstattung von Meldungen erforderlichen Daten, soweit sie in den Nummern 1 bis 10 nicht enthalten sind,

– bei Entsendung Eigenart und zeitliche Begrenzung der Beschäftigung.

829 Diese Lohnunterlagen können grundsätzlich sowohl mit Hilfe automatischer Einrichtungen als auch auf Bildträgern geführt werden. Allerdings reicht eine solche Datenspeicherung für Unterlagen nicht aus, die über Fragen der Versicherungsfreiheit oder über etwa ausgeübte Wahlrechte, zum Beispiel zu bestimmten KK, Aufschluß geben, wie Mitgliedsbescheinigungen der gewählten KK. Hier bleibt es bei der Aufbewahrung als Einzelbeleg.

Daneben schreibt § 3 Abs. 1 BÜVO auch noch vor, daß der Arbeitgeber **830** zur Prüfung der Vollständigkeit der Lohn- und Gehaltsabrechnung sowie der Eintragungen im Beitragsnachweis (siehe oben 3.2.2.2.2) für jeden Abrechnungszeitraum und für alle Beschäftigten die maßgeblichen Angaben listenmäßig und getrennt nach Einzugsstellen erfaßt. Dies führt in der Praxis nicht zu nennenswertem Mehraufwand, da Beitragsnachweise vom Arbeitgeber sowieso den Einzugsstellen eingereicht werden müssen (siehe oben a. a. O.).

Da gemäß § 3 Abs. 1 BÜVO die Angaben hinsichtlich aller Beschäftigten **831** zu erfassen sind, betrifft dies auch die **geringfügig Beschäftigten**, für die ansonsten mangels Beitragszahlung keine Beitragsnachweise erforderlich sind. In diesem Zusammenhang ist darauf hinzuweisen, daß gemäß § 3 Abs. 4 DÜVO die Pflicht besteht, in den Beitragsabrechnungsunterlagen die geringfügig Beschäftigten einzeln mit ihren Personalien und ihrem Entgelt aufzuführen und nicht allein in ihrer Gesamtheit.

Eine Mißachtung der Aufzeichnungs- und Aufbewahrungspflicht kann **832** für den Arbeitgeber in zweierlei Hinsicht zu Konsequenzen führen:

– Eine völlige Mißachtung stellt gemäß § 111 Abs. 1 Nr. 3 SGB IV eine **833** **Ordnungswidrigkeit** dar, die mit einer Geldbuße bis zu 5.000,- DM geahndet werden kann. Die Folge kann jedoch nicht schon dann eintreten, wenn ein Verstoß lediglich hinsichtlich der Ordnungsmäßigkeit der Aufzeichnungs- und Aufbewahrungspflichten vorzuwerfen ist, Voraussetzung ist eine völlige Mißachtung.

– Ferner ist gemäß § 28 f Abs. 2 SGB IV die Einzugsstelle berechtigt, die **834** Beiträge in Gestalt eines sog. „**Summenbescheides**", das heißt im Wege eines vereinfachten Verfahrens festzustellen und zu erheben. In diesen Fällen ist eine Ausnahme von dem Grundsatz gerechtfertigt, daß Beiträge nur für namentlich bezeichnete Versicherte und damit konkret personenbezogen erhoben werden dürfen, die dann auch personenbezogen den einzelnen Versicherungen zugeordnet werden können. Dies ist insbesondere für die RV wegen der Entgeltbezogenheit der späteren Leistungen grundsätzlich erforderlich. Ist allerdings durch Mißachtung

211

der Aufzeichnungspflichten für die Einzugsstelle trotz aller Bemühungen es nicht möglich, die Grundlagen für eine personenbezogene Beitragsfestsetzung zu ermitteln – zum Beispiel weil die beim Arbeitgeber inzwischen ausgeschiedenen Arbeitnehmer nicht namhaft gemacht werden können, etwa weil es sich um wieder ausgereiste ausländische Schwarzarbeiter handelte – darf sie einen Beitragsbescheid erlassen, der Beiträge allein aufgrund der festgestellten **Gesamtlohnsumme** für den fraglichen Zeitraum festlegt (BSGE 41, 297). Es wird also allein der Lohn zugrunde gelegt, den der Arbeitgeber insgesamt an alle Arbeitnehmer ausgezahlt hat. Die Ermittlung dieses Gesamtlohnes wird der Einzugsstelle unter Umständen oft nur bei Zusammenarbeit mit der Staatsanwaltschaft, der Bearbeitungsstelle zur Bekämpfung der illegalen Beschäftigung bei der Bundesanstalt für Arbeit oder in Zusammenarbeit mit der Finanzverwaltung möglich sein. Weil die Einzugsstelle ihre Feststellungspflicht nur erfüllen kann, wenn der Arbeitgeber seiner Mitwirkungspflicht nachkommt, hat dieser – im Wege der Umkehr der Feststellungslast – die Nachteile zu tragen, die sich möglicherweise aus dem Summenbescheid für ihn ergeben, weil sich in der zugrunde gelegten Entgeltsumme auch beitragsfreie Zahlungen befinden (BSG SozR 2200, § 317 Nr. 2).

3.2.2.3 Erstattung und Nacherhebung von Sozialversicherungsbeiträgen als rückwirkende Berichtigungen

835 Aus den vorstehenden Ausführungen ergibt sich, welche Pflichten den Arbeitgeber neben der eigentlichen Beitragszahlungspflicht treffen, damit die Einzugsstelle überhaupt in der Lage ist, die Beiträge hinsichtlich der versicherungspflichtig Beschäftigten zu erheben. Gleichwohl kann es vorkommen, daß Beiträge zu Unrecht entrichtet werden, weil fälschlich von versicherungspflichtigen Beschäftigungsverhältnissen ausgegangen wird, oder Überzahlungen vorgenommen werden, bzw. daß Beiträge trotz Versicherungspflicht nicht entrichtet werden oder in zu geringer Höhe. Dies kann unterschiedliche Ursachen haben: Im Einzelfall kann die Einzugsstelle die Versicherungspflicht unzutreffend beurteilt haben; der Arbeitgeber kann von falschen Grundlagen bei der Beitragsberechnung ausgegangen sein; Meldungen können versehentlich – oder auch absichtlich – unterlassen oder inhaltlich falsch abgegeben worden sein. Hier fordert die Rechtslage eine Berichtigung, und zwar für die Vergangenheit rückwirkend.

3.2.2.3.1 Betriebsprüfung

Im Einzelfall kann eine Überprüfung eines konkreten Dienstverhältnisses **836**
auf seine Versicherungspflicht hin vom Dienstverpflichteten selbst veranlaßt sein, wenn dieser dies schon zu Beginn oder erst später im Laufe des
Dienstverhältnisses aus persönlichen Gründen wünscht. Auch eine Veranlassung durch den Dienstberechtigten kommt in Betracht. Erforderlichen-
falls wird dieses Statusverfahren bis zur gerichtlichen Klärung betrieben.
Sodann zeigt sich, ob die erzielte Entscheidung ggf. eine Beitragsnacher-
hebung zur Folge hat oder eine Erstattung.

Daneben sieht § 28 p Abs. 1 SGB IV eine **Beitragsüberwachung** in Form **837**
von mehr oder weniger regelmäßig, zumindest jedoch alle vier Jahre
durchzuführenden Betriebsprüfungen vor. Diese Vorschrift konkretisiert
die allgemeine Bestimmung zur Auskunftspflicht in § 98 Abs. 1 SGB X
(vgl. 3.2.2) und ergänzt sie. Auf Verlangen des Arbeitgebers ist die Prüfung auch nach kürzerem Zeitabstand möglich, um unklare Sachverhalte
frühzeitig zu klären und damit Erstattungen und Nachberechnungen zu
erübrigen oder in begrenztem Rahmen zu halten. Dabei handelt es sich
konkret um die Prüfung der Vollständigkeit und Richtigkeit der abzuge-
benden Meldungen, der Beitragsberechnung und -abführung.

Wiederum ist die Einzugsstelle primär zuständig, wenn es um die Bei- **838**
tragsüberwachung in Gestalt der Betriebsprüfung geht. Es kommt auch
die Möglichkeit in Betracht, daß sich andere Sozialversicherungsträger
beteiligen.

Je nachdem, bei welchen KK die Beschäftigten krankenversichert sind, **839**
können mehrere Einzugsstellen für die Betriebsprüfung zuständig sein; z.
B. AOK und Ersatzkassen, BKK und Ersatzkassen und IKK. Bei der ab
1.1.96 geltenden allgemeinen Wahlfreiheit zu den KK (s. 3.2.3.2.4) kommen regelmäßig alle Kassenarten in Betracht. In einem solchen Fall kann
der Arbeitgeber eine **gemeinsame Betriebsprüfung aller Einzugsstellen**
beantragen, § 28 p Abs. 3 Satz 1 SGB IV, damit der dadurch für ihn ent-
stehende Aufwand minimiert wird.

Regelmäßig finden die Prüfungen in den Geschäftsräumen des Arbeitge- **840**
bers statt, wenn sich die maßgeblichen Unterlagen dort befinden. Anderenfalls ist auch eine Prüfung bei sog. Servicestellen möglich, z. B: Steuer-

beratern, welche die Lohn- und Gehaltsabrechnungen für den Arbeitgeber durchführen und die Meldungen an die Einzugsstellen erstatten, § 28 p Abs. 6 SGB IV.

841 Im günstigsten Fall führt die Betriebsprüfung für den Arbeitgeber zu dem Ergebnis, daß er seinen Auskunfts- und Meldepflichten nachgekommen ist, aufgrund der Bewertung der Dienstverhältnisse ggf. im Einzelfall aber kein versicherungspflichtiges Beschäftigungsvehältnis vorliegt und vorgelegen hat. Dann kommt es zur **Erstattung** zuviel gezahlter Beiträge (s. 3.2.2.3.2). Ungünstig für den Arbeitgeber ist die Feststellung, daß entgegen früherer Bewertung des Dienstverhältnisses nun doch von einem versicherungspflichtigen Beschäftigungsverhältnis auszugehen ist. Dann kommt es zu **Nacherhebungen** von Beiträgen (s. 3.2.2.3.3).

842 Formalrechtlich erfolgen die bei der Betriebsprüfung gemachten Feststellungen in Gestalt eines Verwaltungsakts, mit dem die Versicherungspflicht ggf. in allen drei Versicherungszweigen (Kranken-, Renten- und Arbeitslosenversicherung) entschieden wird und mit dem u.U. bisher unrechtmäßigerweise nicht gezahlte Beiträge nacherhoben werden. Diesen Verwaltungsakt kann der Arbeitgeber mit dem Widerspruch anfechten und notfalls – d. h. wenn dem Widerspruch nicht abgeholfen wird – gerichtlich überprüfen lassen.

3.2.2.3.2 Erstattung zu Unrecht entrichteter Beiträge

843 Gem. § 26 Abs. 2 SGB IV sind zu Unrecht entrichtete Beiträge grundsätzlich zu erstatten.

844 Eine Ausnahme gilt, wenn der Versicherungsträger aufgrund der Beiträge oder für den Zeitraum, für den die Beiträge zu Unrecht entwichtet worden sind, Leistungen erbracht oder zu erbringen hat; in diesen Fällen wird dann für die Beitragsseite das Bestehen eines Versicherungsverhältnisses fingiert (BSGE 45, 251). Es handelt sich um eine Verfallklausel, die den berechtigten Interessen der Solidargemeinschaft der Versicherten gerecht werden will, auf deren Kosten der grundsätzlich Erstattungsberechtigte Leistungen erlangt hat.

845 Die Sozialversicherungsträger erstatten nur auf **Antrag**, es sei denn, diesen ist im konkreten Fall bekannt, daß ein Erstattungsanspruch besteht.

Die Erstattung kann dann durch einen förmlichen Verwaltungsakt vorgenommen werden oder auch nur durch schlichtes Verwaltungshandeln, d. h. allein indem der Geldbetrag zurückgezahlt wird. Die Verpflichtung zum Erlaß eines Erstattungsverwaltungsakts besteht nur, wenn einem Erstattungsantrag nicht voll entsprochen wird; dies wird dann zu begründen sein.

Ist dem Erstattungsantrag stattzugeben, kann hierüber die Einzugsstelle **846** positiv entscheiden. Eine negative Entscheidung ist den jeweils beteiligten Sozialversicherungsträgern vorbehalten. Hier ist zwischen den Trägern abzustimmen, ob Beiträge wirklich zu Unrecht entrichtet wurden oder etwa die Verfallklausel greift.

Gem. § 26 Abs. 3 Satz 1 SGB IV ist Gläubiger des Erstattungsanspruchs **847** derjenige, der die Beiträge getragen hat. Damit besteht ein Erstattungsanspruch hinsichtlich des Gesamtsozialversicherungsbeitrags für den Arbeitgeber und den Arbeitnehmer jeweils hinsichtlich ihres Anteils, auch wenn der Beitrag gem. § 28 e Abs. 1 SGB IV vom Arbeitgeber zu zahlen ist. Auf die Unterscheidung zwischen Tragungspflicht und Zahlungspflicht wurde (s. 3.2.2.2.1) schon hingewiesen.

Grundsätzlich verjährt der Erstattungsanspruch gem. § 26 Abs. 2 Satz 1 **848** SGB IV in vier Jahren nach Ablauf des Jahres, in dem die Beiträge entrichtet worden sind.

3.2.2.3.3 Nacherhebung von Beiträgen

Beitragsansprüche entstehen gem. § 22 Abs. 1 SGB IV, sobald ihre im **849** Gesetz oder aufgrund eines Gesetzes, z.B. in der Satzung der Einzugsstelle, bestimmten Voraussetzungen gegeben sind. Ergibt die Betriebsprüfung, daß diese Voraussetzung bereits in der Vergangenheit vorgelegen haben, wurden die Beiträge aber nicht entsprechend abgeführt, weil die Meldungen und Beitragsnachweisungen unterlassen oder unvollständig waren, ist der Arbeitgeber in Höhe dieser Beiträge bei der Einzugsstelle im Rückstand.

Rückstände verjähren gem. § 25 Abs. 1 Satz 1 SGB IV grundsätzlich in **850** vier Jahren nach Ablauf des Jahres der Fälligkeit. Gem. § 25 Abs. 2 SGB IV gelten die Vorschriften des BGB über die Hemmung, die Unterbrechung und die Wirkung der **Verjährung** sinngemäß. Bedeutsam ist in diesem Zusammenhang, daß die Verjährung von den Einzugsstellen – aufgrund ihrer Beratungspflicht gem. § 14 SGB I auch gegenüber dem Arbeitgeber – von Amts wegen beachtet werden soll, und nicht erst auf Einrede des Arbeitgebers (BSGE 22, 173).

851 Allerdings besteht gem. § 52 SGB X für öffentliche-rechtliche Rechtsträger – und solche sind die KK als Einzugsstellen – die Möglichkeit, durch Verwaltungsakt die Verjährung eines Anspruchs zu unterbrechen. Nicht allein, um dem Arbeitgeber die Möglichkeit zu eröffnen, die Feststellungen zum Beitragsrückstand in einem geordneten Verwaltungsverfahren mit sich ggf. anschließenden Gerichtsverfahren überprüfen zu lassen, sondern auch, um die Verjährung der Beitragsrückstände zu unterbrechen, werden daher diese Rückstände in einem förmlichen Beitragsbescheid geltend gemacht. Der unanfechtbar gewordene Verwaltungsakt steht einem rechtskräftigen Urteil i. S. von § 218 BGB gleich. Dieser ist auch dann Grundlage einer evtl. erforderlichen **Vollstreckung** im Verwaltungsvollstreckungsverfahren, wobei aber zu beachten ist, daß aus diesem Verwaltungsakt schon vor seiner Bestandskraft vollstreckt werden kann. Widerspruchs- und Klageverfahren haben **keine aufschiebende Wirkung**. Die eine aufschiebende Wirkung regelnden Vorschriften der §§ 86 Abs. 2, 97 SGG stellen einen abschließenden Katalog dar, der diese Fälle grundsätzlich nicht erfaßt.

852 Eine Ausnahme von dem Grundsatz der 4jährigen Verjährungsfrist ist gem. § 25 Abs. 1 Satz 2 SGB IV gegeben, wenn die Beiträge vorsätzlich vorenthalten wurden. Dann gilt eine 30jährige Verjährungsfrist. Vorsätzliches Vorenthalten in diesem Sinne liegt vor, wenn der Arbeitgeber in Kenntnis seiner Zahlungspflicht bewußt und gewollt keine Beiträge an die Einzugsstelle abführt. Hier wird regelmäßig dann auch der Tatbestand des § 266 a StGB erfüllt sein (s. 3.2.2.2.1). Bemerkenswert ist in diesem Zusammenhang, daß der Arbeitgeber, insbesondere wenn er eine juristische Person wie z.B. GmbH oder AG ist, sich die Handlung und den Vorsatz seines Arbeitnehmers, dem er die Beitragsabrechnung übertragen hat, zurechnen lassen muß (RVA in AN 1935, 175).

3.2.2.4 Beiträge „U1" und „U2"

853 Die Pflicht zur Entgeltfortzahlung im Krankheitsfalle (s. 3.1.2.1) kann für kleine und mittelgroße Betriebe im Einzelfall eine existenzbedrohende

Härte darstellen, da sie trotz unverminderter Höhe der Ausgabe für Löhne und Lohnnebenkosten eine Ausfall an Arbeitskraft und -erfolg haben. Das Gesetz sieht daher vor, daß das damit verbundene Risiko durch gesetzliche Ausgleichskassen im Rahmen einer „**Lohnfortzahlungsversicherung**" verteilt wird. Das gleiche gilt für die Arbeitgeberleistungen bei Mutterschaft einer Arbeitnehmerin.

Gegenstand, Voraussetzungen, Umfang und Durchführung dieser Lohnfortzahlungsversicherung sind in den §§ 10 bis 19 LFZG geregelt. Danach nehmen am Ausgleich der Arbeitgeberaufwendungen grundsätzlich alle Arbeitgeber teil, die regelmäßig nicht mehr als 20 Arbeitnehmer beschäftigen. Die Grenze von 20 Arbeitnehmern kann bei den einzelnen Krankenkassen per Satzung auf 30 erhöht werden. Zuständig für das Ausgleichsverfahren sind die AOKs, IKKs, die Bundesknappschaft und die See-KK, bei denen die jeweiligen Arbeitnehmer krankenversichert sind oder bei Versicrungspflicht krankenversichert wären. **854**

Den am Ausgleich teilnehmenden Arbeitgebern werden 80 % der weitergezahlten Löhne und die darauf entfallenden Arbeitgebeanteile der Gesamtsozialversicherungsbeiträge sowie des vom Arbeitgeber nach § 14 Abs. 1 MuSchG gezahlten Zuschusses zum Mutterschaftsgeld erstattet. Die hierfür benötigten Mittel werden durch Umlagen von den am Ausgleich beteiligten Arbeitgebern aufgebracht. Die Aufwendungen des Arbeitgebers werden jeweils getrennt für Entgeltfortzahlung im Krankheitsfall sowie für den Mutterschutzlohn und den Zuschuß zum Mutterschaftsgeld erstattet, so daß auch die Umlagebeträge gesondert erhoben werden. Daher hat die KK zwei Umlagesätze festzusetzen: „U1" und „U2". **855**

Daraus ergibt sich, daß Arbeitgeber, die sowohl Arbeiter als auch Angestellte beschäftigen, beide Umlagen entrichten müssen. Arbeitgeber, die allein Angestellte beschäftigen (z.B. Ärzte, Rechtsanwälte und Steuerberater) brauchen dagegen nur die Umlage „U2" für den Ausgleich bei Mutterschaftsaufwendungen zu entrichten, da sie am Ausgleich der Aufwendungen für die Lohnfortzahlung an Arbeiter nicht teilnehmen brauchen, sowie auch sonst bei der Umlageberechnung „U1" das Gehalt der Angestellten des Betriebes nicht berücksichtigt wird. **856**

Hinsichtlich der Berechnung der „U2" ist bemerkenswert, daß auch männliche Arbeitnehmer zu berücksichtigen sind, obwohl der Arbeitge- **857** ber nie in die Verlegenheit wird geraten können, für sie Mutterschutzaufwendungen erbringen zu müssen und entsprechende Erstattungen nicht erlangen kann; dies ergibt sich aus dem Solidargedanken, von dem die Ausgleichskasse getragen ist (BSG NZA 92, 1103).

858 Im übrigen finden gem. § 17 LFZG die für die gesetzliche Krankenversicherung geltenden Vorschriften im wesentlichen entsprechende Anwendung, so daß hinsichtlich des Einzugsverfahrens auf die o.g. Ausführungen (3.2.2.1 bis 3.2.2.3) verwiesen werden kann.

3.2.2.5 Mitgliedschaft in der gesetzlichen Unfallversicherung

859 Hinsichtlich der Aufgaben und Träger der gesetzlichen UV kann auf die an anderer Stelle bereits gemachten Ausführungen verwiesen werden (s. 2.2.3.1.4).

860 Während in der GKV das Versicherungsverhältnis in der Regel aus dem Mitgliedschaftsverhältnis folgt, ist dies in der UV völlig anders geregelt. Mitglieder sind gem. § 658 Abs. 1 RVO hier nur die Unternehmer, nicht dagegen die versicherten Arbeitnehmer. Versicherungsverhältnis und Mitgliedschaft fallen also grundsätzlich auseinander. Anderes gilt nur für den Fall, daß der Unternehmer selbst versichert ist.

861 Auch in der UV herrscht eine **Zwangsmitgliedschaft**. § 539 RVO enthält einen umfassenden Katalog der Personen, die der gesetzlichen Versicherungspflicht unterliegen, ohne Rücksicht auf deren eigenen Willen oder den ihres Arbeitgebers. Pflichtversichert sind insbesondere

– alle Arbeitnehmer, unabhängig von der Art und Dauer der Beschäftigung und der Höhe des Einkommens,
– Unternehmer, und zwar entweder nach ausdrücklicher gesetzlicher Vorschrift oder nach der Satzung des UV-Trägers; hier ist die Pflichtversicherung jedoch im allgemeinen davon abhängig, daß das Unternehmen eine gewisse Größe nicht überschreitet.

862 Finanziert wird die UV allein durch die Beiträge der Unternehmer. Die Höhe wird in der Regel nach dem Arbeitsverdienst der versicherten Arbeitnehmer in dem jeweiligen Unternehmen und nach dem Grad der Unfallgefahr bemessen. Durch den Bezug auf die Unfallgefahr soll eine

möglichst gerechte Verteilung der Beiträge erreicht werden: Die Gewerbezweige, in denen wegen der Art der Unternehmer die Unfallgefahr höher ist, sollen auch höhere Beiträge zahlen. Unter Berücksichtigung der Zahl und Schwere der Arbeitsunfälle sind Zuschläge aufzuerlegen oder Nachlässe zu bewilligen. Nach der Wirksamkeit der Unfallverhütung können gestaffelte Prämien gewährt werden. Im einzelnen ist die Aufbringung der Mittel im wesentlichen in den §§ 723, 725 ff. RVO geregelt.

Ferner erläßt der UV-Träger **Unfallverhütungsvorschriften**, die den 863
Unternehmer verpflichten, alle Baulichkeiten, Arbeitsstätten, Betriebseinrichtungen, Maschinen und Gerätschaften so einzurichten und zu erhalten, daß die Arbeitnehmer geschützt sind. Für die Durchführung ist der Unternehmer verantwortlich. Dies wird durch technische Aufsichtsbeamte der UV überwacht. Verstöße können mit Ordnungswidrigkeit geahndet werden.

Entsprechendes gilt auch für die erste Pflicht des Unternehmers, die hier 864
nur deswegen am Schluß der betr. Abhandlung erwähnt wird, um ihre Bedeutung hervorzustreichen: Die Pflicht gem. § 661 RVO, der Berufsgenossenschaft binnen einer Woche den Gegenstand und die Art des Unternehmens, die Zahl der Versicherten und den Eröffnungstag oder den Tag der Aufnahme der vorbereitenden Arbeiten für das Unternehmen anzuzeigen.

3.2.3 Sozialversicherungsrechtliche Seite für den Arbeitnehmer

Liegt ein Arbeitsverhältnis/Beschäftigungsverhältnis vor, wirkt sich das 865
für den Dienstverpflichteten – den Arbeitnehmer – unter sozialversicherungsrechtlichem Aspekt dadurch aus, daß dies für ihn wegen der grundsätzlich bestehenden **Versicherungspflicht** zu einer Zwangsmitgliedschaft bei den Sozialversicherungsträgern führt. Das Beschäftigungsverhältnis zeichnet sich durch die persönliche Abhängigkeit des Arbeitnehmers vom Arbeitgeber infolge der Eingliederung in dessen Wirtschaftsbetrieb aus. Durch diese Eingliederung ist dem Beschäftigten eine Einflußnahme auf die Betriebsführung und damit auch auf das wirtschaftliche Betriebsergebnis weitgehend versagt. Darin liegt ein wesentlicher Grund für das soziale Schutzbedürfnis, dem die Sozialversicherung Rechnung trägt, indem sie dem unselbständig Beschäftigten den Schutz der Sozialversicherung zwangsweise zugute kommen läßt. Die Beschäftigten können daher

grundsätzlich nicht in die Verlegenheit geraten, etwa auf Druck des Arbeitgebers privatrechtsgeschäftlich auf den Schutz der Sozialversicherung verzichten zu müssen.

866 Es gilt daher der Grundsatz der Versicherungspflicht aller, die in einem Beschäftigungsverhältnis im Sinne des § 7 SGB IV stehen. Dies beinhaltet regelmäßig auch eine Beitragspflicht. In den einzelnen Versicherungszweigen ist dies geregelt in

- § 5 Abs. 1 Nr. 1 SGB V für die GKV
- § 1 Abs. 1 Nr. 1 SGB VI für die RV
- § 168 Abs. 1 AFG für die Arbeitslosenversicherung.

867 Hinsichtlich der gesetzlichen Unfallversicherung ist der Beschäftigte immer bei der Berufsgenossenschaft abgesichert, bei dem sein Arbeitgeber Mitglied ist und für ihn auch den – vollen – Beitrag zahlt. Darauf soll und braucht daher im folgenden nicht näher eingegangen werden. Im übrigen gelten für den Arbeitnehmer die nachstehend dargelegten Grundsätze und Wahl- bzw. Gestaltungsmöglichkeiten.

3.2.3.1 Gesetzliche Ausnahme von der Versicherungspflicht bei geringfügiger Beschäftigung

868 Eine Ausnahme von den oben beschriebenen Grundsatz der Versicherungspflicht gilt für alle Sozialversicherungszweige, wenn lediglich eine geringfügige Beschäftigung im Sinne § 8 Abs. 1 SGB IV vorliegt. Dies führt zur **Versicherungsfreiheit** in der GKV und RV nach den gesetzlichen Maßgaben des § 7 SGB V und § 5 Abs. 2 Satz 1 SGB VI und in der Arbeitslosenversicherung zur Beitragsfreiheit gem. § 169 a AFG, die sich im wesentlichen nicht von der Versicherungsfreiheit der anderen Sozialversicherungszweige unterscheidet.

869 Der Grund für die Versicherungsfreiheit geringfügig Beschäftigter ist hauptsächlich die fehlende Schutzbedürftigkeit dieser Personen. Denn der Gesetzgeber geht davon aus, daß deren Einkünfte nicht die wirtschaftliche Existenzgrundlage darstellen, weil sie geringfügig sind; die Existenzgrundlage ist in der Regel vielmehr durch andere Einkünfte oder Sozialleistungen gesichert – z.B. Rentner durch die RV – und der soziale Schutz anderweitig gewährleistet – z.B. als Familienangehörige im Namen der Familienversicherung bei der GKV, § 10 SGB V.

Unter arbeitsmarktpolitischem und sozialversicherungsrechtlichem Aspekt   870
ist die Versicherungsfreiheit aufgrund geringfügiger Beschäftigung umstritten; praktisch wird diese Regelung jedoch allgemein nicht in Frage gestellt,
weil sie Vorteile sowie für den Unternehmer als Arbeitgeber als auch den
Arbeitnehmer bietet (siehe Plagemann, NZS 1992, S. 15 ff). § 8 Abs. 1 SGB
IV unterscheidet zwei Arten von Geringfügigkeit:

- **Entgeltgeringfügigkeit** im Sinne Nr. 1 der Vorschrift ist gegeben, wenn   871
  die Beschäftigung regelmäßig weniger als 15 Stunden in der Woche aus-
  geübt wird und das Arbeitsentgelt im Sinne § 14 SGB IV regelmäßig im
  Monat entweder 1/7 der monatlichen Bezugsgröße im Sinne § 18 SGB
  IV (1/7 ab 1.1.94 = 560,– DM, im Beitrittsgebiet = 440,– DM) nicht
  überschreitet (absolute Entgeltgeringfügigkeit) oder bei höherem
  Arbeitsentgelt 1/6 des Gesamteinkommens im Sinne § 16 SGB IV nicht
  überschreitet (relative Entgeltgeringfügigkeit). Gesamteinkommen ist die
  Summe der Einkünfte im Sinne des Einkommensteuerrechts, wobei die
  Einkünfte aus der als geringfügig zu beurteilenden Tätigkeit bei der
  Berechnung zum Gesamteinkommen eingeschlossen werden. Bei der
  Beurteilung ist eine vorausschauende Betrachtung anzuwenden.. Wenn
  infolge nicht sicher voraussehbarer Umstände falsch geschätzt wurde, so
  tritt Versicherungspflicht nicht etwa rückwirkend ein, sondern mit dem
  Tag des Überschreitens der Entgeltgeringfügigkeit (BSG SozR 2200
  § 1228 Nr. 1).

- **Zeitgeringfügigkeit** im Sinne Nr. 2 der Vorschrift ist gegeben, wenn die   872
  Beschäftigung innerhalb eines Jahres seit ihrem Beginn bei einem oder
  mehreren Arbeitgebern höchstens zwei Monate oder insgesamt 50
  Arbeitstage ausgeübt wird; die zeitliche Begrenzung muß sich entweder
  aus der Eigenart der Tätigkeit oder aus einer entsprechenden Vereinbarung ergeben. Auf die Höhe des Arbeitsentgelts kommt es nur an, wenn
  die Beschäftigung berufsmäßig ausgeübt wird und das Entgelt 1/7 der
  monatlichen Bezugsgröße überschreitet; insoweit wird auf die erste
  Alternative der Entgeltgeringfügigkeit nach Nr. 1 der Vorschrift verwiesen. Berufsmäßig wird eine Beschäftigung ausgeübt, wenn sie für den
  Arbeitnehmer nicht nur von untergeordneter wirtschaftlicher Bedeutung
  ist (BSG SozR 2200 § 166 Nr. 1). Dies ist z.B. auch dann anzunehmen,
  wenn der kurzfristigen Beschäftigung eine versicherungspflichtige oder
  aus anderen Gründen versicherungsfreie Beschäftigung unmittelbar vor-
  ausgegangen ist oder folgt (BSG SozR 2200 § 168 Nr. 3). Gleiches gilt,
  wenn die jeweilige Person mit der kurzfristigen Beschäftigung zum

Arbeitslosengeld hinzuverdient, weil sie arbeitslos ist (BSG vom 27.9.1972 – 12/3 RK 49/71 – USK 72149).

873 Gemäß § 8 Abs. 2 Satz 1 SGB IV sind mehrere kurzfristige Beschäftigungen zusammenzurechnen. Werden durch die Zusammenrechnung die Grenzwerte überschritten, sind sämtliche Beschäftigungsverhältnisse von der Versicherungpflicht erfaßt. Dies hat zur Folge, daß der Arbeitgeber dann zur Zahlung der Sozialversicherungsbeiträge verpflichtet ist. Das gilt selbst dann, wenn der in mehreren – einzeln gesehen versicherungsfreien – Beschäftigungsverhältnissen tätiger Arbeitnehmer die weiteren geringfügigen Beschäftigungen dem Arbeitgeber verschwiegen hat. Der Arbeitgeber ist darüber hinaus dem Arbeitnehmer gegenüber berechtigt, diesen nach etwa weiter ausgeübten geringfügigen Beschäftigungen zu befragen. Im Zweifel kann er eine Entscheidung der Einzugsstelle beantragen; diese kann aufgrund der auch für geringfügige Beschäftigungen geltenden Meldepflicht bei der zuständigen Erfassungsstelle des VDR weitere geringfügige Beschäftigungen des jeweiligen Arbeitnehmers feststellen. Dies dauert jedoch erfahrungsgemäß einige Wochen.

874 Verschweigt ein Arbeitnehmer auf die zulässige Frage des Arbeitgebers eine von ihm ausgeübte weitere Beschäftigung bewußt, kann darin eine sittenwidrige Täuschung liegen, die zu einem Schadensersatzanspruch führt (BSG SozR 2100 § 8 Nr. 5). Darüber soll nach neuester Rechtsprechung des BAG (BB 1989, 847) der Arbeitnehmer selbst dann verpflichtet sein, eine weitere geringfügige Beschäftigung seinem Arbeitgeber mitzuteilen, wenn dies arbeitsvertraglich nicht ausdrücklich vereinbart wurde. Hier trägt jedoch für das bewußte Verschweigen im oben genannten Sinne der Arbeitgeber die Beweislast. Im übrigen gehört zum Schadensersatzanspruch nicht der Anteil des Arbeitgebers zur Sozialversicherung; eine anderslautende einzelvertragliche Regelung ist nichtig (siehe 2.5.1, Rdn. 595).

875 Im einzelnen ist hinzuweisen auf die „Richtlinien für die versicherungsrechtliche Beurteilung von geringfügigen Beschäftigungen" (Geringfügigkeits-Richtlinien), die von den Spitzenverbänden der KK, dem VdR und der BA regelmäßig herausgegeben werden (Aichberger Nr. 115; für das Beitrittsgebiet: Aichberger II Nr. 59).

876 Die dort niedergelegten Grundsätze hat das BSG bisher immer bestätigt.

877 Klar von der Versicherungsfreiheit im oben dargestellten Sinne zu unterscheiden ist die in allen Sozialversicherungszweigen getroffene Regelung,

daß der Arbeitgeber allein die ganze Beitragslast zu tragen hat, wenn das Arbeitsentgelt die Höhe von 610,– DM (im Beitrittsgebiet: 480,– DM) nicht übersteigt: „Geringverdienergrenze". Hier ist Versicherungspflicht gegeben; der Arbeitnehmer ist jedoch von der Pflicht, die Hälfte des Gesamtsozialversicherungsbeitrages zu tragen, zu Lasten des Arbeitgebers befreit (siehe 3.2.2.2.1, Rdn. 811 f.), während bei Unterschreiten der „Geringfügigkeitsgrenze" von 560,– DM (Beitrittsgebiet 440,– DM) keinerlei Beiträge zu zahlen sind.

3.2.3.2 Grundsätze, Gestaltungs- und Wahlmöglichkeiten in der gesetzlichen Krankenversicherung

Ca. 90 % der Bevölkerung in der Bundesrepublik sind gegen das Risiko der Kankheit in der GKV versichert. Das rührt vor allen Dingen daher, daß für alle „Arbeiter, Angestellte und zu ihrer Berufsausbildung Beschäftigten, die gegen Arbeitsentgelt beschäftigt sind" gem. § 5 Abs. 1 Nr. 1 SGB V Versicherungspflicht besteht (siehe 3.2.3). Diese Regelung gehört zu den Grundlagen der GKV. 878

Damit ist die große Mehrheit aller gegen Arbeitsentgelt Beschäftigten der Versicherungspflicht unterworfen. Diese Gruppe ist den in den Nrn. 2 bis 12 der zitierten Vorschrift benannten anderen Gruppen gegenüber zahlenmäßig dominant. Ferner sind die versicherungspflichtig Beschäftigten auch weit vor den freiwillig versicherten Personen und den mitversicherten Familienangehörigen die größte Gruppe der in der GKV Versicherten. 879

Abgesehen von der für alle Zweige der Sozialversicherung geltenden gesetzlichen Ausnahme für geringfügige Beschäftigungen (siehe 3.2.3.1) ist die grundsätzlich bestehende Zwangsmitgliedschaft in der GKV noch in weiterer Hinsicht aufgelockert. 880

3.2.3.2.1 Gesetzliche Versicherungsfreiheit bei Überschreiten der Jahresarbeitsentgelt-Grenze

In der GKV gibt es eine Jahresarbeitsentgelt-Grenze (JAE-Grenze). Diejenigen Arbeitnehmer, die grundsätzlich gem. § 5 Abs. 1 Nr. 1 SGB V der Versicherungspflicht unterliegen, werden von Gesetzes wegen von dieser Pflicht gem. § 6 Abs. 1 Nr. 1 SGB V frei, wenn ihr regelmäßiges JAE diese Grenze übersteigt, gleichviel ob sie Arbeiter oder Angestellte sind. 881

Im Bereich der Sozialversicherung gilt diese **Versicherungspflichtgrenze nur in der GKV.** Der Gesetzgeber geht davon aus, daß für diese Personen das Schutzbedürfnis nicht mehr so groß ist, daß eine Versicherungspflicht erforderlich wäre.

882 Damit ist diesen Arbeitnehmern die Möglichkeit eröffnet, ihre Krankheitsvorsorge frei zu gestalten, sich insbesondere bei der PKV zu versichern. Dies kann für sie – je nach den persönlichen Umständen, insbesondere wenn sie noch jung und ohne Familie sind – preiswerter sein. Allerdings ist zu berücksichtigen, daß es eine Mitversicherung im Sinne § 10 SGB V bei der PKV nicht gibt, bei Heirat oder Familienzuwachs hinzukommende Familienangehörige also gesondert bei der PKV versichert werden müssen. Ferner ist zu bedenken, daß diesen Personen dann eine Beitrittsberechtigung zur GKV als freiwillige Mitglieder versperrt ist. Ein freiwilliger Beitritt ist nur unter den Voraussetzungen des § 9 SGB V möglich, die für diese Fälle nicht gegeben sind. Ein Weg zurück in die GKV ist allerdings eröffnet, wenn die JAE-Grenze wieder unterschritten wird.

883 Die JAE-Grenze ist dynamisch. § 6 Abs. 1 Nr. 1 SGB V schreibt vor, daß sie sich auf 75 % der für Jahresbezüge in der RV geltenden Beitragsbemessungsgrenze beläuft. Diese verändert sich entsprechend der Entwicklung des Brutto-Arbeitsentgeltes und wird jährlich neu festgesetzt. In diesem Zusammenhang sei auf die im Anhang befindliche Tabelle zu den ab 1.1.1994 im Beitragsrecht geltenden Rechengrößen hingewiesen.

884 Unter das regelmäßige Jahresarbeitsentgelt im Sinne dieser Vorschrift fällt nur das Entgelt, von dem bei Beginn des Beschäftigungsverhältnisses und der folgenden Beitragsperiode zu erwarten ist, daß es bei normalem Ablauf der Dinge voraussichtlich ein Jahr anhalten wird (BSG 30.6.1965, Die Beiträge 1965, Seite 371). **Zukünftige Gehaltserhöhungen** dürfen erst von dem Monat der tatsächlichen Zahlung an berücksichtigt werden; das gilt auch dann, wenn Beginn und Höhe der Gehaltserhöhungen bereits zu einem früheren Zeitpunkt feststehen (BSG vom 25.2.66, DOK 1966, Seite 176).

885 Ein einmaliges Entgelt ist bei der Berechnung des JAE nur dann zu berücksichtigen, wenn die Gewährung regelmäßig erfolgt. Dies gilt z.B. für Jahresabschlußprämien, Jubiläumsgelder usw.. Hier ist entscheidend, ob die Sonderzahlungen dem vereinbarten und kontinuierlich praktizier-

ten Willen des Arbeitgebers und des Arbeitnehmers entsprechen, das JAE des Arbeitnehmers über die jeweils geltende Versicherungspflichtgrenze zur GKV anzuheben (LSG Bremen vom 22.11.1979, WzS 1981, Seite 279).

Das Entgelt aus Beschäftigungen, die wegen Geringfügigkeit versiche- **886** rungsfrei sind, ist auf das JAE nicht anzurechnen; im übrigen sind mehrere versicherungspflichtige Beschäftigungen zusammenzurechnen (BSG vom 4.7.62, NJW 1962, Seite 2126).

Wird die JAE-Grenze im Laufe eine Kalenderjahres unterschritten, tritt **887** Krankenversicherungspflicht mit dem Zeitpunkt des Unterschreitens ein und nicht erst – etwa entsprechend § 6 Abs. 4 SGB V – mit dem Beginn des folgenden Kalenderjahres. Dies gilt jedoch nicht, bei nur vorübergehendem Unterschreiten, etwa bei Kurzarbeit oder stufenweiser Wiedereingliederung in das Erwerbsleben.

Beim Überschreiten der JAE-Grenze tritt das Ausscheiden des Betreffen- **888** den nicht automatisch sondern nach Maßgabe des § 190 Abs. 3 SGB V ein. Danach endet die Mitgliedschaft von Personen, deren Versicherungspflicht nach § 6 Abs. 4 SGB V erlischt, zu dem in dieser Vorschrift vorgesehenen Zeitpunkt, d.h. zum Jahresende, nur dann, wenn das Mitglied innerhalb von zwei Wochen nach Hinweis der Krankenkasse über die Austrittsmöglichkeit seinen Austritt erklärt. Geschieht dies nicht, setzt sich die Mitgliedschaft als freiwillige Mitgliedschaft fort. Etwas anderes gilt nur dann, wenn in der Person des Arbeitnehmers die Voraussetzungen für eine Versicherungsberechtigung nach § 9 Abs. 1 SGB V nicht erfüllt sind: Hier ist vor allem die Erfüllung der Vorversicherungszeit von mindestens 24 Monaten innerhalb der letzten fünf Jahre oder von 12 Monaten unmittelbar vor dem Ausscheiden gemeint (siehe 2.3.3.1.1).

Wenn der Beschäftigte durch Überschreiten der JAE-Grenze von der Ver- **889** sicherungspflicht befreit ist und er freiwilliges Mitglied bei der GKV – gleichviel in welcher Kassenart – oder bei einer PKV wird, bedeutet dies jedoch nicht, daß sein Arbeitgeber nunmehr etwa von der Pflicht frei wäre, seinen hälftigen Anteil zum Krankenversicherungsbeitrag zu zahlen. Allerdings braucht der Arbeitgeber die Krankenversicherungsbeiträge für freiwillig Versicherte nicht an die KK abzuführen. Dies muß er nur hinsichtlich der Pflichtversicherten. Der freiwillig Versicherte zahlt seine Beiträge grundsätzlich selbst an die KK.

890 Jedoch hat der freiwillig bei der GKV versicherte Arbeitnehmer gegenüber seinem Arbeitgeber gem. § 257 Abs. 1 SGB V einen Anspruch auf
einen **Arbeitgeberzuschuß**, und zwar in Höhe der Hälfte des Beitrags,
der für einen versicherungspflichtig Beschäftigten bei der Krankenkasse,
bei der die Mitgliedschaft besteht, zu zahlen wäre, höchstens jedoch die
Hälfte des Betrages, den er zu zahlen hat. Entsprechendes gilt für Arbeitnehmer, die bei einer PKV versichert sind, § 257 Abs. 2 SGB V. Letztere
Vorschrift ist jedoch mit Wirkung ab 1.1.96 so gefaßt, daß der Zuschuß
die Hälfte des zu errechnenden durchschnittlichen Höchstbeitrages der
GKV beträgt, höchstens jedoch sich auf die Hälfte des Betrages beläuft,
den der Beschäftigte für seine Krankenversicherung zu zahlen hat.

891 Darüber hinaus wird der Zuschuß ab 1.7.94 für eine PKV nur gezahlt,
wenn das Versicherungsunternehmen bestimmte Voraussetzungen erfüllt.
Insbesondere muß sie generell für versicherte Personen, die das 65.
Lebensjahr vollendet haben und über eine Vorversicherungszeit von mindestens 10 Jahren in einem zuschußberechtigten Versicherungsschutz ver-
fügen, einen brancheneinheitlichen Standardtarif anbieten, dessen Ver-
tragsleistungen und Beiträge denen der GKV im wesentlichen entsprechen, § 257 Abs. 2 a SGB V. Vgl. insoweit die oben zum Standardtarif der
PKV gemachten Ausführungen (s. 2.2.3.2.1, Rdn 203).

892 Die regelmäßig jährlich erfolgende Erhöhung der JAE-Grenze bewirkt
oft, daß bis dahin nicht versicherungspflichtige Beschäftigungsverhältnisse
nunmehr versicherungspflichtig werden. In diesem Falle besteht gem. § 8
Abs. 1 Nr. 1 SGB V die Möglichkeit der Befreiung von der Versicherungspflicht auf Antrag. Siehe dazu die Ausführungen unten (3.2.3.2.3).

893 Die JAE-Grenze ist im übrigen auch Beitragsbemessungsgrenze für die
Berechnung des Höchstbeitrages.

3.2.3.2.2 Gesetzliche Versicherungsfreiheit in sonstigen Fällen

894 Gesetzliche Versicherungsfreiheit in der GKV gibt es nur für die in § 6
SGB V aufgeführten Personen. Neben denen, deren regelmäßige Einkünfte die JAE-Grenze überschreiten, § 6 Abs. 1 SGB V, sind dies u. a.
insbesondere die nebenher verdienenden **Studenten**, Nr. 3 der Vorschrift.

Diese sind versicherungsfrei, sofern der Umfang der entgeltlichen **895**
Beschäftigung geringer ist als die Inanspruchnahme durch das Studium
(BSGE 27, 192). Ansonsten wäre der Betreffende seinem Erscheinungsbild nach nicht mehr Student; dies ist nach der Rechtsprechung dann
nicht mehr der Fall, wenn er neben seinem Studium eine Beschäftigung
von mehr als 20 Stunden wöchentlich ausübt, weil er dann seinem
Erscheinungsbild nach als Arbeitnehmer anzusehen ist, und der Versicherungspflicht unterliegt (BSG 40, 93; 50, 25). Entsprechendes gilt, wenn
ein Arbeitnehmer ein Studium aufnimmt, das Beschäftigungsverhältnis
jedoch nicht auflöst, sondern sich von Arbeitgeber für die Dauer des Stu-
diums beurlauben läßt, und während der Semesterferien gegen Entgelt
beschäftigt ist (BSG 39, 232).

Im übrigen sind vor allem **Beamte, Richter, Zeit- sowie Berufssoldaten** **896**
der Bundeswehr und sonstige Beschäftigte öffentlich-rechtlicher Körperschaften versicherungsfrei, wenn sie nach beamtenrechtlichen Vorschriften
oder Grundsätzen bei Krankheit Anspruch auf Fortzahlung der Bezüge
und auf Beihilfe oder Heilfürsorge haben, Nr. 2 der Vorschrift. Entsprechendes gilt für Lehrer im Sinne Nr. 5 der Vorschrift, da auch sie nach
beamtenrechtlichen Grundsätzen entsprechende Ansprüche bei Krankheit
haben.

3.2.3.2.3 Versicherungsfreiheit auf Antrag

Die Vorschrift des § 8 SGB V gewährt dem grundsätzlich der Versiche- **897**
rungspflicht unterliegenden Beschäftigten unter bestimmten Voraussetzungen die Möglichkeit, auf seinen **Antrag** von der Versicherungspflicht
entbunden zu werden. Es ist also die Wirkung der Versicherungspflicht/
Versicherungsfreiheit von einer Willensentscheidung des Versicherten
abhängig gemacht.

Er wird diese Möglichkeit nutzen, wenn er eine nicht gesetzliche sondern **898**
individuelle Absicherung für den Krankheitsfall wünscht. In diesem Falle
muß er allerdings die in § 8 Abs. 2 SGB V bestimmte **Ausschlußfrist** von
drei Monaten ab Beginn der Versicherungspflicht beachten und seinen
Antrag innerhalb dieser Frist bei der KK stellen. Ansonsten ist das Befrei-
ungsrecht verwirkt. Die KK entscheidet auf den Antrag durch VA.

899 § 8 Abs. 1 enthält sieben Befreiungstatbestände. Weitere Befreiungstatbestände sind gegeben in §§ 4, 5 KVLG 1989 und in §§ 6 bis 7 a KSVG. Ansonsten ist die gesetzliche Regelung über die Befreiung von Versicherungspflicht auf Antrag abschließend. Danach wird gemäß der Vorschrift in § 8 Abs. 1 SGB V auf Antrag von der Versicherungspflicht befreit, „wer versicherungspflichtig wird

1. wegen Erhöhung der Jahresarbeitsentgeltgrenze,

2. durch Aufnahme einer nicht vollen Erwerbstätigkeit nach § 2 des Bundeserziehungsgeldgesetzes während des Erziehungsurlaubs ...

3. weil seine Arbeitszeit auf die Hälfte oder weniger als die Hälfte der regelmäßigen Wochenarbeitszeit vergleichbarer Vollbeschäftigter des Betriebes herabgesetzt wird ...

4. durch den Antrag auf Rente oder den Bezug von Rente oder die Teilnahme an einer berufsfördernden Maßnahme ...

5. durch die Einschreibung als Student oder die berufspraktische Tätigkeit ...

6. durch die Beschäftigung als Arzt im Praktikum,

7. durch die Tätigkeit in einer Einrichtung für Behinderte ...“

900 Im übrigen sei auf die zitierten Befreiungstatbestände im KVLG und KSVG hingewiesen, die hier jedoch nicht näher dargestellt werden sollen.

901 Gemäß § 8 Abs. 2 Satz 3 SGB V kann die Befreiung nicht widerrufen werden. Mit dieser **Unwiderruflichkeit** ist gemeint, daß der Beschäftigte die Befreiung nicht rückgängig machen kann.

902 Allerdings findet die Befreiung ihre Grenze in dem Zeitpunkt, in dem der Status des Beschäftigten, der zu seiner Befreiung berechtigt hatte, erlischt.

903 Zum einen endet die Befreiung dann, wenn der in § 8 genannte Befreiungstatbestand aufgrund bestimmter Umstände verdrängt wird, wie dies z.B. der Fall ist, wenn ein Student eine Beschäftigung aufnimmt, die die Grenzen der Versicherungsfreiheit des § 6 Abs. 1 Nr. 3 überschreitet. Dann gilt diese Person nicht mehr als Student, sondern als Beschäftigter, dem das Recht auf Befreiung nach § 8 Abs. 1 Nr. 5 SGB X entzogen ist, so daß Versicherungspflicht in dieser Beschäftigung eintritt. Denn der Befreiungstatbestand des § 6 Abs. 1 Nr. 3 SGB V setzt voraus, daß der Umfang der entgeltlichen Beschäftigung geringer ist als die Inanspruchnahme durch das Studium (BSGE 27, 192).

Zum anderen kann sich eine Befreiung nur solange auswirken, wie Versi- 904
cherungspflicht bestehen würde. Z.B. endet sie mit dem Wegfall oder Entzug einer Rente, dem Ende einer Teilnahme an einer berufsfördernden Maßnahme die Befreiung.

3.2.3.2.4 Wahlfreiheit des Pflichtversicherten

Der Versicherungspflichtige, welcher grundsätzlich der Zwangsmitglied- 905
schaft in der GKV unterliegt, hat in gewissen Grenzen die Möglichkeit, unter den verschiedenen **Kassenarten der GKV** zu wählen. Hier ist allerdings zu unterscheiden zwischen der durch das GSG 1992 ab 1.1.93 geltenden derzeitigen Rechtslage und zwischen der ab 1.1.96 geltenden Rechtslage. Das GSG von 1992 hat nämlich für den Zeitpunkt ab 1.1.96 mit Wirkung zum 1.1.97 erweiterte Wahlmöglichkeiten eröffnet.

Derzeit können gem. § 183 SGB V   906

– versicherungspflichtig Beschäftigte, für eine Orts-, Betriebs- oder eine 907
  Innungskrankenkasse zuständig ist, die Mitgliedschaft bei einer Ersatzkasse wählen, wenn sie zu dem Mitgliederkreis gehören, den die
  gewählte Ersatzkasse satzungsgemäß aufnehmen darf (Abs. 1 der Vorschrift),

– Mitglieder von Ersatzkassen die Mitgliedschaft bei der zuständigen 908
  Orts-, Betriebs- oder Innungskrankenkasse wählen (Abs. 4 der Vorschrift),

– versicherungspflichtig Beschäftigte, die durch die Errichtung oder Aus- 909
  dehnung einer Betriebs- oder Innungskrankenkasse oder durch betriebliche Veränderungen Mitglieder einer Betriebs- oder Innungskrankenkasse werden, die Mitgliedschaft bei der bisherigen Krankenkasse wählen (Abs. 6 der Vorschrift).

910 Die Regelung verschafft dem Versicherten unter bestimmten Voraussetzungen Einfluß auf die Zugehörigkeit zu einer bestimmten Kasse. Während es ansonsten nur dem Arbeitgeber unter bestimmten Umständen möglich ist, für die bei ihm beschäftigten Versicherungspflichtigen die zuständige Kasse zu bestimmen, z. B. wenn der Arbeitgeber einer Innung angehört, die Träger einer IKK ist oder wenn der Arbeitgeber selbst Träger einer BKK ist. Macht der Arbeitgeber von dieser Möglichkeit Gebrauch, so soll jedoch nach Abs. 6 der oben zitierten Bestimmung der Beschäftigte die Möglichkeit haben, die Mitgliedschaft bei der bisherigen Krankenkasse fortzusetzen.

911 Es ist darauf hinzuweisen, daß ab 1.1.96 sowohl für Versicherungspflichtige i. S. von § 5 SGB V als auch für Versicherungsberechtigte i. S. von § 9 SGB V **allgemeine Wahlrechte** gelten, mithin die Wahlmöglichkeiten, wie sie bisher bestehen, erheblich erweitert sind. Gemäß des dann geltenden § 173 Abs. 2 können Versicherungspflichtige und Versicherungsberechtigte wählen

912 – die Ortskrankenkasse des Beschäftigungs- oder Wohnorts (AOK),

913 – jede Ersatzkasse, deren Zuständigkeit sich nach der Satzung auf den Beschäftigungs- oder Wohnort erstreckt,

914 – die Betriebs- oder Innungskrankenkasse, wenn sie in dem Betrieb beschäftigt sind, für den die Betriebs- oder Innungskrankenkasse besteht,

915 – die Betriebs- oder Innungskrankenkasse, wenn die Satzung der Betriebs- oder Innungskrankenkasse dies vorsieht,

916 – die Krankenkasse, bei der vor Beginn der Versicherungspflicht oder Versicherungsberechtigung zuletzt eine Mitgliedschaft oder Versicherung nach § 10 (Familienversicherung) bestanden hat,

917 – die Krankenkasse, bei der der Ehegatte versichert ist.

918 Danach wird ab 1.1.96 die Krankenkassenlandschaft nicht mehr so sein wie vorher. Mit dem Instrument der Wahlfreiheit, welche bisher nur eingeschränkt gilt, verändert das GSG 1992 die Szene. Zum Beispiel wird es Angestellten-Ersatzkassen wie bisher nicht mehr geben; denn sie sind

gezwungen, sich auch anderen Bevölkerungsgruppen zu öffnen. Die AOKs sind dann keine Zuweisungskassen mehr, sondern Wahlkassen, da sie nicht mehr automatisch Pflichtversicherer für alle sind, denen ein Wahlrecht zu anderen nicht gegeben ist. Das wird sich über die sich verändernden Risikostrukturen insbesondere auf die Beitragssätze auswirken, die dann voraussichtlich bei den AOKs günstiger werden, bei den Ersatzkassen teurer. Ferner verlieren die BKKs und IKKs ihre betriebs- bzw. branchenspezifischen Zugangsbeschränkungen bei entsprechendem Satzungsinhalt. Anders herum stehen allerdings auch ohne satzungsmäßige Öffnung allen Mitgliedern dieser Krankenkassen Wahlrechte zu den sonstigen Kassen offen.

Bei dem ab 1.1.96 geltenden Wahlrecht ist aber zu bedenken, daß das Mitglied gem. § 174 Abs. 4 SGB V mindestens 12 Monate an seine Wahl gebunden ist und eine **Kündigung** – üblicherweise zusammen mit einer erneuten **Wahlrechtausübung** zu einer anderen Kasse – mit einer Frist von 3 Monaten zum Ende des Kalenderjahres möglich ist. Wirksam wird die Kündigung auch erst dann, wenn der Versicherte innerhalb der Kündigungsfrist eine Mitgliedbescheinigung der neugewählten Krankenkasse vorlegt. Daraus ergibt sich, daß das allgemeine Wahlrecht ab 1.1.96 erst zum 1.1.97 Wirksamkeit entfalten kann. **919**

Allgemein und insbesondere für die jetzige Rechtslage gilt, daß die Ausübung des Wahlrechts gegenüber der gewählten KK zu erklären ist. Diese darf die Mitgliedschaft nicht ablehnen, § 183 Abs. 2 SGB V (ab 1.1.96: § 175 Abs. 1 SGB V). Die gewählte KK hat dann eine Mitgliedsbescheinigung auszustellen, damit der Arbeitgeber Kenntnis von der dann für die Sozialversicherungsbeiträge zuständigen Einzugsstelle hat, an die er zukünftig die Beiträge abführen muß (s. 3.2.2.2). **920**

Bei der Ausübung des Wahlrechts hat der Versicherungspflichtige eine Frist von 2 Wochen ab Beginn der Beschäftigung zu beachten, wenn das Wahlrecht zum Beginn der Beschäftigung zurückwirken soll. Ansonsten besteht für ihn lediglich die Möglichkeit, sein Wahlrecht zu einem späteren Zeitpunkt wirksam werden zu lassen, § 183 Abs. 5 SGB V (ab 1.1.96: § 175 Abs. 3 und 4 SGB V). **921**

Ausgenommen von dem oben beschriebenen Wahlmöglichkeiten sind jedoch die versicherungspflichtigen Beschäftigten, für die die See-Krankenkasse oder die Bundesknappschaft gesetzlich zuständig ist. **922**

3.2.3.3 Grundsätze und Gestaltungsmöglichkeiten in der Rentenversicherung

923   Wie in der GKV sind auch in der RV in erster Linie diejenigen Personen pflichtversichert, die gegen Entgelt als Arbeitnehmer beschäftigt sind einschließlich der Auszubildenden. Diese und die weiteren Fälle der **Versicherungspflicht** sind in § 1 SGB VI aufgezählt (s. 3.3.3). Für Arbeitnehmer gilt also auch hier der Grundsatz der Zwangsmitgliedschaft, der allerdings – anders als in der GKV – unabhängig von der Höhe des Arbeitsentgelts gilt. Eine JAE-Grenze gibt es in der RV nicht, lediglich eine Beitragsbemessungsgrenze.

924   Die **Beitragsbemessungsgrenze** liegt für 1994 bei 7.600,- DM monatlich (im Beitrittsgebiet: 5.900,- DM monatlich). Für die Beitragsberechnung wird das Einkommen nur bis zu dieser Höhe berücksichtigt. Denn die gesetzliche Rentenversicherung strebt für die Alters- und Hinterbliebenenvorsorge lediglich eine Mindestsicherung an, so daß dem Versicherten noch finanzieller Spielraum für eine darüber hinausgehende individuelle Vorsorge aus eigener Initiative verbleiben soll. Die Beitragsbemessungsgrenze wird jährlich neu angepaßt. Es sei auf die im Anhang befindliche Tabelle zu den Rechengrößen in der Sozialversicherung verwiesen.

925   Der **Beitragssatz** sowohl für die Arbeiterrentenversicherung bei den verschiedenen LVAen als auch für die Angestelltenrentenversicherung bei der BfA liegt einheitlich bei derzeit 19,2 %, der Beitragssatz für die knappschaftliche Rentenversicherung bei 25,5 %.

3.2.3.3.1 Gesetzliche Versicherungsfreiheit

926   Gesetzliche Versicherungsfreiheit in der RV gibt es nur für die in § 5 SGB VI genannten Personen. Aus dem Kreis derer, die durch Arbeitsvertrag gebunden sind und damit als Beschäftigte im engeren Sinne gelten, sind hier vor allem diejenigen zu erwähnen, die aufgrund einer geringfügigen Beschäftigung versicherungsfrei sind, § 5 Abs. 2 SGB VI (s. 3.2.3.1), oder aber bereits eine Altersversorgung beziehen bzw. das Rentenalter erreicht haben, § 5 Abs. 4 SGB VI.

927   Nebenher verdienende **Studenten** sind gem. § 5 Abs. 3 SGB VI ebenfalls versicherungsfrei, sofern der Umfang der entgeltlichen Beschäftigung geringer ist als die Inanspruchnahme durch das Studium (BSGE 27, 192; s. 3.2.3.2.2).

Im übrigen sind **Beamte, Richter, Berufs- und Zeitsoldaten** sowie sonstige Beschäftigte öffentlich-rechtlicher Körperschaften, wenn ihnen nach beamtenrechtlichen Grundsätzen oder entsprechend kirchenrechtlichen Regelungen eine Alters- oder Hinterbliebenenversorgung bzw. eine Versorgung bei verminderter Erwerbstätigkeit gesichert ist, § 5 Abs. 1 SGB VI.   928

3.2.3.3.2 Versicherungsfreiheit auf Antrag

Auf ihren Antrag werden Arbeitnehmer dann von der Zwangsmitgliedschaft in der gesetzlichen RV befreit, wenn sie nachweisen können, daß sie bzw. ihre Angehörigen, die sie im Todesfalle hinterlassen, Ansprüche aus einer Alters-, Invaliden- oder Hinterbliebenenversorgung haben, die eine öffentlich-rechtliche Versicherungs- oder Versorgungseinrichtung ihrer Berufsgruppe erbringt und sie den in der gesetzlichen RV geltenden Leistungen entsprechen. Dies ist in § 6 Abs. 1 Nr. 1 SGB VI geregelt.   929

Die Regelung betrifft Angehörige sog. kammerfähiger Berufe – z.B. Rechtsanwälte, Ärzte oder Zahnärzte -, für die aufgrund landesgesetzlicher Regelungen die Mitgliedschaft in bestimmten **berufsständigen Versorgungseinrichtungen** vorgeschrieben ist (siehe 2.2.3.3.1, Rdn. 220). Übt ein Angehöriger dieser Berufsgruppe den Beruf in einem abhängigen Beschäftigungsverhältnis aus – z.B. als angestellter Rechtsanwalt in einer größeren Anwaltskanzlei – so unterliegt er grundsätzlich der Versicherungspflicht in der gesetzlichen RV. Wünscht er eine Versorgung beim berufsständigen Versorgungswerk, so kann er dort Mitglied werden und schafft so die Voraussetzung für die Befreiung von der Versicherungspflicht bei der gesetzlichen RV, so daß er dann gem. § 6 Abs. 4 SGB VI unter Beachtung einer Drei-Monate-Frist die Befreiung von der Versicherungspflicht vom Beginn seiner Tätigkeit an beantragen kann; ansonsten wirkt die Befreiung vom Eingang des Antrags an.   930

Daneben kann gem. § 6 Abs. 1 Nr. 2 in Verbindung mit Abs. 2 SGB VI der Arbeitgeber von Arbeitnehmern aus bestimmten Berufsgruppen die Befreiung von der Versicherungspflicht unter bestimmten Voraussetzungen beantragen, insbesondere bei Lehrern oder Erziehern nicht öffentli-   931

233

cher Schulen oder Anstalten, wenn für sie Versorgungsanwartschaften gesichert sind, die beamten- oder kirchenrechtlichen Grundsätzen entsprechen.

3.2.3.3.3 Keine Wahlfreiheit in der Rentenversicherung

932 Eine Wahlfreiheit gibt es für den in der gesetzlichen RV Pflichtversicherten nicht. Als Angestellter ist für ihn die BfA in Berlin zuständig, als Arbeiter eine der örtlich zuständigen LVAs.

933 Allerdings kann die Abgrenzung zwischen Arbeiter und Angestellten im Einzelfall problematisch sein. Die Rechtsprechung des BSG hat zur Abgrenzung eine „Fünf-Stufen-Lehre" entwickelt (BSG, 11.12.87, SozR 2400 § 3 AVG Nr. 6). Dabei ist nacheinander zu prüfen,

– ob der Arbeitnehmer zu einer der in § 133 Abs. 2 SGB VI beispielhaft („insbesondere") aufgeführten Gruppen gehört,

934 – ob die Beschäftigung einer der im Berufsgruppenkatalog aus dem Jahre 1924 in der Fassung der VO vom 4.2.1927 und vom 15.7.1927 aufgeführten Gruppen entspricht,

935 – ob die Beschäftigung derjenigen einer Berufsgruppe entspricht, die nach der Verkehrsauffassung allgemein als Angestellte betrachtet wird; hier kann insbesondere auf die Regelung in den verschiedenen Tarifverträgen abgestellt werden;

936 – ob die Beschäftigung vorwiegend körperlich oder vorwiegend geistig geprägt ist,

937 – ob ein übereinstimmender Wille der Vertragspartner des Beschäftigungsverhältnisses besteht.

938 Bei der Prüfung ist auf die nächstfolgende Stufe erst überzugehen, wenn auf der vorangegangenen keine Entscheidung möglich ist. Abgesehen davon, daß die Abgrenzung der Begriffe Angestellter und Arbeiter heute möglicherweise nicht mehr zeitgemäß ist, hat eine unzutreffende oder welchselnde Zugehörigkeit zu den verschiedenen Rentenversicherungsträgern für den Versicherten keine Auswirkungen, wenn man von gewissen

Sonderregelungen in der knappschaftlichen Versicherung absieht. Denn von dem für die Leistungserbringung letztlich zuständigen Rentenversicherungsträger wird die Leistungsgewährung, insbesondere die Berechnung der Rentenhöhe, unabhängig davon vorgenommen, bei welcher Rentenversicherung Wartezeiten erfüllt und Beiträge eingezahlt wurden; denn es wird eine „einheitliches Versicherungsverhältnis fungiert" (siehe 2.2.3.1.2, Rdn. 187 mit weiterem Nachweis).

3.2.3.4 Grundsätze in der Arbeitslosenversicherung

Wie oben (s. 3.2.1.1) schon dargelegt, sind grundsätzlich beitragspflichtig **939** diejenigen, die als Arbeiter oder Angestellte gegen Entgelt oder zu ihrer Berufsausbildung beschäftigt werden, § 168 Abs. 1 Satz 1 AFG. Ebenso wie in den anderen Zweigen der Sozialversicherung ist maßgeblich Kriterium für die Arbeitnehmereigenschaft das **Vorliegen eines abhängigen Beschäftigungsverhältnisses** i. S. § 7 SGB IV (s. oben a.a.O.). Anders als in der GKV sind die Arbeitnehmer jedoch unabhängig von der Höhe ihres Verdienstes beitragspflichtig, vergleichbar wie in der RV. Eine JAE-Grenze bei deren Überschreiten die gesetzliche Versicherungsfreiheit eintritt – wie in der GKV – gibt es in der Arbeitslosenversicherung also nicht.

Wer zwar grundsätzlich dem Personenkreis des § 168 AFG angehört, **940** unterliegt gleichwohl nicht der Versicherungspflicht, wenn einer der Ausnahmetatbestände der §§ 169 – 169 d AFG auf ihn Anwendung findet. § 169 AFG verweist auf die Bestimmungen zur gesetzlichen **Versicherungsfreiheit in der GKV**. Es besteht damit weitgehende Übereinstimmung zwischen Beitrags- und der Versicherungsfreiheit in der Arbeitslosenversicherung und der GKV: So besteht insbesondere keine Beitragspflicht für Beamte, Richter und Berufssoldaten (s. 3.2.3.2.2).

Wie in den anderen Sozialversicherungszweigen gilt auch in der Arbeits- **941** losenversicherung die Versicherungsfreiheit bei einer geringfügigen Beschäftigung (s. 3.2.3.1) bzw. kurzzeitigen Beschäftigung, § 169 a AFG. Absatz 2 dieser Vorschrift stellt Arbeitnehmer in einer geringfügigen Beschäftigung arbeitslosenversicherungsfrei. Allerdings bezieht sich diese gesetzliche Versicherungsfreiheit nur auf zeitgeringfügige Beschäftigungen i. S. § 8 Abs. 1 Nr. 2 SGB IV, also auf Beschäftigungen, die innerhalb eines Jahres seit ihrem Beginn auf längstens zwei Monate oder 50 Arbeitstage nach ihrer Eigenart begrenzt zu sein pflegen oder im voraus vertraglich begrenzt sind. § 169 a Abs. 1 dagegen stellt Arbeitnehmer in einer kurzzeitigen Beschäftigung i. S. § 102 AFG beitragsfrei. Eine kurzzeitige Beschäftigung in diesem Sinne liegt vor, wenn die Beschäftigung auf weniger als 18 Stunden wöchentlich der Natur der Sache nach beschränkt zu sein pflegt oder im voraus durch Arbeitsvertrag beschränkt ist. Die Höhe des Arbeitsentgelts spielt hierbei keine Rolle. Damit erfüllen die entgeltgeringfügigen Beschäftigungen i. S. § 8 Abs. 1 Nr. 1 SGB IV zugleich auch die Voraussetzungen der Kurzzeitigkeit i. S. § 102 Abs. 1 AFG, so daß es einer Verweisung in § 169 a Abs. 1 AFG auf § 8 Abs. 1 Nr. 1 SGB IV nicht bedurfte.

942   Im übrigen sind gem. §§ 169 b – 169 d AFG weitere Personengruppen beitragsfrei, von denen die folgenden erwähnt werden sollen:

943   – Arbeitnehmer, die als Schüler oder Studenten nebenher eine Beschäftigung ausüben, § 169 b AFG,

944   – Arbeitnehmer, die das 65. Lebensjahr vollendet haben, § 169 c Nr. 1 AFG,

945   – Arbeitnehmer, die Anspruch auf Erwerbsunfähigkeitsrente aus der RV haben, § 169 c Nr. 2 AFG,

946   – Arbeitnehmer in unständigen Beschäftigungen, § 169 c, Nr. 4 AFG, d. h. in einer Beschäftigung, die auf weniger als eine Woche befristet ist, § 179 Abs. 2 SGB V.

947   Der Gesetzgeber geht davon aus, daß in diesen Fällen der Arbeitnehmer nicht gegen das Risiko der Arbeitslosigkeit versichert werden muß, weil die Beschäftigung in der Regel nicht seine wirtschaftliche Existenzgrundlage darstellt, er also nicht schutzbedürftig ist.

948   Eine Versicherungsfreiheit auf Antrag oder andere Gestaltungsrechte gibt es in der Arbeitslosenversicherung nicht.

949   Abschließend ist zu diesem Punkt festzuhalten, daß auch die Beiträge zur Arbeitslosenversicherung sich nach dem Arbeitsentgelt des Arbeitnehmers bemessen und zwar bis zur Beitragsbemessungsgrenze (für 1994: 7.600,- DM monatlich; im Beitrittsgebiet: 5.900,- DM monatlich), § 175

Abs. 1 Nr. 1 AFG. Der Beitragssatz beträgt zur Zeit 3,25 %. Die Beiträge werden gleichermaßen von Arbeitnehmern und Arbeitgebern erhoben bei gleichem Beitragssatz, § 167 AFG. Nur bei sog. Geringverdienern trägt der Arbeitgeber auch die Beiträge des Arbeitnehmers, § 171 Abs. 1 Nr. 1 (s. 3.2.3.1 am Ende und 3.2.2.2.1).

3.2.3.5 Grundsätze in der Unfallversicherung

Auch in der UV sind Arbeitnehmer von der Versicherungspflicht erfaßt, einschließlich derer, die in einem entsprechenden Ausbildungsverhältnis stehen, § 539 Abs. 1 Nr. 1 RVO. Anders als in der GKV gibt es keine Versicherungspflichtgrenze, und zwar weder nach oben noch nach unten: Einerseits gibt es keine JAE-Grenze, oberhalb derer gesetzliche Versicherungsfreiheit gegeben wäre wie in der GKV (s. 3.2.3.2.1); andererseits sind auch geringfügige Beschäftigungen i. S. § 8 SGB IV in den Schutz der UV mit einbezogen, abweichend von den Regelungen in den anderen Sozialversicherungszweigen (s. 3.2.3.1). In den §§ 539 ff. RVO findet sich keine Regelung, die beim Versicherungsschutz für Arbeitsunfälle nach dem Umfang der Beschäftigung differenziert. Dies verbietet sich aufgrund der spezifischen Zielsetzung der UV als eine Art Haftpflichtversicherung der Unternehmer.   **950**

Im übrigen gibt es – ebenfalls anders als in der GKV und RV, aber vergleichbar mit der Arbeitslosenversicherung – keine Versicherungsfreiheit auf Antrag, sondern nur eine gesetzliche Versicherungsfreiheit nach den Vorschriften der §§ 541, 542 RVO. Hier sind insbesondere die Personen versicherungsfrei, für die hinsichtlich der Unfälle im Rahmen ihres Dienst- oder Arbeitsverhältnisses beamtenrechtliche Unfallfürsorgevorschriften oder entsprechende Grundsätze gelten, § 540 Abs. 1 Nr. 1 RVO.   **951**

Finanziell hat die Versicherungspflicht für den Arbeitnehmer keine Auswirkungen, da die Beiträge alleine vom Arbeitgeber als Pflichtmitglied in der Berufsgenossenschaft getragen werden, welche für diesen Unternehmer zuständig ist. Im einzelnen kann auf die an anderer Stelle gemachten Ausführungen verwiesen werden (s. 2.3.3.1.4).   **952**

3.3 Steuerrecht

3.3.1 Der Arbeitnehmer

953 Dem Arbeitnehmer wird von seinem Bruttoarbeitslohn die Lohnsteuer errechnet und durch den Arbeitgeber an das Finanzamt abgeführt.

954 Der Arbeitnehmer kann anstatt von Betriebsausgaben **Werbungskosten** geltend machen gemäß § 9 EStG. Werbungskosten sind Aufwendungen zur Erwerbung, Sicherung und Erhaltung der Einnahmen. Im Gegensatz zu den Betriebsausgaben, die alle durch den Betrieb veranlaßten Aufwendungen umfassen, ist der Rahmen für den Abzug von Werbungunskosten enger gezogen.

955 Möchte der Arbeitnehmer Werbungskosten geltend machen, die über die bereits in die Lohnsteuertabelle eingearbeitete Pauschale von 2.000 DM hinausgehen, so muß er eine **Einkommensteuererklärung** abgeben. Außerdem hat der Arbeitnehmer in den Fällen des § 46 EStG eine Einkommensteuererklärung abzugeben. Wichtigste Fallgruppen des § 46 EStG sind:

956 – Das Jahreseinkommen übersteigt beim ledigen oder getrennt veranlagten Steuerpflichtigen 27.000 DM und bei zusammen veranlagten verheirateten Steuerpflichtigen 54.000 DM (§ 46 Abs. 1 Nr. 1 und 2 EStG).

957 – Der Steuerpflichtige bezieht nebeneinander von mehreren Arbeitgebern Arbeitslohn wie dies etwa bei einer Haupt- und Nebentätigkeit der Fall ist (§ 46 Abs. 2 Nr. 2 EStG).

958 – Der Steuerpflichtige hat neben dem versteuerten Arbeitslohn noch Einkünfte von mehr als 800 DM erzielt (§ 46 Abs. 2 Nr. 1 EStG).

3.3.2 Der Arbeitgeber

959 Der Arbeitgeber hat für seine Arbeitnehmer das Lohnsteuerabzugsverfahren durchzuführen.

960 Er hat dabei im wesentlichen folgende Pflichten zu beachten:

– Der Arbeitgeber ist verpflichtet, die auf den monatlichen Verdienst des Arbeitnehmers fallende Lohnsteuer zu berechnen und einzubehalten

(§ 38 Abs. 3 EStG). Schuldner der Lohnsteuer ist der Arbeitnehmer, der Arbeitgeber hat sie für Rechnung des Arbeitnehmers einzubehalten.

– Der Arbeitgeber ist nach § 41a Abs. 1 Nr. 1 EStG verpflichtet bis spä-   961
testens zum 10. Tag nach Ablauf eines jeden Lohnsteuer-Anmeldungs-
zeitraums eine **Lohnsteueranmeldung** auf amtlich vorgeschriebenem
Vordruck abzugeben. Grundsätzlich ist der Kalendermonat der Lohn-
steueranmeldungszeitraum (§ 41a Abs. 2 Satz 1 EStG). Ausnahmsweise
genügt eine vierteljährliche bzw. jährliche Anmeldung, wenn die abzu-
führende Lohnsteuer für das vorangegangene Kalenderjahr mehr als
1.200 DM aber weniger als 6.000 DM bzw. bei jährlicher Anmeldung
weniger als 1.200 DM betragen hat.

Der Arbeitgeber hat gemäß § 41a Abs. 1 Nr. 2 EStG die einbehaltene   962
Lohnsteuer innerhalb der Lohnsteueranmeldungsfrist an das Finanzamt
abzuführen.

– Der Arbeitgeber hat für jeden Arbeitnehmer ein eigenes Lohnkonto zu   963
führen (§ 41 EStG i.V.m. § 4 LStDV). Bei Beendigung des Dienstverhältnisses oder am Ende jeden Kalenderjahres ist das Lohnkonto abzuschließen und eine Lohnsteuerbescheinigung nach § 41b Abs. 1 EStG zu erstellen.

– Beschäftigt der Arbeitgeber mehr als 10 Arbeitnehmer, so hat er für   964
seine Arbeitnehmer einen internen Lohnsteuerjahresausgleich nach
§ 42d Abs. 1 Satz 2 EStG durchzuführen. Dadurch werden Differenzen
zwischen der angewendeten Lohnsteuer- und der Lohnsteuerjahresta-
belle ausgeglichen.

– Erfüllt der Arbeitgeber seine Pflichten nicht korrekt, so kann er nach   965
§ 42d EStG in **Haftung** genommen werden,

 * für die Lohnsteuer, die er einzubehalten und abzuführen hat,   966

 * für die Lohnsteuer, die er im Lohnsteuerjahresausgleich zu Unrecht   967
erstattet hat und

 * für die Lohnsteuer, die aufgrund fehlerhafter Angaben auf dem   968
Lohnkonto oder in der Lohnsteuerbescheinigung verkürzt wird.

969 Neben dem oben skizzierten Lohnsteuerabzugsverfahren gibt es bei der Beschäftigung von Teilzeitbeschäftigten die Möglichkeit der **Pauschalbesteuerung** von Arbeitslöhnen (§ 40a EStG). Danach kann der Arbeitgeber unter Verzicht auf Vorlage der Lohnsteuerkarte einen Pauschsteuersatz von 25 bzw. 15 % auf den Arbeitslohn anwenden. Voraussetzungen für eine Besteuerung mit 25 % sind, daß bei Vorliegen einer kurzfristigen Beschäftigung

970 – der Arbeitnehmer bei dem Arbeitgeber gelegentlich, nicht regelmäßig wiederkehrend beschäftigt wird

971 – die Dauer der Beschäftigung 18 zusammenhängende Arbeitstage nicht übersteigt

972 – der Arbeitslohn während der Beschäftigungsdauer 120 DM durchschnittlich je Arbeitstag nicht übersteigt

oder

973 – die Beschäftigung zu einem unvorhersehbaren Zeitpunkt sofort erforderlich wird.

974 Eine Besteuerung mit 15 % bei einer Beschäftigung von geringem Umfang und gegen geringen Lohn kann erfolgen wenn der Arbeitnehmer beim Arbeitgeber laufend beschäftigt ist und die monatliche Beschäftigungsdauer 86 Stunden und der monatliche Arbeitslohn 520 DM nicht übersteigt.

975 Im Fall der Pauschalbesteuerung übernimmt der Arbeitgeber die Lohnsteuer (§ 40a Abs. 5 i.V.m. § 40 Abs. 3 EStG). Er ist Schuldner der Lohnsteuer.

4. Arbeitnehmerähnliche Personen

4.1 Arbeitsrecht

Die sog. arbeitnehmerähnlichen Personen sind mangels persönlicher 976
Abhängigkeit keine Arbeitnehmer. Mit ihnen werden keine Arbeitsverträge, sondern in der Regel Dienst- oder Werkverträge geschlossen. Kennzeichen der arbeitnehmerähnlichen Personen ist ihre besondere wirtschaftliche Abhängigkeit vom Auftraggeber, die für diesen Personenkreis
auch einen gewissen sozialen Schutz rechtfertigt.

Nach § 12 a TVG gelten die Vorschriften des Tarifvertragsgesetzes für 977
arbeitnehmerähnliche Personen entsprechend. Das TVG definiert die Personen als arbeitnehmerähnlich, die wirtschaftlich abhängig und vergleichbar einem Arbeitnehmer sozial schutzbedürftig sind, wenn sie aufgrund
von Dienst- oder Werkverträgen für andere Personen tätig sind, die
geschuldeten Leistungen persönlich und im wesentlichen ohne Mitarbeit
von Arbeitnehmern erbringen und überwiegend für eine Person arbeiten
oder ihnen von einer Person im Durchschnitt mehr als die Hälfte des Entgelts zusteht, das sie für ihre Erwerbstätigkeit insgesamt erhalten.

Wirtschaftliche Abhängigkeit bedeutet, daß die Arbeits- oder Werklei- 978
stung für Rechnung von Auftraggebern erfolgt, die das Untenehmerrisiko
tragen, aber andererseits die Dienstnehmer (arbeitnehmerähnliche Personen) nach Höhe der Vergütung, Art und Dauer der Tätigkeit vom Dienst-
geber abhängig sind. Die soziale Schutzbedürftigkeit einer Person gleicht
dann der eines Arbeitnehmers, wenn das Maß ihrer Abhängigkeit vom
Auftraggeber nach der Verkehrsanschauung einen solchen Umfang
erreicht, wie es im allgemeinen nur in einem Arbeitsverhältnis üblich ist
(BAG, 2.10.1990, NZA 1991, 239) und die geleisteten Dienste nach ihrer
soziologischen Typik denen eines Arbeitnehmers vergleichbar sind (vgl.
Schaub § 9 I 1 b).

Auf arbeitnehmerähnliche Personen sind die Vorschriften und Regelun- 979
gen des Arbeitsrechts **grundsätzlich nicht** anwendbar. Insbesondere werden sie grundsätzlich nicht von den Regelungen des Betriebsverfassungsgesetzes und des Kündigungsschutzgesetzes erfaßt (Schaub § 9 II 1 a).

Soweit es die besondere soziale Schutzbedürftigkeit der arbeitnehmerähnlichen Personen nicht rechtfertigt, sind **im geringen Umfang** arbeitsrechtliche Vorschriften (entsprechend) anwendbar. So gelten nach § 5 Abs. 1 ArbGG auch die in Heimarbeit Beschäftigten und die ihnen Gleichgestellten sowie sonstige Personen, die wegen ihrer wirtschaftlichen Unselbständigkeit als arbeitnehmerähnliche Personen anzusehen sind, als Arbeitnehmer i.S: dieses Gesetzes. Auch das Bundesurlaubsgesetz betrachtet sie als Arbeitnehmer, so daß die arbeitnehmerähnlichen Personen einen Anspruch auf den gesetzlichen Mindesturlaub haben. Werden arbeitnehmerähnliche Personen aufgrund eines Dienstvertrages für einen anderen tätig, so kommen bei einer vorübergehenden Arbeitsverhinderung, insbesondere im Krankheitsfall, Entgeltfortzahlungsansprüche nach § 616 BGB in Betracht (vgl. Rdn. 687 ff). Befindet sich der Dienstberechtigte im Annahmeverzug, so sind Ansprüche nach § 615 BGB möglich (vgl. Rdn. 705 ff).

980 Arbeitnehmerähnliche Personen sind insbesondere die in Heimarbeit Beschäftigten, deren Rechtstellung durch das Heimarbeitsgesetz umfassend geregelt ist (vgl. Rdn. 988 ff) und Handelsvertreter, insbesondere Einfirmenvertreter mit geringem Einkommen. Je nach dem Grad der wirtschaftlichen Abhängigkeit vom Auftraggeber, können auch freie Mitarbeiter arbeitnehmerähnliche Personen sein und so einen minimalen sozialen Schutz erhalten. Ist ein freier Mitarbeiter wirtschaftlich völlig von einem Auftraggeber abhängig, der ihm über Jahre hinweg ständig Einzelaufträge erteilt hat, so kann im Einzelfall über die Vertragsbeziehungen hinaus ein arbeitnehmerähnliches Dauerrechtsverhältnis entstehen, das, wenn kein wichtiger Grund vorliegt, nur unter Einhaltung einer Ankündigungsfrist (Auslauffrist) von zwei Wochen beendet werden kann. Während dieses Zeitraums hat der freie Mitarbeiter noch Anspruch auf Weiterzahlung des durchschnittlichen bisherigen Verdienstes (BAG, 8.6.1967, AP Nr. 6 zu § 611 BGB Abhängigkeit).

4.2 Sozialversicherungsrecht

981 Arbeitnehmerähnliche Personen kommt – da kein Arbeits- und damit auch kein Beschäftigungsverhältnis vorliegt – nicht der volle soziale Schutz zu, wie ein Arbeitnehmer ihn hat. Sie sind nach den oben dargelegten Kriterien (s. 2.1.4) selbständig. Denn sie sind zwar wirtschaftlich von einem Auftraggeber abhängig – so daß von daher eine soziale Schutzbedürftigkeit angenommen werden könnte – aber sie sind nicht weisungsgebunden und nicht in den Betrieb des Auftraggebers integriert, so daß dieser als Arbeitgeber nicht in Betracht kommt. Zu den arbeitnehmerähnlichen Personen gehören im weitesten Sinne insbesondere die Ein-Firmen-Handels- und Versicherungsvertreter, die unter § 92 a HGB fallen und durchschnittlich weniger als 2000,- DM monatlich verdienen, § 5 Abs. 3 Arbeitsgerichtsgesetz (ArbGG), sowie die Heimarbeiter. Für letztere gelten jedoch vielfach besondere Bestimmungen, so daß sie hier nicht zum Kreis der arbeitnehmerähnlichen Personen im engeren Sinne gezählt werden sollen. Siehe die unter 5.2 gemachten Ausführungen.

Für den freien Mitarbeiter, der eine arbeitnehmerähnliche Tätigkeit ausübt, kommt im Zusammenhang mit dieser Tätigkeit eine soziale Absicherung nur über die gesetzliche Unfallversicherung seines Auftraggebers in Betracht, nicht jedoch über die GKV, RV oder Arbeitslosenversicherung. Anderes gilt für ihn in der GKV oder RV nur, wenn dort in seiner Person die Voraussetzungen für eine **freiwillige (Weiter-)Versicherung** gegeben sind, so daß eine Versicherungsberechtigung vorliegt. Denn die besondere Schutzbedürftigkeit, die zur Zwangsmitgliedschaft in den Zweigen der Sozialversicherung führt, sieht der Gesetzgeber nur bei denjenigen Personen, die er in den die Versicherungspflicht bestimmenden sozialrechtlichen Vorschriften aufzählt: **982**

983

- § 5 SGB V in der GKV,
- § 1 SGB VI in der RV und
- § 168 AFG in der Arbeitslosenversicherung.

Entsprechendes gilt in der freiwilligen Versicherung für die Beitrittsberechtigung: **984**

- § 9 SGB V in der GKV und
- § 7 SGB VI in der RV.

Arbeitnehmerähnliche Personen sind als solche in diesen Tatbeständen nicht aufgeführt. Auch eine entsprechende Anwendung der insbesondere die Versicherungspflicht bestimmenden Vorschriften scheidet aus, weil das Gesetz für die Heimarbeiter und z. T. auch für Hausgewerbetreibende aus dem Kreis der arbeitnehmerähnlichen Personen Versicherungspflicht ausdrücklich anordnet (siehe 5.2). Wäre dies vom Gesetzgeber für alle **985** arbeitnehmerähnlichen Personen beabsichtigt gewesen, hätte er den Kreis der Versicherungspflichtigen entsprechend weit gefaßt. Dies ist jedoch nicht geschehen.

986 In der gesetzlichen UV stellt jedoch die Vorschrift des § 539 Abs. 2 RVO diejenigen Personen, die wie Arbeitnehmer tätig werden, denjenigen gleich, die wie die primär nach Abs. 1 der Vorschrift Versicherten tätig werden und das sind insbesondere gem. § 539 Abs. 1 Nr. 1 RVO die aufgrund eines Arbeits-, Dienst- oder Lehrverhältnisses Beschäftigten. Der freie Mitarbeiter, der die notwendigen tatsächlichen Voraussetzungen einer arbeitnehmerähnlichen Person erfüllt, ist also gem. § 539 Abs. 2 RVO während seiner Tätigkeit gesetzlich **unfallversichert**, und zwar in gleichem Umfang wie ein Arbeitnehmer.

4.3 Steuerrecht

987 **Arbeitnehmerähnliche Personen nehmen im Steuerrecht keine Sonderstellung ein.** Anhand der Merkmale des Beschäftigungsverhältnisses sind sie wie Arbeitnehmer oder freie Mitarbeiter zu behandeln. Als freie Mitarbeiter können sie Einkünfte aus Gewerbebetrieb (§ 15 EStG) oder aus freiberuflicher Tätigkeit (§ 18 EStG) beziehen.

5. Grundsätzliches zur Heimarbeit

5.1 Heimarbeitsrecht

Die Heimarbeit steht unter einem besonderen gesetzlichen Schutz, da die **988** Heimarbeiter zwar persönlich vom „Arbeitgeber" unabhängig, aber in aller Regel in wirtschaftlicher Hinsicht auf diesen angewiesen sind.

Der Heimarbeitsvertrag ist **kein Arbeitsvertrag**, so daß die Vorschriften **989** und Regeln des **Arbeitsrechts** auf das Heimarbeitsverhältnis **nicht unmittelbar angewendet werden** können. Der Heimarbeitsvertrag läßt sich auch nicht generell einer bestimmten Vertragsart zuordnen. Das durch ihn begründete Rechtsverhältnis ist ein Dauerrechtsverhältnis eigener Art mit Merkmalen des Werkvertragsrechts, des Werklieferungsvertragsrechts, des Dienstvertragsrecht, aber auch des Arbeitsvertragsrechts. Wegen der durch die wirtschaftliche Abhängigkeit des Heimarbeiters vom Auftraggeber begründeten sozialen Schutzbedürftigkeit werden Heimarbeiter im Heimarbeitsgesetz einem besonderen gesetzlichen Schutz unterstellt, der sogar die staatliche Überwachung ihrer Entgelte vorsieht. Das Heimarbeitsgesetz ist auch Rechtsgrundlage für sog. bindende Festsetzungen, in denen die jeweils zu bezahlenden Entgelte und sonstigen Vertragsbedingungen, z.B. Zuschläge, festgelegt werden können. Ferner werden Heimarbeiter in etlichen Gesetzen Arbeitnehmern gleichgestellt und so in den Schutzbereich dieser Gesetze aufgenommen (vgl. § 7 ArbPlSchG, § 6 BetrVG, § 20 Abs. 2 BErzzGG, § 2 Satz 2, § 12 BUrlG, § 2 FeiertLohnG, § 1 Abs. 1 Nr. 2, § 19 JArbSchG, § 8 LFZG, § 1 Nr. 2, § 24 MuSchG, § 49 SchwbG).

Für den Abschluß von Heimarbeitsverträgen ist gesetzlich keine **990** bestimmte Form vorgeschrieben, so daß sie auch mündlich abgeschlossen werden können. Um aber das Vereinbarte im Falle von Meinungsverschiedenheiten nachweisen zu können, ist es auch hier empfehlenswert, den Vertrag schriftlich zu fixieren. Tarifverträge und bindende Festsetzungen (vgl. Rdn. 994) können für den Abschluß eines Heimarbeitsvertrages Schriftform vorsehen.

In Heimarbeit Beschäftigte sind nach § 1 Abs. 1 HAG Heimarbeiter und **991** Hausgewerbetreibende. Ihnen können, wenn dies wegen ihrer Schutzbedürftigkeit gerechtfertigt erscheint, durch widerrufliche Entscheidung des zuständigen Heimarbeitsausschusses (vgl. Rdn. 994) weitere Personen gleichgestellt werden. Derartige Gleichstellungen gibt es in vielen Gewerbezweigen. Diese Gleichgestellten müssen auf Befragung des Auftraggebers ihre Gleichstellung mitteilen, damit dieser weiß, daß sie dem Schutz des HAG unterfallen und damit gewisse Mindestansprüche haben können.

992 Heimarbeiter ist, wer in selbstgewählter Arbeitsstätte (eigener Wohnung oder selbstgewählte Betriebsstätte) allein oder mit seinen Familienangehörigen im Auftrag von Gewerbetreibenden oder Zwischenmeistern erwerbsmäßig arbeitet, jedoch die Verwertung der Arbeitsergebnisse dem unmittelbar oder mittelbar auftraggebenden Gewerbebetreibenden überläßt. Beschafft der Heimarbeiter die Roh- und Hilfsstoffe selbst, so wird hierdurch seine Eigenschaft als Heimarbeiter nicht beeinträchtigt. Hausgewerbetreibender ist, wer in eigener Arbeitsstätte mit nicht mehr als zwei fremden Hilfskräften oder Heimarbeitern im Auftrag von Gewerbetreibenden oder Zwischenmeistern Waren herstellt, bearbeitet oder verpackt, wobei er selbst wesentlich am Stück mitarbeitet, jedoch die Verwertung der Arbeitsergebnisse dem unmittelbar oder mittelbar auftraggebenden Gewerbetreibenden überläßt. Die Eigenschaft als Hausgewerbetreibender wird nicht dadurch beeinträchtigt, daß er die Roh- und Hilfsstoffe selbst beschafft oder vorübergehend unmittelbar für den Absatzmarkt arbeitet.

993 Heimarbeiter und Auftraggeber sind bei der vertraglichen Gestaltung ihrer Rechtsbeziehungen grundsätzlich frei. Wegen der wirtschaftlichen Abhängigkeit des Heimarbeiters und seiner in aller Regel damit verbundenen sozialen Schutzbedürftigkeit sind dieser Freiheit allerdings Grenzen gesetzt. Soweit unabdingbare gesetzliche Sonderregelungen, Tarifverträge oder bindende Festsetzungen bestehen, können abweichende Regelungen zu Ungunsten des Heimarbeiters nicht rechtswirksam vereinbart werden.

994 In Heimarbeit Beschäftigte und ihnen Gleichgestellte haben einen Anspruch auf eine ordnungsgemäße Bezahlung ihrer Arbeit. Dies gewährleistet das Heimarbeitsgesetz durch die Möglichkeit, bindende Festsetzungen von Heimarbeitsausschüssen aufstellen zu lassen (vgl. §§ 17 HAG ff), und den Auftrag an die Obersten Arbeitsbehörden der Länder, für eine wirksame Überwachung der Entgelte und sonstigen Vertragsbedingungen durch Entgeltprüfer Sorge zu tragen. Für die meisten Heimarbeiter haben Heimarbeitsausschüsse (vgl. § 4 HAG) bindende Festsetzungen getroffen,

die für alle Heimarbeitsverhältnisse ihres Geltungsbereichs Mindestentgelte und weiter allgemeine Vertragsbedingungen verbindlich regeln. Überlicherweise enthalten **bindende Festsetzungen** Bestimmungen über das zu gewährende Mindestentgelt, über ein Urlaubsentgelt einschließlich eines etwaigen zusätzlichen Urlaubsgeldes, über ein Feiertagsgeld, einen Zuschlag zur wirtschaftlichen Sicherung im Krankheitsfall, den sog. Heimarbeits- oder Unkostenzuschlag und häufig auch Bestimmungen über vermögenswirksame Leistungen. Bindende Festsetzungen haben die Wirkung eines allgemeinverbindlichen Tarifvertrages (vgl. Rdn. 630 ff). Von ihren Vorschriften kann nur zugunsten des in Heimarbeit Beschäftigten abgewichen werden (vgl. § 19 HAG).

Über Bestehen, Inhalte und Geltungsbereiche bindender Festsetzungen kann man sich bei der zuständigen Gewerkschaft, dem zuständigen Arbeitgeberverband oder beim Gewerbeaufsichtsamt informieren. **995**

Eine für das deutsche Arbeitsvertragsrecht im weitesten Sinn bedeutsame Besonderheit stellt die staatliche **Entgeltüberwachung** dar. Staatliche Entgeltprüfer haben die Einhaltung bestehender, zu Ungunsten der Heimarbeiter unabdingbarer Entgeltregelungen und sonstiger bestehender Vertragsbedingungen zu überwachen. Wird dabei festgestellt, daß der Auftraggeber wissentlich oder unwissentlich einem in Heimarbeit Beschäftigten zu wenig Arbeitsentgelt einschließlich der vorgeschriebenen Zuschläge gewährt, so wird er zur Nachzahlung aufgefordert. Leistet der Auftraggeber dieser Aufforderung nicht Folge, so kann das Land, vertreten durch die Oberste Arbeitsbehörde oder die von ihr bestimmte Stelle, im eigenen Namen den Anspruch auf Nachzahlung des Differenzbetrages an den Heimarbeiter vor dem Arbeitsgericht einklagen. Das Urteil des Arbeitsgerichts wirkt auch für und gegen den in Heimarbeit Beschäftigten bzw. Gleichgestellten. Diese Möglichkeit des Landes, im eigenen Namen den Anspruch eines Dritten mit Wirkung für und gegen diesen gerichtlich geltend zu machen, stellt einen der wenigen Fälle der sog. gesetzlichen Prozeßstandschaft dar. **996**

Die Frage, ob ein Heimarbeitsverhältnis vorliegt, oder ob der „Auftraggeber" dem Heimarbeiter nur Verträge mit Dritten (z.B. seinen Kunden) vermittelt, ist nicht immer ohne weiteres zu beantworten. Auch hier entscheidet über die rechtliche Einordnung des in Frage stehenden Rechtsverhältnisses der tatsächliche Geschäftsinhalt und nicht die von den Parteien gewünschte Rechtsfolge oder eine Bezeichnung, die dem Geschäfts- **997** inhalt nicht entspricht. Widersprechen sich schriftliche Vereinbarungen und tatsächliche Durchführung des Vertrages, so ist auch hier letztere entscheidend (BAG, 3.4.1990, NZA 1991, 267).

5.2 Sozialversicherungsrecht

998 Aus dem Kreis der arbeitnehmerähnlichen Personen gelten für die Hausgewerbetreibenden, Heimarbeiter und Zwischenmeister besondere sozialrechtliche Bestimmungen. Für sie ist die Versicherungspflicht in den einzelnen Sozialversicherungszweigen unterschiedlich geregelt:

999 **Hausgewerbetreibende** sind gem. § 12 Abs. 1 SGB IV „... selbständig Tätige, die in eigener Arbeitsstätte im Auftrag und für Rechnung von Gewerbetreibenden, gemeinnützigen Unternehmen oder öffentlich-rechtlichen Körperschaften gewerblich arbeiten, wenn sie Roh- oder Hilfsstoffe selbst beschaffen oder vorübergehend für eigene Rechnung tätig sind". In Abgrenzung zu anderen Selbständigen sind sie nur dann Hausgewerbetreibende, wenn sie wirtschaftlich abhängig von einem Auftraggeber sind (BSGE 18, 70). Dabei kommt es auf die Umstände des Einzelfalles an, insbesondere darauf, wer das Unternehmerrisiko trägt. Im Gegensatz zu § 2 Abs. 2 HAG („mit nicht mehr als zwei fremden Hilfskräften oder Heimarbeitern ...") ist die sozialrechtliche Definition des Hausgewerbetreibenden nicht mit der Anzahl von Hilfskräften oder Heimarbeitern verknüpft, die er höchstens einsetzen darf. Hausgewerbetreibende sind ausdrücklich pflichtversichert

– gem. § 2 Nr. 6 SGB VI in der RV und
– gem. § 539 Abs. 1 Nr. 2 RVO in der UV.

1000 Seit Inkrafttreten des GRG ab 01.01.89 sind sie in der GKV nicht pflichtversichert. Insoweit sind sie als Selbständige u. U. versicherungsberechtigt (s. 2.2.3.1.1).

1001 Hausgewerbetreibende haben gem. § 12 Abs. 3 SGB IV zwingend einen „Arbeitgeber" („... wer die Arbeit unmittelbar an sie vergibt...") oder einen Auftraggeber („... in dessen Auftrag oder für dessen Rechnung sie arbeiten ..."), zumindest in der Fiktion dieser Vorschrift. Sofern Versicherungspflicht besteht, wirkt sich das aus auf die Melde- und Beitragszahlungspflicht, die grundsätzlich beim Arbeitgeber liegt (s. 3.3.2.1 und

248

3.3.2.2). Hier besteht allerdings gem. § 28 m II SGB IV die Möglichkeit, daß der Hausgewerbetreibende die Sozialversicherungsbeiträge selbst zahlt und entsprechend Meldungen vornimmt, auch wenn dazu grundsätzlich der (fingierte) Arbeitgeber verpflichtet ist. Macht der Hausgewerbetreibende von dieser Möglichkeit Gebrauch, so hat er gegen den „fingierten" Arbeitgeber gem. § 28 m IV SGB IV einen Anspruch auf den von diesem zu tragenden Teil des Sozialversicherungsbeitrags (Arbeitgeberanteil).

„Heimarbeiter sind sonstige Personen, die in eigener Arbeitsstätte im Auftrag und für Rechnung von Gewerbetreibenden, gemeinnützigen Unternehmen oder öffentlich-rechtlichen Körperschaften erwerbsmäßig arbeiten, auch wenn sie Roh- oder Hilfsstoffe selbst beschaffen; sie gelten als Beschäftigte", § 12 Abs. 2 SGB IV. Hier haben wir durch diese gesetzliche Fiktion des Heimarbeiters als Beschäftigten eine Versicherungspflicht in allen Sozialversicherungszweigen, weil dort grundsätzlich alle Beschäftigte i. S. § 7 SGB IV pflichtversichert sind. Zusätzlich ist die Versicherungspflicht ausdrücklich noch einmal bestimmt für die Arbeitslosenversicherung in § 168 Abs. 4 AFG und für die Unfallversicherung in § 539 Abs. 1 Nr. 2 RVO.   **1002**

Hinsichtlich der Beitragszahlung gilt das oben zu den Hausgewerbetreibenden Gesagte (s. 5.3.1).   **1003**

„Zwischenmeister ist, wer, ohne Arbeitnehmer zu sein, die ihm übertragene Arbeit an Hausgewerbetreibende oder Heimarbeiter weitergibt", § 12 Abs. 4 SGB IV. Sie sind als Selbständige Mittelspersonen zwischen Auftraggeber einerseits und Hausgewerbetreibenden und Heimarbeitern andererseits. Meist erhalten in der Praxis die Zwischenmeister von ihrem Auftraggeber die Rohstoffe oder Halbfertigwaren, die sie dann an die Hausgewerbetreibenden und Heimarbeiter weitergeben. Aufgrund der Fiktion des § 12 Abs. 3 SGB IV gilt er als deren Arbeitgeber. Eine Versicherungspflicht zur Sozialversicherung scheidet daher für den Zwischenmeister grundsätzlich aus. Nur zur Unfallversicherung ist er gem. § 539 Abs. 1 Nr. 2 RVO aufgrund dieser ausdrücklichen Regelung versicherungspflichtig.   **1004**

U. U. kommt auch eine Versicherungspflicht zur Arbeitslosenversicherung in Betracht, § 169 c Nr. 5 AFG, wenn der Zwischenmeister zugleich   **1005**

Heimarbeiter ist und den überwiegenden Teil seines Verdienstes aus dieser Tätigkeit bezieht.

1006 Allgemein gilt auch hier sowohl für die Hausgewerbetreibenden, Heimarbeiter als auch Zwischenmeister der Grundsatz, daß die Frage der Versicherungspflicht sich nach den **tatsächlichen Umständen** beantwortet und die Feststellungslast für ihr Bestehen bei dem liegt, der sich darauf beruft (BSG, 21.6.90, die Beiträge 1990, S. 346).

5.3 Steuerrecht

5.3.1 Heimarbeiter

1007 Unter **Heimarbeit** versteht man die Ausführung von Arbeiten in der eigenen Wohnung. Die Tätigkeit kann selbständig oder unselbständig ausgeübt werden. Maßgebend dafür ist wie auch sonst, ob der Beschäftigte wirtschaftlich in den Betrieb seines Auftraggebers eingegliedert ist und nach dessen Weisungen arbeitet (Hermann-Heuer/Raupach § 19 EStG Anm. 40).

1008 Ist dies der Fall, so ist der Heimarbeiter Arbeitnehmer u. unterliegt damit der Lohnsteuer.

1009 Wird die Tätigkeit selbständig ausgeübt, so betreibt der Beschäftigte einen Hausgewerbebetrieb, ist er nicht selbständig, wird er als Heimarbeiter tätig.

5.3.2 Hausgewerbetreibende

1010 Hausgewerbetreibender ist, wer in eigener Arbeitsstätte (eigener Wohnung oder Betriebsstätte) mit **nicht mehr als zwei fremden Hilfskräften** oder Heimarbeitern im Auftrag von Gewerbetreibenden oder Zwischenmeistern Waren herstellt, jedoch die Verwertung der Arbeitsergebnisse dem unmittelbar oder mittelbar auftraggebenden Gewerbetreibenden überläßt. Beschafft der Hausgewerbetreibende die Roh- und Hilfsstoffe selbst oder arbeitet er vorübergehend unmittelbar für den Absatzmarkt, so wird hierdurch seine Eigenschaft als Hausgewerbetreibender nicht beeinträchtigt (§ 2 Abs. 2 HAG). Der Hausgewerbetreibende ist selbständig tätig und bezieht **Einkünfte aus Gewerbebetrieb (§ 15 EStG)**. Sein

Unternehmen unterliegt grundsätzlich der Umsatzsteuer und der Gewerbesteuer. Nach § 11 Abs. 3 GewStG ermäßigen sich die Steuermeßzahlen nach § 11 Abs. 1 GewStG für den Gewerbeertrag um die Hälfte, wenn die Entgelte aus der Tätigkeit für den Erhebungszeitraum 50.000 DM nicht überschreiten.

6. Hinweis auf das Gesetzesvorhaben Pflegeversicherung

1011 Bei der Drucklegung dieses Buches war unklar, ob das Pflege-Versicherungsgesetz noch in der laufenden Legislaturperiode verabschiedet wird. Von einer Einarbeitung in die Systematik der gesetzlichen Versicherungen wurde daher abgesehen. Statt dessen erfolgt ein Hinweis auf den Entwurf des Gesetzes, das an sich bereits zum 1.1.1994 als SGB XI in Kraft treten sollte.

1012 Der Entwurf sieht vor, daß Pflegebedürftigen Sach- und Geldleistungen gewährt werden. Pflegebedürftig in diesem Sinne ist derjenige, der bei den regelmäßig wiederkehrenden Verrichtungen des täglichen Lebens mehr oder weniger hilflos und deshalb auf die Hilfe Dritter angewiesen ist, und zwar insbesondere in den Bereichen Körperpflege, Ernährung, Mobilität und hauswirtschaftliche Versorgung. Die Erscheinungsformen der Pflegebedürftigkeit sind für die Zwecke der Leistungsgewährung in drei Pflegestufen eingeteilt, nach denen insbesondere Pflegesachleistungen im Gegenwert von 750,- DM, 1.500,- DM und 2.100,- DM, sowie Pflegegeld für selbst beschaffte Pflegehilfen in Höhe von 400,- DM, 800,- DM und 1.200,- DM gewährt werden. Daneben ist auch eine Kombination von Geld- und Sachleistung möglich. Im einzelnen kann auf die Ausführungen von Lekon, Die Leistungen 1993, Seite 201 ff, verwiesen werden.

1013 Ebenso wie die anderen Arten der gesetzlichen Versicherung, wie z.B. GKV und RV sowie Arbeitslosenversicherung, wird auch die Pflegeversicherung durch Beiträge in einem Prozentsatz von den beitragspflichtigen Einnahmen ihrer Mitglieder bis zur Beitragsbemessungsgrenze erhoben. Der Beitragssatz sollte im ersten Jahr nach Inkrafttreten der Pflegeversicherung bundeseinheitlich 1 %, ab dem zweiten Jahr 1,7 % der beitragspflichtigen Einnahmen der Mitglieder betragen. Die Beiträge tragen Versicherte und Arbeitgeber je zur Hälfte. Für Rentner übernimmt die RV die hälftige Beitragszahlung, für Arbeitslose die Bundesanstalt für Arbeit.

1014 Die Pflegeversicherung soll zwar ein neuer eigenständiger Zweig der Sozialversicherung werden, die jedoch organisatorisch unter dem Dach der Krankenkassen errichtet wird. Im Interesse des Versicherten ist damit eine sinnvolle Einheitlichkeit des Trägers von Pflegeversicherung und

Krankenversicherung gegeben. Daher wird bei jeder AOK, BKK, IKK, bei jeder Ersatzkasse, den landwirtschaftlichen Krankenkassen, bei der See-Krankenkasse und der Bundesknappschaft eine Pflegekasse bestehen, die rechtlich eigenständig ist, aber organisatorisch der Krankenkasse angebunden ist, so daß die Pflegekasse grundsätzlich kein eigenes Verwaltungspersonal, kein eigenes Verwaltungsvermögen und keine eigene Organisationsstruktur zu haben braucht. Die Mitgliedschaft bei der Pflegekasse folgt der Mitgliedschaft bei der Krankenkasse. Damit gehören ihr alle Personen an, die auch in der gesetzlichen Krankenversicherung versichert sind. Insofern kann auf die Ausführungen unter 3.2.3.2. verwiesen werden.

Diejenigen, die sich privat gegen das Risiko Krankheit mit Anspruch auf allgemeine Krankenhausleistungen versichert haben, bleiben in der Pflegeversicherung versicherungsfrei, sind jedoch verpflichtet, bei ihrem privaten Krankenversicherer einen Vertrag zur Absicherung des Risikos Pflegebedürftigkeit abzuschließen. Das Pflegeversicherungsgesetz sieht entsprechende Rahmenbedingungen für die private Pflegeversicherung vor. Bemerkenswert ist hierbei, daß für die privaten Krankenversicherer ein Kontrahierungszwang eingeführt wird. 1015

Im Ergebnis ist festzuhalten, daß sich das Pflegeversicherungsgesetz ausschließlich auf alle die Dienstleistungsverhältnisse auswirkt, welche als Arbeitsverhältnis/Beschäftigungsverhältnis zu bewerten sind. Soweit eine freie Mitarbeit vorliegt, bleibt es bei dem Grundsatz der Versicherungsfreiheit. Anzumerken wäe, daß von den privaten Versicherern bereits seit Jahren Versicherungsverträge angeboten werden, mit denen das Risiko der Pflegebedürftigkeit abgesichert wird: Pflegefallversicherung. 1016

Anhang

Arbeitgeber	Betriebs-/Beitragskonto-Nr. des Arbeitgebers

┌   ┐

(Name und Anschrift
der Krankenkasse)

└   ┘

Zeitraum

von: Tag*   Monat   Jahr
☐☐   ☐☐   ☐☐

bis: Tag*   Monat   Jahr
☐☐   ☐☐   ☐☐

Kennzeichen eintragen: D, K ☐

D = Dauer-Beitragsnachweis
K = Korrektur-Beitragsnachweis
     f. abgelaufene Kalenderjahre

* Tag nur angeben, wenn Lohnabrechnungs-
   zeitraum vom Kalendermonat abweicht.

Beitragsnachweis

	Beitragsgruppe		Gesamtbetrag	
	alphab.	numer.	DM	Pf
Beiträge zur Krankenversicherung – allgemeiner Betrag –	G	100		
Beiträge zur Krankenversicherung – erhöhter Betrag –	H	200		
Beiträge zur Krankenversicherung – ermäßigter Betrag –	F	300		
Beiträge zur Rentenversicherung	K	010		
Beiträge zur Rentenversicherung	L	020		
Beiträge zur Bundesanstalt für Arbeit	M	001		
Beiträge zur Rentenversicherung der Arbeiter – Arbeitgeberanteil –	1/2 K	030		
Beiträge zur Rentenversicherung der Angestellten – Arbeitgeberanteil –	1/2 L	040		
Beiträge zur Bundesanstalt für Arbeit – Arbeitgeberanteil –	1/2 M	002		
Umlage nach dem Lohnfortzahlungsgesetz – für Krankheitsaufwendungen (LFZG)	U1	000		
Umlage nach dem Lohnfortzahlungsgesetz – für Mutterschaftsaufwendungen (LFZG)	U2	009		
Gesamtsumme				
Es wird bestätigt, daß die Angaben mit denen der Lohn- und Gehaltsunterlagen übereinstimmen und in diesen sämtliche Entgelte enthalten sind.	Beiträge zur Kran- kenversicherung - freiw. Mitglieder *			
	– Erstattung gem. § 10 LFZG			
	zu zahlender Betrag/Guthaben			

_____
Datum. Unterschrift   * freiwillige Angabe des Arbeitgebers

Rechengrößen im Beitragsrecht ab 1.1.1994

Maßgebliche Werte in DM

	alte	neue
	Bundesländer	
Bezugsgröße		
jährlich	47.040,-	36.960,-
monatlich	3.920,-	3.080,-
Beitragsbemessungsgrenzen		
> **Krankenversicherung**		
– jährlich	68.400,-	53.100,-
– monatlich	5.700,-	4.425,-
– täglich	190,-	147,50
> **Renten- u.Arbeitslosenversicherung**		
– jährlich	91.200,-	70.800,-
– monatlich	7.600,-	5.900,-
– täglich	253,33	196,67
> **knappschaftliche Rentenversicherung**		
– jährlich	112.800,-	87.600,-
– monatlich	9.400,-	7.300,-
– täglich	313,33	243,33
Jahresarbeitsentgeltgrenze	68.400,-	53.100,-
Arbeitseinkommensgrenze für die Befreiung von der Krankenversicherung selbständiger **Künstler/Publizisten**	184.500,-	119.700,-
Geringfügigkeitsgrenze (monatlich)	560,-	440,-
Geringverdienergrenze		
> allgemein	610,-	480,-
> knappschaftl. Rentenversicherung	750,-	590,-
> Behinderte	784,-	616,-
Beitragssätze		
> allgemeine Rentenversicherung	19,2 %	19,2 %
> knappschaftl. Rentenversicherung	25,5 %	25,5 %
> Arbeitslosenversicherung	6,5 %	6,5 %

Literaturverzeichnis

Backhaus, L., Die arbeitnehmerbegünstigende betriebliche Übung in der Rechtsprechung des BAG, AuR 1983, 65

Battis, U., Die Entwicklung des Beamtenrechts im Jahre 1984, NJW 1985, 714 ff

Baumbach, A./Duden, K./Hopt, K., Handelsgesetzbuch, Kommentar, 27. Auflage, München, 1987

Beck'scher Bilanzkommentar, 2. Auflage, München 1992

Berger-Delhey, U./Alfmeier, K., Freier Mitarbeiter oder Arbeitnehmer? NZA 1991, 257 ff

Dietz, R./Richardi,/ R., Betriebsverfassungsgesetz, Band II, Kommentar, von Reinhard Richardi, 6. Auflage des von Rolf Dietz begründeten Kommentars, München 1982

Eich, R.-A., Das Job-Sharing-Arbeitsverhältnis, DB 1982 Beilage Nr. 9

Grunsky, W., Arbeitsgesetzbuch, Kommentar, 5. Auflage, München 1987

Günther, H./Page, K., – Die freiwillige Versicherung – Stiefkind der gesetzlichen Rentenversicherung?, AV 1987, 205 ff

Hermann, C./Heuer, G./Raupach, A., Einkommensteuer und Körperschaftssteuer, 20. Auflage,Köln, Stand 1992

Hilger, M. L., Zum „Arbeitnehmer-Begriff", RdA 1989, 1 ff

Hunold, W., Subunternehmer und freie Mitarbeiter, Freiburg i.Br. 1990

Hübschmann/Hepp/Spitaler, Abgabenordnung und Finanzgerichtsordnung, 9. Auflage, Köln Stand 1992

Kasseler Kommentar zum Sozialversicherungsrecht, München 1992

Klunzinger, E., Einführung in das Bürgerliche Recht, 3. Auflage, München 1990

Knobbe-Keuk, B., Bilanz- und Unternehmenssteuerrecht, 8. Auflage, Köln 1991

Knorr, G./ Bichlmeier, G./ Kremhelmer, H., Die Kündigung und andere Formen der Beendigung von Arbeitsverhältnissen, 2. Auflage, Münster 1986

Lekon, Ernst, Entwurf eines Gesetzes zur sozialen Absicherung des Risikos der Pflegebedürftigkeit, Die Leistungen 1993, 281 ff.

Lenski, E./ Steinberg, W., Gewerbesteuer, 8. Auflage, Köln Stand 1992

Meyer-Ladewig, J., Sozialgerichtsgesetz mit Erläuterungen, 4. Auflage, München 1991

Müller, A./ Schön., W., Zweifelsfragen zu Urlaub, Krankheit, Einstellung, Kündigung, Kissing, Stand Juli 1993

Münchner Kommentar zum Bürgerlichen Gesetzbuch, Band 3, 1. und 2. Halbband, 2. Auflage, München 1988 und 1986

Palandt, Bürgerliches Gesetzbuch, Kommentar, 51. Auflage, München 1992

Plagemann, H., Sozialversicherungspflicht bei geringfügiger Beschäftigung? NZS 1992, 15 ff

Plückebaum, K./ Malitzky, H., Umsatzsteuer, 10. Auflage, Köln/Berlin Stand 1992

Rau, G./ Dürrwächter/ Flick, H./ Geist, R., Umsatzsteuergesetz, 6. Auflage, Köln Stand 1992

257

Sauer, O./ Niebler, M./ Habermann, K., Der Nebenverdienst, 5. Auflage, Bielefeld 1992

Schaub, G., Arbeitsrechthandbuch, 7. Auflage, München 1992

Schirmer, H., Die private Krankenversicherung und das Gesundheits-Reformgesetz, VersR 1991, 516 ff

Schmidt, L., Einkommensteuergesetz, 11. Auflage, München 1992

Schneider, H., Neue Vorschriften zur Beitragsüberwachung, BB 1990, 550 ff

Schneider, H., Beitragsbemessungsgrenze, Bezugsgröße, Beitragssätze in der Sozialversicherung 1992 für beide Teile Deutschlands, BB 1991 Beilage Nr. 24

Seifert, K.-H./ Hömig D, Grundgesetz für die Bundesrepublik Deutschland, 2. Auflage, Baden-Baden 1985

Schulin, B., Sozialversicherungsrecht, 4. Auflage, Düsseldorf 1992

Thomas, H./ Putzo, H., Zivilprozeßordnung, 14. Auflage, München 1986

Tipke/Kruse, H., Abgabenordnung und Finanzgerichtsordnung, 14. Auflage, Köln Stand 1992

Tremml, B./ Karger, M., Verträge mit freien Mitarbeitern, 3. Auflage, München 1992

Wiedemann, H./ Stumpf, H., Tarifvertragsgesetz mit Durchführungs- und Nebenvorschriften, Kommentar, 5. Auflage, München 1977

Zöllner, W./ Loritz, K.-G., Arbeitsrecht, 4. Auflage, München 1992

Stichwortverzeichnis

(Die Ziffern bezeichnen die Randnummern)